U0572875

中国社会科学院创新工程学术出版项目

青海蓝皮书

BLUE BOOK OF
QINGHAI

2019年
青海经济社会形势分析与预测

ANALYSIS AND FORECAST OF ECONOMY AND SOCIETY OF
QINGHAI (2019)

主　编／陈　玮
副主编／孙发平　马起雄
分篇主编／马勇进　杜青华　鄂崇荣　毛江晖

社会科学文献出版社
SOCIAL SCIENCES ACADEMIC PRESS（CHINA）

图书在版编目（CIP）数据

2019 年青海经济社会形势分析与预测／陈玮主编
. －－北京：社会科学文献出版社，2019.1
（青海蓝皮书）
ISBN 978 - 7 - 5201 - 4130 - 7

Ⅰ.①2… Ⅱ.①陈… Ⅲ.①区域经济 - 经济分析 -
青海 - 2018 ②社会分析 - 青海 - 2018 ③区域经济 - 经济预
测 - 青海 - 2019 ④社会预测 - 青海 - 2019 Ⅳ.
①F127.44

中国版本图书馆 CIP 数据核字（2018）第 293012 号

青海蓝皮书

2019 年青海经济社会形势分析与预测

主　　编／陈　玮

出 版 人／谢寿光
项目统筹／邓泳红　陈　颖
责任编辑／陈晴钰

出　　版／社会科学文献出版社·皮书出版分社 （010）59367127
　　　　　　地址：北京市北三环中路甲 29 号院华龙大厦　邮编：100029
　　　　　　网址：www.ssap.com.cn
发　　行／市场营销中心（010）59367081　59367083
印　　装／天津千鹤文化传播有限公司

规　　格／开 本：787mm×1092mm　1/16
　　　　　　印 张：23.5　字 数：352 千字
版　　次／2019 年 1 月第 1 版　2019 年 1 月第 1 次印刷
书　　号／ISBN 978 - 7 - 5201 - 4130 - 7
定　　价／128.00 元

本书如有印装质量问题，请与读者服务中心（010 - 59367028）联系

▲ 版权所有 翻印必究

2019 年青海蓝皮书编委会

主　　任　陈　玮

副 主 任　孙发平　马起雄

编　　委　（以姓氏笔画排列）

马进虎　马勇进　马洪波　开　哇　王　绚

毛江晖　甘晓莹　孙发平　陈　玮　杜青华

张　敏　张黄元　张立群　张生寅　尚玉龙

拉毛措　林建华　俞红贤　赵　晓　赵念农

胡维忠　高玉峰　索端智　鄂崇荣　谢　热

主要编撰者简介

陈　玮　男，藏族，1959 年 12 月出生，青海省大通县人。青海省社会科学院党组书记、院长，教授，法学博士，享受国务院政府特殊津贴。

1982 年毕业于青海民族学院少语系，1982～1984 年在青海省教育厅教材处工作，1984～1987 年在青海民族学院少语系读研究生。2011 年取得兰州大学民族学研究院藏学专业法学博士学位。先后担任中共青海省委党校教研室副主任，玉树州委党校副校长（挂职），省委党校、省行政学院、省社会主义学院巡视员、副校（院）长。现为中国民族研究学会常务理事、中国世界民族学会常务理事、中国社会科学院西藏智库常务理事、青海省藏研会常务理事、青海省继续教育协会副会长、青海统战理论研究会副会长、青海省享受政府津贴专家评定委员会委员、青海省决策咨询专家委员会委员。曾荣获第七届中国十大杰出青年提名奖。

长期从事马克思主义民族宗教观与党的民族宗教政策的教学和科研工作。著有《青海藏族游牧部落社会研究》等。先后在省内外学术期刊用藏、汉两种文字发表论文近百篇，获国家级、省部级科研成果奖十余项，其中《青海省推行藏传佛教寺院"三种管理模式"成效及经验》获第四届中国藏学研究"珠峰奖"一等奖；《青海藏族游牧部落社会习惯法的调查》一文被《中国社会科学》杂志英文版全文翻译转载，并获第二届中国藏学研究"珠峰奖"二等奖；《抵御境内外敌对势力分裂渗透活动方面的形势、任务、思路和对策》调研报告获 2011 年全国统战理论研究优秀成果一等奖；《青海省社会组织管理合力问题探析》获第七届全国党校系统优秀科研成果一等奖；《青海省藏传佛教事务管理问题研究》获第三届全国行政学院系统优秀科研成果一等奖。主持国家社科基金项目一项、省部级项目十余项。

孙发平 男，青海省社会科学院副院长、研究员，享受国务院政府特殊津贴。兼任中国城市经济学会常务理事、青海省委党校和青海省委讲师团特邀教授等。研究方向为市场经济和区域经济。主著及主编图书十余部，发表论文90余篇，主持课题30多项。主要成果有：《中国三江源区生态价值与补偿机制研究》《"四个发展"：青海省科学发展模式创新》《青海转变经济发展方式研究》《循环经济理论与实践——以柴达木循环经济试验区为例》《中央支持青海等省藏区经济社会发展政策机遇下青海实现又好又快发展研究》《青海建设国家循环经济发展先行区研究》等。获青海省哲学社会科学优秀成果一等奖4项、二等奖2项、三等奖5项；获青海省优秀调研报告一等奖3项、二等奖4项、三等奖2项。

马起雄 男，土族，1964年12月出生，法学学士，青海省委党校区域经济专业在职研究生。先后在青海省海西州大柴旦镇司法科、海西州民政局工作。1996年4月调入青海省政府研究室（发展研究中心），担任社会调研处副处长、处长、研究室副主任等职。现为青海省社会科学院副院长。

曾编撰《海西州民政志》。参与完成的《青海省贫困地区脱贫问题研究》《青海省三大扶贫工程研究》课题获中国发展研究奖三等奖，组织完成的《青海民生创先指标体系研究》《青海基本公共服务均等化走在西部前列》两项全省重点调研课题获全省优秀调研报告一等奖。

摘　要

《2019 年青海经济社会形势分析与预测》，是集综合性、原创性、前瞻性于一体的研究报告，它以青海省经济、社会、政治、文化和生态等各领域的重大理论和现实问题为研究内容，对青海经济社会发展进行综合分析和科学预测，力求全面、真实地反映青海经济社会发展的动态趋势。本书由青海省社会科学院组织长期从事青海经济社会发展研究方面的专家学者撰写，力求为省委省政府科学决策提供高品质的智库服务，为制定相关政策提供理性参照，同时为各级党政部门、科研机构和高校、企事业单位和社会公众等提供资讯参考。

在内容上，本书包括总报告、经济篇、社会篇、特色篇、藏区专题篇五个部分。总报告在对青海省经济和社会发展总体运行情况分别阐述的基础上，对其在国内外宏观发展背景下面临的机遇和挑战进行分析，并结合省情实际对 2019 年青海经济社会发展趋势进行了预测，提出了具有可操作性的对策建议；经济篇以影响青海经济发展的主要行业、领域以及重大现实问题为研究重点，内容涵盖税收、金融、工业、开放型经济以及农旅融合等领域和相关热点问题；社会篇以青海社会发展的主要领域及重大现实问题为研究重点，内容包括教育、就业、人才、新社会阶层等社会热点问题；特色篇立足青海特色，就精准脱贫、"一带一路"建设、三江源国家公园建设、对外贸易、兰西城市群发展等方面进行了探索；藏区专题篇围绕青海藏族自治州经济社会发展实际，重点就文化生态保护区建设、产业扶贫、寺院治理等热点难点问题开展调研分析和梳理总结，为我国民族地区提供实践经验和典型示范。

目 录

Ⅴ　藏区专题篇

皮书数据库阅读**使用指南**

总 报 告

General Report

B.1
2018~2019年青海经济发展
形势分析与预测

孙发平　杜青华　甘晓莹　魏　珍*

摘　要： 2018年以来，面对全球经济复苏基础继续弱化、我国经济下
行压力加大的国内外发展环境，青海省坚持稳中求进的工作
总基调，奋力推进"一优两高"战略部署，统筹推进稳增
长、促改革、调结构、惠民生、防风险各项工作，前三季度
经济运行呈现总体平稳、稳中有进、稳中育新、稳中有为的
特点和经济结构不断优化、质量效益稳步提升的发展态势。
2019年，多项国家政策红利的不断释放将为青海省经济发展

---

* 孙发平，青海省社会科学院副院长，研究方向为区域经济；杜青华，青海省社会科学院经
济研究所所长，研究方向为区域经济；甘晓莹，青海省社会科学院经济研究所助理研究员，
研究方向为区域经济；魏珍，青海省社会科学院经济研究所助理研究员，研究方向为区域
经济。

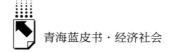

提供重大机遇，为高质量发展积蓄力量，经济运行有望继续保持平稳水平。

关键词： 青海　经济形势　绿色产业

2018 年，国内外发展环境多变、改革处于攻坚深水区，不可预见因素增多，青海省面对复杂的发展大环境和艰巨繁重的改革发展任务，深入贯彻落实习近平新时代中国特色社会主义思想和党的十九大、省委十三届四次全会精神，继续坚持稳中求进的工作总基调，贯彻落实"创新、协调、绿色、开放、共享"的新发展理念，奋力推进"一优两高"[①] 战略部署，深入推进供给侧结构性改革，始终将惠民生促发展放在工作的首位，实施了一系列稳增长、调结构的改革措施。前三季度，青海省经济运行总体平稳，为 2020 年顺利完成"十三五"规划目标打下了坚实基础。

一　2018年前三季度青海省宏观经济运行特点

2018 年，受经济增长内生动力不足、传统优势减弱、创新能力缺乏、实体经济面临困难增多、经济下行压力增大、市场信心不足等一系列因素的影响，青海经济稳增长面临诸多挑战，前三季度经济增速与上年同期相比，虽然涨幅有所收窄，但经济运行位于预定目标区间，经济发展呈现了"平稳、育新、有效、质优"的运行特点，在一些领域更是呈现新亮点新变化。

（一）经济运行总体平稳，结构不断优化

2018 年前三季度，全省经济平稳运行，经济结构持续优化，中高速增

---

① 2018 年 7 月 23～24 日，青海省委召开十三届四次全会，会议审议通过了《关于坚持生态保护优先推动高质量发展创造高品质生活的若干意见》，简称"一优两高"。

长下的高质量高水平发展特征更加凸显。从经济增速来看，前三季度全省完成地区生产总值1926.54亿元，较上年同期增长了6.8%，较上半年增速提高0.9个百分点，高于全国同期平均增速0.1个百分点。[①] 基本符合2018年青海省经济社会发展主要预期目标7%的经济增速目标[②]。2017年第三季度以来，青海省经济增速与全国GDP增速趋势接近（见图1），增长率在西北五省（区）中与上年同期相比排位相同，仅高于甘肃省，处于中下段位置，基本实现稳增长。从三次产业来看，前三季度，第一产业实现增加值142.03亿元，第二产业实现增加值893.83亿元，第三产业实现增加值890.68亿元，较上年同期分别增长了4.9%、7.6%、6.1%。第一产业增加值增速高于全国1.5个百分点；第二产业增加值高于全国1.8个百分点，发展势头向好；第三产业增加值低于全国1.6个百分点，发展动力有所减弱，但第三产业中旅游业等现代服务业产业发展空间仍较大，发展潜力有待继续挖掘。

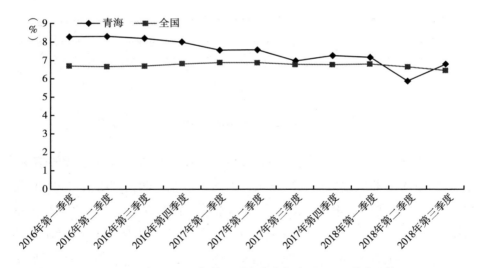

图1 2016年至2018年第三季度青海与全国GDP增速比较

---

① 宋明慧：《全省经济运行总体平稳》，《青海日报》2018年10月24日第4版。
② 国家发展和改革委员会国民经济综合司：《2018年青海省经济社会发展主要预期目标》。

从经济结构上看，青海省第一、第二、第三产业占地区生产总值的比重由上年同期的 6.68∶51.04∶42.28 调整为 7.37∶46.39∶46.23，第二产业占比有小幅下降，占比下降到 50% 以下；第三产业占比增加了 3.95 个百分点，与第二产业占比十分接近。由图 2 可以看出，自 2014 年以来，第三产业占地区生产总值的比重不断增加，特别是 2017 年占比超过第二产业，体现出经济增长主要由依靠第二产业拉动转变为依靠第二、第三产业联合拉动，进而实现三次产业协调发展。

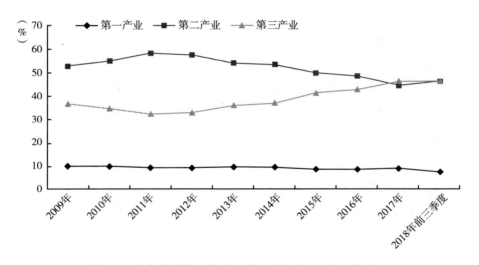

图2 近十年青海省三次产业增加值占地区生产总值比重

从 2018 年前三季度来看，一些经济先行指标释放出稳中趋缓的信号，继 2016 年 8 月我国制造业回暖以来，中国制造业采购经理指数（PMI）始终保持在荣枯线以上水平。2018 年前三季度，青海省工业生产者出厂价格指数（PPI）与上年同期相比上涨 6.6%，工业生产者购进价格同比上涨 5.4%，涨幅有所收窄。居民消费价格指数（CPI）同比上涨 2.4%，低于 3% 通货膨胀的警戒线，在八大类商品及服务价格中，教育文化和娱乐类与食品烟酒类有较小幅度上涨，生活用品及服务、衣着等价格保持平稳。就业和收入方面，2018 年前三季度城镇登记失业率为 3%，与上年同期持平，严格控制在 3.5% 以下的预期目标内；城镇新增就业 5.4 万人，农牧区富余劳动力转移就业 108.97 万人次[1]，高校毕业生初次就业率达 92.4%，就业形势稳定，前三季度已完成了新增就业 6 万人预期目标的 90%，并超额完成农牧区劳动力转移就业 105 万人次的预期目标。在收入方面，前三季度全体居民人均可支配收入同比增长 8.1%，其中，城镇居民同比增长 6.5%，农村常住居民同比增长 9.5%，城乡居民收入稳步增加，农村居民可支配收入增速继续高于城镇，城乡人民生活均得到有效改善。

（二）供给侧结构性改革持续推进，助力"一优两高"战略

2018 年，面对外部环境不稳定性增加、经济转型任务艰巨等不确定性因素，青海省积极应对，加快供给侧结构性改革的推进，"三去一降一补"取得长足进步，需求结构不断优化，实现生态保护优先、促进高质量发展、创造高水平生活的条件持续积累。在去产能方面，高耗能行业比重下降，前三季度全省煤化工产业投资同比下降 62.7%。主要高耗能产品中，水泥、碳化硅、火力发电量均有大幅度的下降，分别下降了 2.5%、52.3%、27.1%。在去库存方面，90 平方米以下商品住宅销售快速增长，前三季度房地产开发商品房销售面积同比增长 2.3%，其中商品住宅销售面积增长 6.2%，90 平方米以下商品住宅销售面积增长 37.2%。[2] 在去杠杆方面，企业资产负债率、费用降低，1~8 月，规模以上工业企业资产负债率较上年同期下降 1.1 个百分点，每百元主营业务收入中的三项费用同比减少 0.92 元，产成品存货周转天数同比减少 0.8 天，主营业务收入利润率同比提高 0.14 个百分点。补短板方面，对短板领域的投资比重不断加大。前三季度，全省对民生领域的固定资产投资同比增长 11.7%，对科研和技术服务领域的固定资产投资同比增长 28.8%，对基础设施领域的固定资产投资同比增长 10.9%，对教育领域的固定资产投资增长 10.9%，在文化、体育和娱乐业方面的固定资产投资增长 66.7%，在卫生、社会工作和社会保障方面的固定资产投资增长 24.3%。

---

① 宋明慧：《全省经济运行总体平稳》，《青海日报》2018 年 10 月 24 日第 4 版。
② 宋明慧：《全省经济运行总体平稳》，《青海日报》2018 年 10 月 24 日第 4 版。

（三）农牧业生产稳定，特色化优势愈加凸显

2018 年，青海省主要农区和牧区的土壤墒情较好，没有出现大的灾害性天气，农牧业增长态势良好。种植业方面，农作物种植结构按照市场导向进行了调整，2018 年粮食种植面积 281.3 千公顷，下降 0.5%，其中小麦、玉米、青稞、豆类等农作物播种面积都有不同程度的减少，马铃薯种植面积增长 1.7%。前三季度，蔬菜和食用菌产量较上年同期增长 2.1%。畜牧业方面，由于自然条件及牧民草料储备充足，牲畜长势良好，主要畜产品产量有所增长。随着乡村振兴战略的稳步实施，高原特色农牧业全面升级，开展了 27 个村（场）乡村振兴示范点创建工作，组建了"青海优质农产品联盟""青海三文鱼产业联盟""青海牦牛产业联盟"。利用高原独有的光照、昼夜温差大的地域优势，通过产业扶持和政策引导，"农民 + 合作社"的经营模式得到普遍推广应用，农牧业种植养殖业逐渐多元化，中藏药、藜麦、枸杞、高原虹鳟鱼、金鱼湖大闸蟹等特色农牧业进一步发展壮大，高原绿色有机产品种类不断增多，特色农牧业逐步成为助农增收的新引擎，既填补了省内行业空白，更为农牧民增收提供了新渠道。

（四）传统工业稳中有升，新兴产业动能聚集

2018 年前三季度，青海省传统工业产业稳定发展，且稳中有升，新兴产业动力不断积聚，释放出强大的发展活力。1~9 月，青海省规模以上工业增加值同比增长 8.3%，与上年同期相比上升了 2.2 个百分点，高于全国 1.9 个百分点；规模以下工业增加值同比增长 8.0%。规模以上工业中，制造业增加值同比增长 3.5%，电力、热力、燃气及水的生产和供应业贡献亮眼，增加值增长 20.1%，采矿业增加值增长 10.6%。32 个大类行业中 20 个保持增长，增长面为 62.5%。[①] 从经济类型来看，国有企业增加值同比增长

---

① 宋明慧：《全省规上工业增加值前三季度同比增长 8.3%》，《青海日报》2018 年 10 月 17 日第 1 版。

8.6%，股份合作制企业下降28.8%，股份制企业增长9.0%，外商及港澳台商投资企业下降11.1%，国有控股企业增长7.7%。

前三季度，青海省资源优势和创新驱动有效结合，工业优势产业发展势头良好。高技术制造业增加值同比增长21.1%，新能源产业增长6.9%，新材料产业增长4.5%，生物产业增长30.2%，装备制造业增长7.7%[1]，医药制造业增长24.9%（见图3）；1～9月，锂离子电池、光纤、太阳能电池等工业主要产品产量保持高速增长。新能源装机容量突破1200万千瓦，清洁能源发电量同比增长41.2%，"绿电9日"活动再次刷新清洁能源连续供电世界纪录，比亚迪6GWH动力电池项目试产。年产3000吨金属锂生产线联动试车成功，德令哈光热发电项目填补了我国大规模槽式光热发电技术的空白。

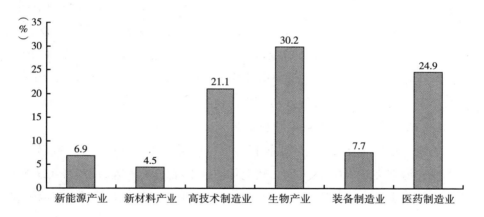

图3　2018年前三季度青海省工业优势产业增加值增速

2018年以来，青海省工业企业产品销售率为96.2%，规模以上工业企业利润始终保持同比增长，1～8月，规模以上工业企业实现利润总额59.59亿元，与上年同期相比增长13.7%，主营业务收入利润率为4.36%，同比提高0.14个百分点。[2] 工业转型升级成效明显，工业经济发展质量显著提

①　宋明慧：《全省经济运行总体平稳》，《青海日报》2018年10月24日第4版。
②　宋明慧：《全省经济运行总体平稳》，《青海日报》2018年10月24日第4版。

高，提振了工业企业发展信心，企业家信心指数处于乐观区间，企业景气指数处于景气区间，这些都有效推动了经济稳定发展。

（五）第三产业发展趋稳，现代服务业发展势头强劲

2018 年前三季度，第三产业增长速度虽有所放缓，但占地区生产总值的比重有较大涨幅，达到 46.23%，发展潜力强，发展后劲足。以信息传输业、租赁和商务服务业等为主的营利性服务业增加值同比增长 43.4%。① 金融方面，金融信贷平稳运行，9 月末，金融机构人民币各项存款余额 5859.62 亿元，同比下降 0.7%，贷款余额同比增长 5.4%。物流方面，运输业增长平稳，其中民航运输快速增长。前三季度，完成货物运输量较上年同期增长了 4.9%，其中，铁路货运量增长 2.7%，公路货运量增长 5.4%，民航货运量增长 21.4%。② 客流方面，客运量稳定，较上年增速有所放缓，其中民航运输增长速度最快。前三季度，完成客运量 5322.36 万人，较上年同期增长 4.4%，其中，铁路客运量增长 11.5%，公路客运量增长 1.2%，民航客运量增长 13.2%。电信邮电业快速增长，1~8 月，电信业务量同比增长 2 倍，邮政业务量增长 20.1%，快递业务量和收入同比分别增长 27.8% 和 20.9%，包裹业务量增长 38%。

旅游市场发展良好，各项数据指标快速增长，前三季度，青海省累计接待国内外游客突破 3700 万人次，较上年同期上涨 20%，达 3757.74 万人次；旅游总收入突破 400 亿元，上涨 21.5%，达 421.7 亿元。尤其是在国内游客方面，无论是收入还是入境游客人数，与上年同期相比，均有两位数以上的增长率，但在接待入境游客人数及实现的外汇收入方面，同比有不同程度的下降。

（六）"三驾马车"持续发力，拉动经济发展

2018 年，青海省固定资产投资内生动力增强。前三季度增速为 4.3%，

---

① 孙海玲：《青海省新兴优势产业发展势头良好》，人民网，2018 年 11 月 2 日。
② 宋明慧：《全省经济运行总体平稳》，《青海日报》2018 年 10 月 24 日第 4 版。

基本与上年同期增速持平，其中民间投资持续回暖，增速由上年同期的－4.2%转负为正，扭转了下降的预势，实现增长7.0%（见图4）。固定资产投资中，制造业投资增长11.9%，战略性新兴产业投资增长19.9%，短板领域的投资力度持续加大；按投资类型分，项目投资增长7.8%；分产业看，第一产业投资同比增长11.1%，第二产业投资增长7.6%，第三产业投资增长2.7%。

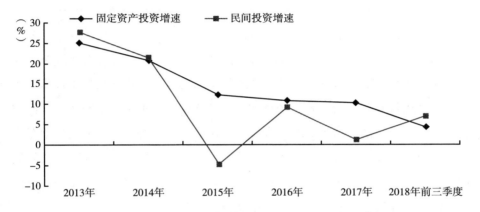

图4　2013年至2018年前三季度青海省固定资产投资与民间投资增速

2018年，青海省消费市场运行平稳。前三季度，社会消费品零售总额达到605.74亿元，较上年同期上涨8.1%①，涨幅较上年同期有所收窄，其中，城镇消费品零售额增长8.1%，乡村消费品零售额增长8.3%。从规模看，个体户及小微企业发展态势良好，限额以上企业零售额为243.71亿元，增长了3.3%；限额以下单位（个体户）零售额362.03亿元，增长率高于限额以上企业8.3个百分点，达到了11.6%。从消费形态来看，居民对生活品质的要求不断提升，消费质量持续改善，信息、文化、旅游等相关行业的消费增长较快，商品零售增长8.1%，餐饮收入增长8.3%。在居民消费支出方面，大众消费旺盛，增速明显提高。2018年前三季度，全体居民人

---

① 宋明慧：《全省经济运行总体平稳》，《青海日报》2018年10月24日第4版。

均生活消费支出增长 8.1%，较上年同期增速提高了 2.4 个百分点。消费的提质扩容对经济持续增长的拉动力不断增加，消费结构逐步得到优化协调。

2018 年，青海省进出口显现出逐月好转趋势，降幅收窄。前三季度，进出口总值由降转增，为 31.3 亿元，较上年同期下降 9.1%，其中，出口总值 21.14 亿元，增长 0.9%；进口总值 10.15 亿元，下降 24.6%。出口产品中，铁合金增长 53.8%，焦炭、半焦炭增长 2.4 倍，纯碱增长 1.1 倍，硅铁、羊肉、沙棘制品等出口规模不断扩大，自营商品出口增长 16.8%。[①] 值得一提的是，镁锭等盐化产品实现首次出口。

总体观察，2018 年前三季度，青海省紧跟国家供给侧结构性改革，在保证中高速增长的同时，经济发展的质量不断提高，逐步向高质量高水平迈进，经济运行效益不断提升，经济结构持续优化，需求结构不断改善，固定资产投资平稳，消费市场活跃；农业生产保持稳定，特色农产品发展前景广阔；工业经济稳中有升，企业利润持续增加，以战略性新兴产业、高技术装备制造业为代表的产业动能集聚；第三产业运行态势向好，后劲增强。经济增长的活力和潜力不断释放，质量效益稳步提升。

二　青海经济运行面临的主要困难

2018 年以来，宏观经济环境复杂多变，政治形势更加错综复杂，世界主要经济体宏观经济政策调整效应凸显，中美贸易摩擦对我国多领域产生负面冲击。从我国来看，经济依然持续了稳定增长的态势，发展韧性、包容性、协调性不断增强，但深层次结构性矛盾和问题在外部冲击下趋于显性化，经济下行压力有所加大。从青海省的情况看，经济发展面临着外部环境明显变化、实体经济遇到较多困难、风险防控不容忽视、现实条件支撑不足、发展要求不断提高、适应能力有待加强等诸多困难和挑战。

---

① 邢曼玉：《发展趋势稳中向好——前三季度经济运行综述》，《青海日报》2018 年 11 月 24 日第 1 版。

（一）实体经济生产经营形势严峻

随着劳动力、土地、能源、原材料成本的不断上升，融资难、融资贵的问题有增无减，企业赢利空间和能力受到压缩。2018年前三季度，规上企业亏损面达到38.9%，亏损企业亏损额增长38.1%。多方面成本上升叠加，煤炭、原油、钢铁、建材等价格处在高位，劳动力成本持续上升，环境治理成本增大，融资难、融资贵问题尚未得到有效缓解。受国家产业政策影响，一批光伏项目、光伏企业停建、停产。利润额集中在电力热力等少数行业和企业，农副食品加工、纺织服装、电器机械等优势行业生产力下降。

（二）三大需求同时放缓

2018年前三季度，青海省固定资产投资、社会消费品零售总额、进出口总额增速分别低于年度目标2.7个、0.9个和17.1个百分点。关键领域投资仍然不稳，项目接续不足，施工项目数下降33.5%，亿元及以上新开工项目下降9.1%。汽车家电消费趋于饱和、居民收入增速放缓等因素影响消费能力和意愿，地产销售旺盛和电子商务分流也对居民消费产生挤出效应。中美贸易摩擦对有色、机电、农畜产品等进出口已产生实质性影响，外部环境不确定性上升。

（三）服务业发展不及预期

2018年上半年，青海省服务业增长率仅为3.6%，增速回落4.8个百分点，拉动经济增长1.6个百分点，同比下降2个百分点，非营利性服务业和金融业分别下降10.9%和0.7%。到第三季度，全省服务业增速比上半年提高约2.7个百分点。财政八项支出仅增长0.1%，金融机构存款下降、贷款放缓，对增加值造成较大影响。交通运输仓储业、批发和零售业增速回落幅度较大。新兴服务业占比低，发展不足，服务行业出现用工荒的现象。

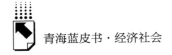

（四）地区分化态势明显

前三季度，青海省各地区生产总值增速呈现"五升三降"的格局，增速最大差距达到55.7个百分点，较上年同期扩大了28.8个百分点。其中，西宁经济排名第一，GDP总量550.50亿元，同比增长9.0%；海西州和海东市分别排名第二和第三，GDP总量分别为276.93亿元和145.63亿元；果洛州和玉树州经济垫底，GDP总量不足10亿元。从增速来看，西宁市GDP增速最高，为9%；果洛州、海北州、玉树州GDP增速出现负增长，分别同比减少0.1%、24.8%、46.7%。前三季度，青海省各地区固定资产投资形成"四升四降"的局面，其中，海东、海北、黄南分别下降27.4%、78%和24.7%，拉低全省投资增速6.9个百分点。

（五）风险隐患依然较多

2018年前三季度，省国投、省投、西宁特钢、盐湖股份等企业步入还款高峰期，债务额度大，潜在兑付风险增加。制造业、采矿业、批发零售、交通运输等8大行业信贷风险突出，银行不良贷款率居高不下，不良贷款占全部的87.2%，制造业和采矿业成为不良贷款重灾区。金融机构贷款不良率达2.87%，全省存贷比110.8%，分别高于全国1个百分点和40.5个百分点。海东市本级、平安区、乐都区以及格尔木市政府债务风险处在国家风险预警或提示区间，湟源、民和等地方偿债资金紧缺，存在偿付风险。此外，PPI持续上涨传导至CPI，推动部分商品价格上涨。

三　2019年青海经济形势分析与预测

2018年以来，世界经济总体增长，但主要经济体分化加剧，经济复苏基础持续弱化，我国经济面临的外部环境较为严峻，提振信心已成当务之急，青海经济延续总体平稳推进的良好发展态势，支撑经济迈向高质量发展的有利因素不断积累。

（一）国际环境分析

2018 年，世界经济延续了 2017 年以来的整体增长态势，发达国家劳动力市场接近充分就业水平，带动消费者信心上升，为经济增长注入动力。世界经济总体保持增长，但主要经济体分化加剧。9 月以来，全球经济复苏基础继续弱化。IMF 近两年来首次下调全球增速预期，各国经济、政策继续分化。美国经济继续稳健向好，生产端继续扩张，消费端信心增强，进出口基本稳定，9 月如期加息，但贸易保护与财政赤字恐拖累未来经济增长；欧洲经济增长显现疲态，通胀保持稳定，货币政策按部就班收紧，英国脱欧和意大利财政问题仍然悬而未决，地缘风险仍然存在；日本经济温和复苏，通胀略有改善，货币政策继续宽松基调；新兴经济体仍处困境，增长持续分化，金砖国家中，印度、巴西、俄罗斯均出现放缓，南非陷入技术性衰退，多国央行跟随美联储加息以稳定汇率、遏制通胀，印度和俄罗斯三季度均加息一次。同时，物价走势较为温和，涨幅不及预期，缓解了市场对通胀走强的担忧，也延缓了发达国家收缩货币政策的步伐。同时，由于欧元区经济增速放缓和新兴市场经济动荡加剧，主要经济体增长态势有所分化，世界经济增长动能出现边际性减弱，随着美国货币政策收紧，债市牛熊转换、股市波动率上升，美元指数上升，新兴市场资本外流等一系列现象表明金融市场系统性风险上升。整体看来，我国经济面临的外部环境较为严峻，提振信心已成当务之急。

（二）国内环境分析

2018 年前三季度，从政策上看，稳步贯彻了 7 月中央政治局会议关于政策重心回归稳增长的导向，在第四季度不会有大规模的政策出台的情况下，更多的是要等待前期已经出台的政策逐步释放效应，我国农业种植结构继续调整优化，全年粮食有望获得好收成，能源供需延续稳定态势，消费领域价格温和上涨，生产领域价格总体平稳，就业形势继续保持稳定，城镇就业规模持续扩大，居民消费支出稳定增长，消费结构不断优化，为国民经济平稳健康发展提供了良好的宏观环境。但从数据上来看，前三季度我国

GDP增速回落至6.5%，跌破持续近三年的6.7%~6.9%区间，但9月经济也有一些亮点。分行业看，第三季度农林渔牧业增加值实际同比增长3.6%，较上一季度增加0.4个百分点，为GDP增速提供了一定支撑；第一产业平减指数同比上涨0.8%，经过连续两个季度负增长后转正，与CPI食品价格相一致，显示第一产业景气度回升。第二产业中，工业与建筑业均加速下行，从规模以上工业增加值分解判断，主要减速集中在制造业领域，第三产业同比增长7.9%，从细项看，传统服务业增速均下降，仅依靠信息服务业和其他服务业提供一定支撑。消费有所回稳，9月名义消费回升0.2个百分点至9.2%，继续扮演增长支柱角色，最终消费支出对经济增长的贡献率达到78%，高出资本形成总额的贡献率46.2个百分点，新消费发展较快，消费区域结构不断优化，全国网上零售额继续保持较快发展。整体投资增速略有回升，主要受制造业投资反弹和民间投资企稳支撑。人民币贬值、出口退税以及对美国抢出口，支撑出口走高。出口增速超过预期反弹，再度回升至两位数增速。总体来看，我国经济表现有韧性，预计未来经济结构将继续优化，新旧动能持续转换，增长质量将有所提升。

（三）青海主要发展目标预测

虽然国内外经济形势严峻，但2018年前三季度青海支撑经济迈向高质量发展的有利因素不断积累。

1. 经济有望保持平稳增长

2018年，虽然青海省部分行业、领域遇到较大困难，但总体形势基本稳定。农牧业稳中提质，种植结构优化，特色养殖效益明显。工业平稳运行，特别是采矿业、电力热力燃气及水的生产和供应业保持快速增长，龙头企业成为经济增长的主要力量，其中，电力热力燃气及水的生产和供应业、煤炭开采和洗选业、化学原料和化学制品制造业、有色金属冶炼和压延加工业、食品制造业等行业增速高，贡献率大，以上五个行业对全省规模以上工业的贡献率为99.4%。其中，电力热力燃气及水的生产和供应业成为对全省规模以上工业增加值增速贡献率第一的行业。企业家信心指数、企业景气指数均处于乐观和景气区间。财政八项支出由负转正，旅游总收入增长21.5%，新业态蓬勃兴起。尤其是随着青海省各项抓重点、补短板、强弱项政策举措的落地见效，三季度多项经济指标稳定好转、民生指标持续提升、环保指标巩固向好，经济稳定发展的基本面未变。随着各项改革深入推进，对外开放范围扩展层次提升，资源、资本、劳动力配置效率不断优化，发展动力活力持续迸发。同时，经济增速暂时放缓也为调整结构、改善生态、保障民生、深化改革预留了空间，为今后高质量发展积蓄力量。保守预计2019年青海省经济增速在6.5%左右。

2. 固定资产投资仍然是拉动经济增长的主要动力

由于经济结构转型升级，固定资产投资依然是拉动经济增长的主要动力，尤其是前三季度的基础设施投资支撑有力，其中，生态保护和环境治理业投资呈高速增长态势，制造业投资持续增长，未来国家会在"一带一路"、长江经济带、兰西城市群、乡村振兴、脱贫攻坚、对口援青等领域不断释放新的政策机遇，特别是近期召开的西部地区开发领导小组会议提出将在交通、水利、能源信息等方面，抓紧推出一批西部急需、符合国家规划的重大工程，并明确表示要加大对引黄济宁、三北防护林、特高压外送通道等重大工程的支持力度，为推动青海省经济发展提供重大机遇。预计2019年青海省固定资产投资增速有望保持在4.5%左右的水平。

3. 消费结构仍将持续升级

2018年前三季度，青海省实现社会消费品零售总额605.74亿元，同比增长8.1%，消费品市场运行平稳，结构持续升级。随着青海省城镇化率不断提高和城市商业综合体的兴起，青海省城镇消费稳步增长，以及全省各项惠农相关政策措施逐步实施，农牧区消费环境持续改善，农牧民消费能力不断增强，乡村消费品零售额增速继续快于城镇，乡村市场占比稳步提高，消费市场城乡结构持续优化。限上企业销售由降转增，限下企业成拉动社零主力军。其中，西宁市、海东市、海西州作为全省消费品零售额重点地区，消费总量占全省消费总量的比重为89.5%，较上年同期有所下降，其他地区对社会消费品零售总额的贡献率正在不断加大，区域增长更加平衡。随着旅

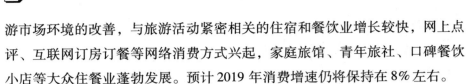

游市场环境的改善，与旅游活动紧密相关的住宿和餐饮业增长较快，网上点评、互联网订房订餐等网络消费方式兴起，家庭旅馆、青年旅社、口碑餐饮小店等大众住餐业蓬勃发展。预计2019年消费增速仍将保持在8%左右。

4. 第三产业占比有望持续提升

近年来，青海的产业结构有了较为明显的转变，第三产业增加值同比持续增长，增加值占全省地区生产总值的比重提升到46.22%，三次产业增加值结构为7.4∶46.4∶46.2，与上年同期的6.7∶51.0∶42.3相比，第三产业增加值占比提高了3.9个百分点。其中，旅游、电信、物流等现代服务业贡献度较为显著。如前三季度全省接待国内外游客人次比上年同期增长20.0%，实现旅游总收入增长了21.5%。随着后续生产性服务业和旅游业的持续快速发展，预计2019年第三产业增加值占地区生产总值的比重会持续提升，增长率有望保持在6%的水平。

四　对策建议

未来，青海省将进一步贯彻落实党中央国务院各项决策部署，坚持"一优两高"的战略部署，以生态文明理念统领经济社会发展全局，坚定不移走高质量发展和高品质生活之路，确保与全国同步全面建成小康社会、建设更加富裕文明和谐美丽的新青海。

（一）大力实施绿色产业发展战略

发展绿色产业，是基于青海资源禀赋的现实选择，也是青海经济转型升级的内在要求。一是要深化供给侧结构性改革，持续推进"三去一降一补"，重点在"破""立""降"上下功夫，统筹推动新兴产业和传统产业互动发展、融合发展，促进自身特色优势充分释放，促使经济结构和能源结构加快调整，全力发展壮大特色优势鲜明、市场潜力巨大的绿色产业，推动供给体系革命性变化，稳步提升青海经济发展层次和核心竞争力。二是加快培育壮大战略性新兴产业，持续推进传统产业转型升级。围绕传统产业智能化、清洁化改造，推动信息化与工业化深度融合，广泛运用互联网、大数据、人工智能等技术改造提升传统产业，促进向高端高质高技和绿色低碳循环的方向发展，不断催生新产业新业态新模式。三是聚力打造旅游支柱产业。把旅游业作为全省现代服务业发展的龙头来培育，按照省内大众游、省外高端游的发展定位，加快落实"五三"新布局，统筹推进全域全季全时旅游，深度挖掘自然文化旅游品牌价值，加快建成民族特色文化旅游目的地、国家生态旅游目的地、丝绸之路新兴黄金旅游目的地。四是大力发展生产性服务业。实施生产性服务业融合工程、制造业服务化转型工程、"互联网＋"行动提升工程、服务能力创新工程等专项工程，全力推进生产性服务业向专业化和价值链高端延伸。充分发挥园区的集聚效应和平台效应，促进全省生产力布局向园区倾斜、产业向园区集中、要素向园区流动、企业向园区聚集，形成国家级园区创新引领、省级园区支撑有力、地方园区各具特色的产业园区体系。

（二）持续深入推进供给侧改革

一是着力壮大新动能，深入开展"工业强基发展年"活动，对工业项目建设问题再梳理再协调再解决，实施好百项创新攻坚、百项改造提升工程项目，力促形成一批新增长点。加快实施大美煤业尾气制烯烃、黄河矿业镍钴矿采选项目，积极推进比亚迪10GWH锂电池、盐湖比亚迪"2＋3"碳酸锂、五矿一里坪盐湖资源综合利用等项目，尽早启动青海矿业60万吨煤制烯烃项目，新增2~3家省级企业技术中心。二是有力有序去产能。完成50万吨钢铁去产能后续工作，统筹做好煤炭去产能、保供应、稳价格相关工作。加大"僵尸企业"破产清算和重整力度，妥善做好职工安置和债务处置，协同保障煤电油气运。推动降成本各项政策取得实效。尽快落实2018年电力直接交易方案，继续清理转供电环节不合理收费。逐步理顺天然气价格，制定天然气配气价格。实行好减免降低通行费政策。三是继续落实好阶段性降低社会保险费率政策。清理规范经营服务性收费，加大网络提速降费力度。有效规范企业融资收费行为。

（三）扎实有效推动乡村振兴

一是加快构建现代农业产业体系、生产体系、经营体系，提高农业创新力、竞争力和全要素生产率。科学划分乡村经济发展片区，重点打造东部特色种养高效示范区、环湖农牧交错发展先行区、青南生态有机畜牧业保护发展区和渔业资源保护与适度开发带，加快发展粮经饲统筹、种养加一体、农牧渔结合的现代农业。二是出台青海省乡村振兴规划，推进试点示范。构建"三区一带农牧业格局，认定一批农村产业融合发展示范园区"。在大力发展四个百亿元产业的基础上，重点打造牛羊肉、青稞、枸杞、冷水鱼等特色优势品牌，推进"三品一标"示范区县和基地创建，扩大绿色农畜产品市场份额。三是夯实农牧业综合生产能力。健全粮食安全保障机制，推进"两区"划定，建成390万亩高标准农田。提升农牧业装备和信息化水平，推进主要作物全程机械化，大力发展智慧农牧业。抓好秋冬季农牧业生产，做好收割打碾、市场供销，确保增产增收。有效防治疫情，加强流通监管，严防疫情传入。四是推进农牧业基础设施建设。实施引大济湟西干渠、北干渠二期、蓄集峡、那灵格勒河水利枢纽等重大工程。加快重点水源工程、中小河流、重要支流治理和灾后水利薄弱环节建设进度。五是产业融合发展。用工业化理念发展农牧业，用服务业方法经营农牧业，推动城镇资本、人才、科技、理念下乡，实现产业链延伸、价值链提升、供应链贯通。

（四）强化财政金融支撑作用

一是优化调整财政金融结构，引导金融大力支持战略性新兴产业、装备制造业等实体经济，将财政金融资源更多地向生态畜牧业、特色农业、文化旅游业、清洁能源、盐湖资源综合开发利用等特色优势产业倾斜。二是扩大积极财政政策，针对青海省基础设施历史欠账多，特别是公路、铁路密度低于全国平均水平等问题，集中财政资金，加快补齐惠民生等领域短板，统筹推进交通、水利、电力、能源、市政、通信、"厕所革命"等基础设施建设。三是做好财政收支工作，严格落实中央各项减税降费政策，减压一般性支出，保障重点支出，做到应收尽收、合理分配。四是防范化解重大风险，设立省级财政风险专项基金，开展金融风险专项整治，严厉打击非法金融活动。

（五）大力推进项目落实和有效投资

一是抓紧重点项目，制定施工建设计划表，加快施工进度，确保格库铁路具备通车条件，黄河干流防洪工程和沿黄四大水库灌区主体工程建成。加快西成铁路、西宁机场三期、青海湖机场、特高压外送通道等重大项目报批进度，做到项目早核准、早开工。二是稳定房地产投资，加大热点地区住宅用地供应规模，因地施策，确保房地产市场平稳健康发展。三是促进民间投资增长，积极培育新的市场主体，保障民营企业的权益，确保民营企业在投融资、市场准入准出、资源要素配置等方面机会平等。在重视大企业、大项目的同时，扶持一批发展前景好、成长性强的中小企业，持续释放民间投资活力，为民营企业创造良好的发展环境。四是强化调度督查，始终压紧压实责任链，加强提速攻坚，提升投资的谋划力，协调推进项目设计、招标及概算等工作。

（六）积极融入国家各项发展战略

一是积极融入国家"一带一路"倡议，并紧跟长江经济带、黄河经济带等区域发展战略新指示，依托青海发展优势，完善与中东部省区的产业对接与互补，培育产业新动能，筹划产业转移方向，结合省情实际，筹建一批集规模性、战略性于一体的产业转移升级项目，不断优化完善青海现代产业体系。二是积极融入国家乡村振兴战略，以《乡村振兴战略规划（2018～2022年)》为指导，加快农业现代化步伐，完善紧密型利益联结机制，激发农村创新创业活力，壮大特色优势产业，扶持特色农畜产品加工业发展，促进特色农牧业与文化、旅游产业的融合发展，打好特色农牧业和乡村文化旅游这两张牌。三是继续加大对外开放力度，鼓励和支持省内企业与国内外企业的经贸交流与合作，继续办好"青洽会""藏毯展""清食展"，持续扩

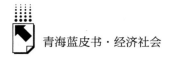
大这些活动的影响力与知名度，为招商引资提供优惠政策与优质的综合服务，进一步加强综合保税区、保税中心等通关平台建设，扩展跨区域经贸合作，不断提升对外服务效率与能力，构建起青海省全面对外开放新格局。

参考文献

国家统计局：《前三季度我国经济保持平稳运行》，2018 年 10 月 22 日，http：//www. stats. gov. cn/tjsj/zxfb/201810/t20181022_ 1629128. html。

青海省统计局：《前三季度全省经济运行总体平稳》，2018 年 10 月 23 日。

B.2
2018~2019年青海社会发展形势分析与预测

陈玮 拉毛措 朱学海 文斌兴*

摘　要： 2018年是青海实施"十三五"规划的第三年，是承上启下的
关键一年，青海省各族人民在省委省政府的正确领导下，扎
实落实中央各项方针政策，奋力推进"一优两高"战略，社
会各项事业取得了显著成效。脱贫攻坚取得重大进展，生态
文明建设稳步推进，防范各种风险，特色产业助推"乡村振
兴"，人才兴省开创全新局面，党的建设不断引向深入。但城
乡融合发展、社会治理水平提升等方面仍存在一些问题。
2019年，青海省将统筹推进"五位一体"总体布局和"四个
全面"战略布局，围绕"一优两高"战略部署，进一步加强
生态环境保护建设，防范各类重大风险，持续巩固精准脱贫
成果，着力推进行政制度"放管服"改革，不断推进区域间
经济社会协调发展，全力促进青海各项社会事业取得更大
成效。

关键词： 青海　社会发展　脱贫攻坚　社会治理

* 课题组成员：陈玮，青海省社会科学院院长、教授，研究方向为民族宗教学、藏学、社会学；
拉毛措，青海省社会科学院社会学研究所所长、研究员，研究方向为民族社会学；朱学海，
青海省社会科学院社会学研究所助理研究员，研究方向为城市社会学；文斌兴，青海省社会
科学院社会学研究所助理研究员，研究方向为家庭社会学。

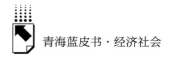
一 2018年青海社会发展形势及亮点

2018年是青海省全面贯彻党的十九大精神的开局之年，也是实施"十三五"规划承上启下的关键一年，省委省政府和全省各族人民紧密团结在以习近平同志为核心的党中央周围，以习近平新时代中国特色社会主义思想为指导，全面落实"四个扎扎实实"重大要求和省十三次党代会决策部署，深入实施"五四战略"和"一优两高"部署，全力推进脱贫攻坚，大力发展民生事业，稳步推进生态文明建设，深入实施"乡村振兴"战略，持续推进全面深化改革，全面加强人才工作，党的建设不断引向深入。

（一）"一优两高"征程全面开启

2018年7月召开的省委十三届四次全体会议深入学习贯彻习近平新时代中国特色社会主义思想、党的十九大精神和省第十三次党代会精神，审议通过了《中共青海省委青海省人民政府关于坚持生态保护优先推动高质量发展创造高品质生活的若干意见》，做出了坚持生态保护优先、推动高质量发展、创造高品质生活的"一优两高"战略部署。坚持生态保护优先要牢固树立不抓生态就是失职、抓不好生态就是不称职的理念，一切工作都要坚持生态保护优先，推动形成人与自然和谐发展现代化建设新格局；推动高质量发展就是要推动全省经济发展的高质量，区域协调要高质量、产业布局要高质量、城乡建设要高质量、生态文明建设要高质量、融入国家战略要高质量；创造高品质生活就是要始终把人民放在心中最高位置，倾力关注民生事业，在幼有所育、学有所教、劳有所得、病有所医、老有所养、住有所居、弱有所扶上不断取得新发展，进一步提升各族群众的获得感、幸福感和安全感。"一优两高"是省委全面贯彻习近平新时代中国特色社会主义思想，在新起点上深入落实"四个扎扎实实"重大要求，科学把握发展趋势、彰显绿色生态优势、积极回应群众期待、决胜全面小康社会建设、推进现代化建设做出的重大战略抉择，明确了青海经济社会发展的目标导向、方法路径和重点任务。

（二）脱贫攻坚取得重大进展

全省脱贫攻坚在全国层面实现"四个率先"。即，一是在全国率先推行民政低保和扶贫标准"两线合一"，精准识别全省贫困人口并将其全部纳入低保救助范围，多轮次进行建档立卡动态调整，扣好脱贫攻坚"第一颗扣子"；二是在全国率先推行扶贫资金切块到县、项目审批权下放到县，赋予贫困地区更多的自主权。2013年以来全省累计投入财政专项扶贫资金151.5亿元，年均增幅达到21.95%；三是在全国率先开通"精准扶贫金融服务热线"，较早推行金融主办行制度，大力推广"双基联动"合作贷款模式，累计落实扶贫再贷款及"530"小额信贷34.3亿元，贫困户户贷率达到57.2%，高出全国平均水平25个百分点；四是在全国率先为基层360个乡镇配备专兼职扶贫干事，累计抽调400余名懂项目、会审计、熟悉农牧工作的人员充实到各级扶贫系统，先后两批选派第一书记和扶贫干部1.49万名，脱贫攻坚队伍力量得到有力加强。2018年9月，根据贫困县退出程序，经省政府研究，批准海东市平安区、循化撒拉族自治县、刚察县、格尔木市、德令哈市、乌兰县、天峻县等7县（市、区）从全省贫困县中退出，其中海西州格尔木市、德令哈市、乌兰县、天峻县从全省贫困县中退出，标志着海西全州119个贫困村、1665户、4597人全面实现了脱贫摘帽退出，率先在全省实现全域整体脱贫。

（三）民生发展水平显著提高

重大民生实事工程顺利实施。2018年青海省重点围绕"幼有所育、学有所教、劳有所得、病有所医、老有所养、住有所居、弱有所扶"及生态环境保护8个方面，实施了8项民生实事工程。截至11月中旬，全省财政领域民生实事工程涉及的36项具体任务中，19项已全面完成，10项已接近全年目标任务，其余7项年底前全面完成。

社会保障水平持续提升。城乡低保标准和分类施保补助水平进一步提高，其中城市低保标准从450元/月提高到500元/月，农村低保标准从3320

元/年提高到 3700 元/年；发放困难群众基本生活救助补助资金 251309 万元，统筹用于城乡低保、特困人员供养、临时救助、流浪乞讨人员救助、孤儿和困境儿童及艾滋病病毒感染儿童基本生活保障支出；全省城乡居民基本养老保险基础养老金标准提高至每人每月 175 元，全省 50 多万名 60 周岁以上参加城乡居民基本养老保险的居民直接受益，提标后青海省城乡居民基本养老保险基础养老金标准比国家规定的最低基础养老金标准高出 87 元，位居全国前列；调整提高退休人员基础养老金，企业和机关事业单位退休人员月人均增加基本养老金 206 元，调整幅度达 5.02%，42 万名退休人员直接受益，调整后全省退休人员基础养老金水平在西北乃至全国继续保持领先位次。

（四）生态文明建设稳步推进

生态文明建设投入进一步加大。全省 2018 年度生态文明建设专项中央预算内资金 19488 万元，其中城镇污水垃圾处理设施建设项目 18551 万元、资源节约循环利用重点工程项目 937 万元，省发改委及时细化，并下达投资计划，安排西宁、海西、黄南、海南、玉树等地区共 18 个项目，项目总投资 63972 万元；截至 8 月初，三江源生态保护和建设二期工程已累计下达投资 97.11 亿元，占规划总投资的 60.5%，累计完成投资 95.48 亿元。生态环境持续向好。前三季度西宁市空气质量在全国 169 个重点城市中位居中等靠前，在西北五省区省会城市中位居第一；截至 2018 年 7 月 29 日，青海湖水体面积为 4516.23 平方公里，与上年同期相比扩大 80.54 平方公里，湿地面积持续增加、高密度植被覆盖率持续增大，青海湖整体生态功能持续增强，整体水环境重要指标多年来保持稳定；三江源地区生态系统退化趋势得到初步遏制，生态建设工程区生态环境状况明显好转，生态保护体制机制日益完善，农牧民生产生活水平稳步提高，生态安全屏障进一步筑牢。

三江源国家公园体制试点稳步推进。三江源国家公园可可西里格尔木基地建设项目启动，项目一期工程投资 3460 万元，主要建设科普教育服务设施和科研信息中心，为三江源国家公园生态保护设施建设打下坚实基础；中科院三江源国家公园研究院成立，将以生态文明和"美丽中国"建设的国家战略需求为目标，围绕三江源国家公园的生态环境保护、人与自然和谐共生、区域可持续发展等开展科学研究，为我国国家公园建设提供借鉴与示范。

（五）多措并举助推"乡村振兴"

"乡村振兴"制度保障初步形成。《中共青海省委青海省人民政府关于推动乡村振兴战略的实施意见》出台，明确了新时代全面实施乡村振兴战略的重大意义、总体要求和具体措施，为全省实施乡村振兴战略和推动农牧业农牧区现代化提供了制度保障。同时，《青海省乡村振兴战略规划》编制工作正式启动，规划将精准把握全省乡村振兴战略短板不足，合理设置发展目标和保障措施，建立健全城乡融合发展的体制机制和政策体系，推进全省农业农村现代化。美丽乡村建设搭建"乡村振兴"平台。全省加大政策扶持力度，不断挖掘农牧业潜力，大力发展休闲农业，加快美丽乡村建设，一批发展类型丰富、脱贫带动力强、品牌效应明显的美丽休闲乡村不断涌现，有力带动了乡村旅游业的发展和农牧民增收。目前全省各类休闲农牧业经营主体达 2535 家，从业人数 4.5 万余人，年接待游客达 1646 万人次，实现营业收入 24.7 亿元，发放从业人员劳动报酬 16.3 亿元，创利润突破 10 亿元。"乡村振兴"人才基础不断夯实。从 2013 年开始，按照农业农村部的总体部署，青海省将新型职业农牧民培育工作范围扩大到包括玉树藏族自治州和果洛藏族自治州在内的六州两市 39 个县，实现了新型职业农牧民培育工程项目全省覆盖。截至目前，累计培训新型职业农牧民 7.6 万人，认定新型职业农牧民 11138 人，为全面推进乡村振兴战略储备了人才。

（六）深化改革激发社会活力

一是监察体制改革初步完成。青海省监委于 2018 年 2 月 8 日揭牌成立，8 个市州、43 个县市区监委全部依法设立。在改革中，青海省纪委监委坚持走内涵式发展道路，实现了机构、编制、职数不增加，工作力量向监督执纪执法一线倾斜。在三级监委全部组建完成后，青海省监察对象从 8.94 万人扩大到 18.09 万人，青海省三级纪委监委严格依法运用调查措施，保持惩治腐败高压态势，有效运用监督执纪"四种形态"；二是"放管服"改革成效明显。便民服务纵向延伸，初步构建起五级联动的行政服务体系，七成行政许可审批和公共服务事项网上办理，办事申报材料精简率和服务事项办理时限压缩率均为 31.2%，省、市（州）、县三级网上政务服务平台实现全覆盖。率先出台行政服务中心五个地方标准，深入推进审批服务标准化。着力打造"宽进、快办、严管、便民、公开"的审批服务模式，持续开展"减证便民"行动，优化服务供给，创新便民利企审批服务，便民服务观念深入人心；三是医药卫生体制改革不断深化。2018 年省财政下拨资金 43.5 亿元，支持公立医院综合改革，全面落实三级公立医院综合改革补助政策，提高城乡居民医保筹资和基本公共卫生服务补助标准，加大棘球蚴病防治、农村妇女"两癌"筛查、卫生应急能力建设、医疗卫生人才培养等支持力度，有效缓解了群众"看病难、看病贵"问题。

（七）人才兴省开创全新局面

2018 年 10 月 30 日，全省人才工作会议在西宁召开，会议全面贯彻习近平总书记关于人才工作的重要论述，按照全国和全省组织工作会议部署，围绕"五四战略"和"一优两高"部署，深入实施人才强省战略。人才政策进一步优化。分类推进职称评审权下放，积极推动人才智力密集的企事业单位开展自主评审工作，在原有下放中级职称评审权的基础上，首次实现对高校、科研院所普遍下放高教系列、科研系列高级职称评审权，对部分企业下放工程系列副高级、中级职称评审权；坚持以岗位职责要求为基础，树立重品德、重能力、重业绩的导向，减少职称评价前置条件。继续打造高端人才阵地。省委省政府着眼打造"青海学者"品牌，培养造就一批在国内有影响、在省内居塔尖的"青字号"高端人才和高水平创新团队，授予 5 名扎根青海、贡献青海的高水平专家首届"青海学者"称号；222 名个人和10 个团队分别入选第三批青海省"高端创新人才千人计划"引进培养人选和引进培养团队。

（八）党的建设不断引向深入

深入学习贯彻党的十九大精神和习近平新时代中国特色社会主义思想。十三届省委二次全会和省委党建工作领导小组会议研究部署全省党建重点工作，把学习贯彻党的十九大精神作为首要政治任务，以习近平新时代中国特色社会主义思想为指导，深化认识和准确把握新时代党建总要求，创新完善工作思路，不断提升新时代全省党建工作水平。基层党建不断深化。全省农村基层党建提质升级，促进脱贫攻坚和乡村振兴；城市党建探索加强基层治理，提供精细化、个性化服务的新途径、新模式；牧区党建注重发挥政治功能，不断夯实党在民族地区的执政根基；《非公有制经济组织党支部"五化"建设实施办法（试行）》等三个实施办法出台，为各级各类"两新"组织党支部规范化建设提供依据。党风廉政建设和反腐败工作取得新成效。全省各级纪检监察机关认真履行纪检监察两项职责，把监督检查中央八项规定实施细则和省委省政府若干措施执行情况作为重点任务和经常性工作；扎实开展扶贫领域腐败和作风问题专项治理、扫黑除恶专项斗争中强化监督执纪问责工作；深化政治巡视，对巡视中发现的突出问题进行严肃处理，巡视利剑作用得到切实发挥。

二 2018年青海社会发展中存在的主要问题与挑战

2018年，青海社会发展成效显著，但是仍然存在三大攻坚战任务艰巨、民生事业短板明显、城乡融合发展基础薄弱、社会治理水平有待提升和创业创新能力仍需加强等问题。

（一）打好三大攻坚战任务艰巨

党的十九大报告中指出要坚决打好防范化解重大风险、精准脱贫、污染防治的攻坚战，使全面建成小康社会得到人民认可、经得起历史检验。一是青海地方政府隐性债务风险、房地产泡沫风险、互联网金融风险等不容小

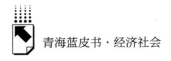
觑；二是精准脱贫进入关键阶段，突破深度贫困堡垒难度较大；三是生态环境脆弱，污染防治和生态修复成本高昂。

（二）民生事业短板依然明显

近年来全省各项社会事业取得了长足进步，群众获得感和幸福感显著增强，但是民生事业短板依然较为明显，如农牧区医疗资源缺乏和医疗卫生水平较低、农牧民群众看病难的问题尚未得到有效解决；现阶段教育领域资源配置不公、城乡与地区之间教育发展不平衡、民族地区教育质量有待提高；社会老龄化程度不断加剧，老年人社会保障水平较低，养老服务体系不健全，老龄产业发展缓慢。

（三）城乡融合发展基础薄弱

城乡二元结构是制约城乡融合发展的主要障碍，青海省的实际情况更为明显，长期以来全省城镇化水平较低，农牧区基础设施差，区域教育发展不均衡，城镇公共服务向农牧区延伸不够，城乡基本公共服务均等化程度低，以城镇辐射带动农牧区发展的体制机制尚未完全建立，加之省内独特的生态地理环境和多民族文化，导致城乡经济的融合、城乡居民生活方式的融合都存在一定的困难。

（四）社会治理水平有待提升

党的十九大报告强调加强和创新社会治理，明确提出打造共建共治共享的社会治理格局。随着全省经济社会的发展和改革的不断深入，社会治理面临全新的挑战，而当前全省社会治理的社会化、法治化和专业化水平较低，城镇社区治理精细化程度不高，社会组织在社会治理中的功能发挥不充分，公民参与社会治理的意识和能力不强等问题较为突出，社会治理体系和社会治理能力现代化有待进一步提高完善。

（五）创业创新能力仍需加强

科技成果转化能力不足，重点产业关键领域重大技术研发水平有待提高，产业转型升级和新兴产业培育技术瓶颈需要进一步突破；全省范围内核心技术突出、集成创新能力较强、引领特色产业发展的创新型领军企业相对较少，返乡农民工和大学生创业的水平不高，创业创新主体培育需要进一步加强；各类人才的引进、培养和使用的规范化程度有待提升，人才激励机制需要进一步完善，人才工作需要进一步解放思想和创新。

三　2019年青海社会发展态势预测

2019年是全力实施省委十三届四次全会做出的"一优两高"战略部署的关键之年，是进一步实施"五四战略"和巩固脱贫攻坚成果的重要时间节点，也是全省各族人民群众初步分享到富裕文明和谐美丽新青海建设成效的一年，青海省将认真贯彻党中央各项方针政策，统筹推进"五位一体"总体布局和"四个全面"战略布局，切实贯彻习近平新时代中国特色社会主义思想，围绕"一优两高"部署，坚定信心，砥砺奋进，谋新求变，抢抓机遇，团结一心，真抓实干，青海社会各项事业将取得更大成效。

（一）各项社会事业将取得新成效呈现新局面

2019年，青海省将继续深入学习贯彻习近平新时代中国特色社会主义思想和党的十九大精神，认真贯彻落实"四个扎扎实实"重大要求和省第十三次党代会精神，紧紧围绕"一优两高"战略部署，深化各项改革，全力推进各项社会事业取得新突破、开创新局面。一是教育综合改革将取得新突破。深化教育综合改革将实现普通教育与职业教育并重发展，人才培养的供给结构与经济社会发展需求将更加协调，人才培养结构调整机制与市场经济体制将更加适应。将更好把握教育援青和对口支援机遇，在基建、资源配置、异地办班项目、师资培训等方面争取更大支持，使公共教育资源继续向民族贫困地区倾斜，推动民族教育事业取得更大发展。二是文化的主动融入功能将进一步提升。在习近平新时代中国特色社会主义思想指引下，切实担负起新时代文化使命，充分发挥文化的软实力作用，主动融入青海改革发展的进程中，文化 + 旅游、文化 + 体育、文化 + 商贸等将进一步向深度和广度发展，文化融入脱贫攻坚战，助困成效将更加明显，文化惠民工程将更加丰富群众的"文化餐桌"，文化产业将为乡村振兴充足动力，文化融入新时代将有效提升人们的生活品质。三是民族团结进步大省建设步伐将进一步加快。在"四个转变"创新思路指引下，青海省积极争取了许多建设民族团结进步大省的国家层面的政策支持，同时自身创造了良好的发展态势，在此前提下，青海省在创新发展民族团结进步事业的征程中，各民族将更加凝心聚力，民生将进一步改善，经济将取得稳步发展，民族文化将更加繁荣，社会将呈现更加稳定的局面，先进区建设将在更大更广的范围和领域、更深的层次得以拓展，全省各族人民与全国同步全面建成小康社会、在新的起点上建设更加富裕文明和谐美丽新青海的信心和决心将更加坚定。四是公立医院综合改革将深入推进。在取得重大阶段性成效的基础上，抓住深化改革的机遇和实施"一优两高"战略的契机，青海省将在取消药品加成、破除以药补医机制、组建不同形式的医联体、开通远程医疗成员单位等方面取得新成效，老百姓看病贵、看病难、看病远、医疗资源不均衡的问题将得到进一步解决。五是社会保障将得到进一步完善。随着民生工程提挡加速的要求和政府职能转变，社保政策将更加符合人民群众的切实利益，社保面和领域将进一步得以拓宽，社保能力将进一步提升，创业就业政策将更加灵活完善，创业平台和就业渠道将进一步拓展改进，专业技术人才评价机制将得到进一步完善，专业技术人才创新创业活力将得到有效激发，各项社会福利事业将有新推进新成效，社保制度改革将继续深化。

（二）"一优两高"战略目标将有新提升新突破

2019 年，青海省将继续大力弘扬"新青海精神"，深入实施"五四战略"，力争"一优两高"实质性进展，让高原青海天蓝水绿，百姓生活品质提升，社会和谐稳定，不断开创新青海建设新局面。一是生态保护优先发展战略将狠抓落实，初见成效。随着青海省委省政府《青海省生态环境损害赔偿制度改革实施方案》和《关于创新体制机制推进农牧业绿色发展的实施意见》等相关政策的出台和生态保护优先理念的不断牢固树立，八个关系将得到更科学合理的解决，人与自然和谐共生的理念将更加清晰明确。二是高质量发展将有新推动。随着发展战略部署和发展理念的转变以及青海省委省政府《关于开展质量提升行动的实施意见》等政策的出台，青海经济结构、发展方式和增长动力等将有新的变革，思想观念、区域协调、产业布局、城乡建设、生态文明和融入国家战略等方面的高质量目标将付诸实践初见成效，人民群众对美好生活的满足感将进一步增强。三是高品质生活将获得新体验。随着青海省委省政府《青海省农牧区人居环境整治三年行动实施方案（2018～2020年)》等政策的出台和民生工程的全力实施，未来高品质生活将得到全方位的关注和支持，关乎民生切实利益的"七有"目标将有新发展，脱贫攻坚战将深度推进，就业创业平台和渠道将进一步拓展，物价将持续保持稳定，乡村环境治理将加大实施力度，"厕所革命"将得到有力推进，法治青海、平安青海、公正青海、诚信青海、和谐青海建设将有新气象，各族群众的获得感、幸福感和安全感将得到进一步增强。

（三）人才队伍建设将初现成效

2019年，青海省将继续全面贯彻习近平总书记关于人才工作的重要论述，深入实施人才强省战略，做好"育才""养才""用才"工作，为新青海建设提供坚强人才保证和智力支持。一是重视人才的氛围将更加浓郁。国家和省级层面高度重视人才工作，制定出台了《关于进一步推进人才发展体制机制改革的若干措施》等一系列人才培养政策，全社会重视人才的良好氛围将越来越浓厚。二是投资人才的力度将进一步加大。随着对人才工作重视程度的加强，多元化的投入机制将不断完善，财政的支持力度也将随之加大，人才培养的成果将逐步显现。三是人才成长渠道将进一步拓宽。随着人才培养平台、途径和渠道的扩展、人才政策和氛围的优化，人才成长渠道将进一步畅通。四是人才储备量将有明显增加。随着人才工作体制机制的不断完善和《关于进一步依托援青资源开展引才引智工作的实施意见》的贯彻实施，柔性引进与本土人才培养力度将进一步加大，人才储备量将有新的突破和发展。五是各类人才在青海经济社会发展中的作用将显著提升。随着人才队伍的不断壮大，人才在各行各业勇于担当，贡献智慧，在青海经济社会发展和"一优两高"战略实施中将发挥更大作用。

（四）脱贫攻坚任务将扎实有效推进

2019年，青海省继续将重点精力放在推进脱贫攻坚工作上，力争攻克一个个扶贫难点问题，圆满完成脱贫攻坚任务，让全省各族人民群众早日拥有幸福、安全的高品质生活。一是脱贫攻坚的基础和保障工作将更加务实有效。在全国层面实现"四个率先"的良好基础上，依据政策保障、工作部署和财力、人力支持，实现贫困人口稳定脱贫、完成脱贫攻坚任务的基础保障工作将有新举措新成效。二是贫困群众脱贫攻坚的内生动力将得到进一步激发。实现脱真贫、真脱贫，内生力具有重要作用，在"输血"的同时，让贫困群众学会"造血"是关键。为助推脱贫攻坚，实现"精神脱贫"，激发贫困群众脱贫攻坚内生动力的工作将被摆上重要议事日程，"造血"功能将会得到充分激发。三是多方联动机制将发挥更大作用。联动优势作用下，攻坚力量增强，脱贫步伐加快，为打赢脱贫攻坚战，多方联动机制将继续建立健全并发挥更大作用。四是深度贫困地区和深度贫困人口将得到更多政策支持。实现深度贫困地区和贫困人口的脱贫是脱贫攻坚的"硬"任务，也是各级党委政府的政治责任，为顺利实现全省区域性整体脱贫目标，深度贫困地区和深度贫困人口的脱贫问题将是重中之重，将会得到更多政策支持，实现精准脱贫目标。

（五）乡村振兴战略将取得新进展

2019年，青海省继续将解决好"三农"问题作为头等重要工作来抓，认真贯彻落实《中共中央国务院关于实施乡村振兴战略的意见》精神，按照产业兴旺、生态宜居、乡风文明、治理有效、生活富裕的总要求，进一步推进乡村振兴战略，谱写乡村振兴新篇章。一是农牧区人居环境将得到进一步优化。在《青海省农牧区人居环境整治三年行动实施方案（2018～2020年)》的部署下，农牧区生活垃圾的治理、厕所革命、生活污水治理、村容村貌整治等将有新的改观，农牧民环境与健康意识将普遍增强。二是农牧区乡风文明建设将取得新进展。乡风文明建设是乡村振兴战略的重要内容，在财力和物力的支持下，农牧民思想道德建设将进一步得到加强，乡村优秀传统文化将得到进一步挖掘整理和传承弘扬，乡村精神文明建设力度将加大，乡村公共文化建设将取得新提升。三是农牧区基础设施建设投入力度将进一步加大。在《青海省公路品质提升三年攻关行动方案》等政策支持下，农牧区教、科、文、卫等各项基础设施建设方面将会有新的资金倾斜投入；村容村貌将得到进一步整治，高原美丽乡村风貌将进一步提档升级并向多元化发展。四是农牧民的幸福感和获得感将进一步增强。实施"一优两高"战略，推进脱贫攻坚任务，加大改善民生力度，使农牧民享受越来越多改革开放的成果，农牧民的生活生产将逐步向品质化推进，其幸福感和获得感将进一步增强。

（六）治理体系和治理能力现代化将得到进一步完善提升

2019年，随着青海经济社会的快速发展，传统的利益格局和社会结构发生急剧变化，为了更好地应对各种变化，推进治理体系和治理能力现代化，青海省将继续围绕全面依法治国总目标，坚持以人民为中心的发展思想，加快打造共建共治共享的新时代基层社会治理新格局，努力实现基层社会治理体系和治理能力现代化，保障群众安居乐业，促进社会和谐稳定。一是符合省情的治理体系将逐步建立健全。法制体系和服务体系将探索建立，民主制度将进一步完善，基层组织将不断健全。二是治理效率将显著提升。治理的系统性、整体性和协同性将有效提升治理效果，达到事半功倍的效果。三是治理能力提升将成为党委政府关注的问题。党委政府将注重调动一切积极力量参与社会建设，政府与市场的关系将得到科学定位，社会组织在治理和服务中的积极作用将得到有效发挥，经济建设与公共服务的关系将得到科学处理。

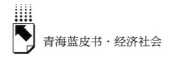
四　促进青海社会发展的对策建议

2019 年青海要深入贯彻"五四战略",着力落实习近平"四个扎扎实实"重大要求,坚持生态保护优先、推动高质量发展、创造高品质生活,进一步防范各类重大风险,持续巩固精准脱贫成果,着力推进行政制度"放管服"改革,不断促进区域间经济社会协调发展,为全面建成小康社会奠定坚实基础。

(一)进一步深入实施"五四战略"

深入实施"五四战略"是青海省贯彻落实习近平新时代中国特色社会主义思想的具体体现,是青海推动经济社会高质量发展、创造高品质生活、全面建成小康社会的战略部署,将为建设更加富裕文明和谐美丽新青海提供重要思想指引。一是广大干部群众要在思想上、行动上与党中央、青海省委省政府保持高度一致。理论联系实际,充分发扬新青海精神,坚持生态优先发展理念,不断增强党员干部向心力,使其成为改善和保障民生的中坚力量,确保青海经济社会发展的可持续性。二是立足省情谋发展。立足高原民族特色的基本省情,着力建设各民族和谐相处的社会结构,积极建构与丝路经济带的融入机制,培育以高原特色产业和生态畜牧业发展为方向的新经济,加快青海省经济转型发展步伐。三是探索协同、融合、创新发展新模式。在注重发展质量的基础上,进一步打破不同产业间的融合壁垒,充分发挥"互联网 +"等新业态作用,创新三次产业发展融合路径与手段。以特色小城镇建设为抓手,做好"特色"文章,着力提高城镇社会服务功能,开创城乡一体化发展新局面。四是切实加强人才培养,不断提高党员干部解决实际问题的能力。加强党员干部学习培训,增强法律和担当意识,树立为民解困的公仆意识。强化基层组织建设,发挥基层组织战斗堡垒作用。

（二）进一步防范化解重大风险

在青海经济社会向高质量转型的过程中，各类风险也进入高发易发期，因此必须把防范各类重大风险作为一项重要工作，建立健全现代社会风险管理体系，提升风险管控能力，为青海与全国同步建成小康社会创造有利条件。一是着力防范金融领域风险。建立健全金融风险信息评估共享平台，利用大数据促进信息采集、分析与共享，准确研判重大风险隐患，提高突发事件处置能力。探索建立中小微企业融资共享平台，提高其覆盖面与可持续性，有效提升融资服务效果。二是加强治安管理，有力维护社会稳定。以平安青海、法治青海建设为抓手，深入开展全省扫黑除恶专项斗争，进一步提高专业化、法治化水平，推动专项斗争取得切实效果，确保全省各族人民获得更多安全感。三是加强信息化建设，维护网络安全。进一步提高执法部门信息化建设与应用水平，提升网络监管与执法效能。加大网络金融投融资平台监管力度，依法整治各种违法行为，维护广大人民群众合法利益。加强社会信用体系建设，严厉打击网络个人信息泄露等网络违法活动。四是推进"枫桥经验"青海化。进一步强化组织领导，创新工作思路和工作方法，不断提升人民调解在维护社会稳定、密切党群干群关系方面的积极作用。

（三）持续巩固精准脱贫成果

在省委省政府的坚强领导下，青海省精准脱贫工作取得了巨大成绩，在今后的工作中，要聚焦深度贫困区贫困人口，以乡村振兴战略等多种措施，进一步加大资金投入、项目帮扶等倾斜力度，为高质量完成脱贫工作奠定良好基础。一是加大深度贫困地区基础设施建设力度，为其摆脱贫困、实现可持续发展创造有利条件。在深度贫困区，特别是青南藏区，大力推进"高原美丽乡村"建设，通过完善水、电、路、网、广场等基础设施，实施危旧房改造，改善农牧区人居环境。创新思路，加大自然环境恶劣地区农牧业保险投入力度，增强农牧业抵御自然灾害能力。二是持续增强公共服务供给和社会保障能力。进一步改善农牧区医疗卫生条件，通过医疗组团等方式，增加省市（州）级医院对县乡级医院的技术支持，促进优质医疗资源向基层医务室转移流动。加大投入，持续推进农牧区标准化卫生室工程，改善农牧民就医条件。继续扎实开展"肝包虫"等农牧区地方性疾病的预防诊治工作。三是充分发挥政策合力，进一步扩展产业支撑。充分利用政府、市场、农户资金，大力培育农村新型股份合作社，以高原特色新型农牧业为方向，创新和稳固利益联结机制，确保脱贫后可持续发展。建立多元化的金融服务体系，丰富金融支持精准扶贫信贷产品，加大精准脱贫信贷投放力度。

（四）坚持生态优先发展战略

青海以生态文明立省，在经济社会发展过程中坚持生态优先发展，围绕三江源国家公园建设，不断推进生态文明建设。在今后的发展中，要持续推动产业转型升级，积极探索生态产业与其他产业间的融合发展路径，为美丽中国和全国生态安全做出更加重要的贡献。一是加强组织领导建设，提高绿色发展认识。进一步完善组织架构，确保生态发展事项专人负责。健全部门间统筹协调联络机制，理顺生态发展组织体系。生态文明和绿色发展涉及较多专业，应加大干部人才培养力度，不断提升干部绿色发展的组织管理能力。二是加快产业转型升级，推动绿色产业与其他产业间的融合联动发展。严控高污染产业的投资，运用政策工具，引导社会资本、金融资本向高技术、无污染产业流动。培育多元市场主体，大力发展高原特色生态旅游业和文化产业，积极拓展投融资渠道，推动不同产业间的融合发展。三是加大科研投入力度，积极开展生态文明建设合作交流。以三江源国家公园研究院等科研机构为平台，加大科研经费投入力度，在人文、社会、自然各个层面展开深入研究，为生态文明建设提供强大的智力支持。就生态文明建设广泛开展国内外交流合作，创建合作项目平台，集思广益，推动青海生态文明建设可持续发展。

（五）着力推进行政制度"放管服"改革

行政制度"放管服"改革，是便利群众生活办事，提升政府治理体系现代化水平的重要行政制度改革。要进一步深化行政审批制度改革，提高法治化水平，以优化政府服务和提供便利公共服务为目标，通过改革不断增强政府治理能力。一是深化行政审批制度改革。进一步减少审批事项，坚持"放管结合"，从重数量向重质量转变。强化行政审批的服务功能，加快服务方式向集中式、开放式转变。建立规范化、标准化操作流程，大力推进网络电子审批，压缩审批事项数量，提升项目审批的服务效率。二是加强法制监管。进一步推进综合市场执法体制改革，放宽服务业市场准入标准，打击不正当竞争行为，维护公平的审批制度。着力规范政府部门的不公平竞争行为，破除行政垄断，打击虚假广告、电信诈骗等违法行为，维护公平的市场竞争环境。三是加强考核，提升公共服务效率。着力优化企业发展环境，落实主管部门责任，实施对开展工作情况的评估考核。进一步完善负面清单管理制度，推进权力清单制度标准化与法治化，通过负面清单管理制度全方位覆盖政府行政行为。畅通信息渠道，推进网络公示制度，提升服务效率。推进政府购买服务，健全政府购买公共服务的定价机制，加大对政府购买公共服务的法律监管力度。

（六）着力促进区域间协调发展

高原地区自然环境与资源禀赋差异较大，在现代化过程中不同区域发展差异加大，成为青海转型发展的主要瓶颈。因此要立足省情做好区域发展规划，合理布局产业结构，加快城乡一体化发展，不断提高发展质量。一是进一步优化区域发展规划。确定主体功能区规划定位，以生态优先发展为战略指导，以打造宜居宜业"大西宁"、城乡统筹和农业现代化"新海东"、开放"柴达木"、特色"环湖圈"、绿色"江河源"为基本格局，健全城乡融合发展的体制机制。二是进一步优化产业结构。充分发挥产业政策作用，围绕绿色生态产业发展方向，发展特色新兴产业，优化调整区域内产业间比例关系，避免产业雷同和恶性竞争。进一步加大资金投入力度，积极引进先进产业技术和人才，不断提升产业总体发展能力和竞争力。三是打造区域品牌。培育具有区域发展特色的龙头企业，促进不同产业间的融合发展，延伸产业链，增强其对地区发展的辐射带动作用。增强品牌竞争意识，加大技术投入，积极进行技术攻关，努力掌握产业发展核心技术。

（七）切实加大社会保障力度

社会保障建设涉及广大群众多方面日常生活，是实现高品质生活的重要社会制度，在进一步加强社会保障制度建设过程中，要不断加大投入确保社保经费充裕，继续深化医药体制改革切实降低就医成本，加大执法力度维护劳动者合法权益。一是拓展资金来源，确保社保资金充足。进一步加大执法力度，纠正用人单位社保缴费误区，严厉打击恶意欠费等违法行为，强化征缴工作。积极争取中央及各级财政投入，发挥市场机制，引导社会资源进入，不断提升社保基金存量。二是继续深化医药体制改革。通过面向社会公开招标、政府购买服务等方式，将城乡居民医疗保险等公共服务项目委托商业保险机构承担经办服务，不断提高医药公共服务经办服务水平，提升群众满意度。持续推进跨省异地就医直接结算、医疗费用审核与医保政策衔接等制度改革，不断调整医保药品目录，切实减轻群众医药负担。三是加大执法力度维护劳动者合法权益。加大劳动合同法等法律法规的宣传力度，着力提高劳动人事争议调解仲裁效率，切实维护劳动者合法权益。完善农民工实名制管理、农民工工资专用账户管理等制度，加强对企业守法诚信监督管理，保障农民工工资按时足额支付，真正把保障农民工劳动报酬权益的工作责任落实到位。

（八）推进社会治理体系和治理能力现代化

社会治理体系和治理能力现代化，是改善民生、维护社会稳定的重要途径。在社会转型过程中，要积极发展社会组织，不断壮大社会力量，着力改进社会治理方式，深化社会体制改革，不断推进社会治理体系和治理能力现代化。一是大力培育社会组织。简化审批流程，加强政府对社会组织工作的监督指导，强化服务能力建设，按照明确权责、依法自治原则，着力发展科技、公益慈善、城乡社区服务等社会组织，有效解决政府提供公共服务不足的问题。鼓励通过政府购买服务的方式，向社会组织购买公共服务，做好专家评审和第三方绩效评估工作，提高社会公共服务供给质量和水平。二是深化社会体制改革。深化教育领域综合改革，加大师资培训力度，通过区域间教师交流和帮扶等项目，促进优质教育资源向教育落后地区流动。健全人才评价标准，加快形成导向明确、精准科学、规范有序、竞争择优的人才评价机制。下放企事业单位岗位设置管理权限，根据单位社会功能与特点，自主确定专业技术岗位。

经 济 篇

Economic Reports

B.3

税制改革背景下健全地方税体系
加强地方财力保障的思考与建议

杨菱芳　薛恒远　杨素珍　冯　阳*

摘　要：　党的十九大报告提出："加快建立现代财政制度，建立权责清晰、财力协调、区域均衡的中央和地方财政关系。深化税收制度改革，健全地方税体系"。构建和完善地方税体系，一是有利于保障地方财政收支运行的稳健性，二是有利于增强地方经济社会发展的积极性。全面营改增后，作为既往地方税主体税种的营业税退出历史舞台，当前通过调整增值税分享比例的改革过渡方案保持了地方财力的总体相对稳定，但地

---

* 杨菱芳，国家税务总局青海省税务局党委委员、副局长，研究方向为财税经济与税制改革；薛恒远，国家税务总局青海省税务局税收经济分析处处长，研究方向为财税经济；杨素珍，国家税务总局青海省税务局税收经济分析处副处长，研究方向为财税经济；冯阳，国家税务总局青海省税务局税收经济分析处副主任科员，研究方向为财税经济。

方税体系建设的任务尚未完成，而且随着国家治理体系和治理能力现代化的深入，中央与地方事权和支出责任划分的推进，完善地方税体系建设日益紧迫。

本文通过对近年来青海省地方税征收数据的分析，以及地方税与地方财政收入的对比分析，反映地方税发展状况，揭示地方税对地方财政收入发展的影响，并从中剖析当前地方税和地方财政收入发展状况及存在问题，进而思考完善地方税体系建设的思路，提出加强地方财力保障的建议。

关键词： 分税制　地方税体系　事权与支出责任

2013 年以来，我国进入全面建成小康社会、全面深化改革、推动高质量发展的攻坚期，青海全省上下认真贯彻落实中央各项部署，统筹推进稳增长、调结构、促改革、保生态、惠民生、防风险，地方经济保持了平稳较快增长，为财政税收发展奠定了良好基础。这一时期，也是深化财税体制改革的关键期，税制改革不断推进、步伐不断加快。特别是"营改增"从行业试点到全面扩围，个人所得税从分类税制向综合与分类相结合税制转变，迈出了完善税制体系的关键步伐。2018 年，随着国地税征管体制改革的深入推进，作为原地方税征收主体的地税部门与国税部门合并，国家提出下阶段的财政政策要更加积极，减税降费力度会进一步扩大，保障地方财力的地方税体系建设任务日渐紧迫。

一　分税制改革与当前地方税体系发展历程回顾①

改革开放以来，中国财政体制大体经历了从"分灶吃饭"到"包干制"

---

① 目前，学术界对地方税体系的概念存在争议，为整体且全面反映地方税体系收入状况及其与地方财政收入的关系，本文将税收收入划分为中央级税收收入和地方级税收收入，以地方级税收收入对应地方税收收入并分析其与地方财政收入的关系。

再到分税制的变化。以财政分权改革为核心的市场化改革推动了中国 40 年来的经济增长。1994 年，我国实施财政、税收配套改革，建立了以分税制为基础的分级财政体制框架，这成为由"行政性分权"（分灶吃饭）向"经济性分权"（分税分级）的一个里程碑式的转折点。分税制改革支撑了市场经济间接调控的基本框架：国家主要以预算、税收、国债等财政政策和货币政策方面的经济手段为特色的调控工具，来实施宏观调控，从而构建起能够有利于解放生产力的"间接调控"运行机制，使市场主体在分权状态下真正发展。同时也构筑了现行税制体系的基本框架：中央、地方划开事权，分别配有中央税、地方税组织财政收入，同时也保留若干比例明晰、规范划分的中央与地方共享税，形成各级独立的预算体系（同时配有政府间转移支付）。

在分税制财政体制框架下，地方税是中央税的对称概念，是按照财政体制规定，为实现地方政府职能，由中央统一立法（地方拥有一定税权）的税种。地方税体系则是以服务地方政府职能履行、地方经济发展、区域性社会福利改善等为目标，既包括地方税，也包括中央与地方共享税，两者相互配合，互为补充，共同构成了地方税体系。

表 1   中国现有税种按入库属性分类

项目	内容
中央税	消费税、船舶吨税、车辆购置税、关税及海关代征进出口环节增值税与消费税净额
地方税	房产税、城镇土地使用税、土地增值税、车船税、耕地占用税、契税、烟叶税、环境保护税
中央与地方共享税	增值税、营业税、企业所得税、个人所得税、资源税、城市维护建设税、印花税

二 近五年青海省地方经济、财政、税收发展状况分析

（一）近五年青海经济、财政、税收总量稳步扩大

2013～2017 年，青海省经济保持了总体平稳较快增长态势，地区生产

总值从 2013 年的 2101 亿元增长至 2017 年的 2643 亿元, 年均现价增速为 5.9%, 可比价年均增速在 8% 以上, 为财政、税收发展奠定了良好基础。这一时期, 也是深化财税体制改革的关键期, 特别是"营改增"全面扩围, 在各项税制改革不断推进的大背景下, 全省财政收入依然实现了增长, 同期公共财政预算收入从 368.56 亿元增长至 408.7 亿元, 五年收入总量为 1903.82 亿元, 年均增长 2.6%; 公共财政预算支出从 1250.98 亿元增长至 1530.26 亿元, 五年支出总量为 7175.32 亿元, 年均增长 5.2%; 税收收入从 343.44 亿元增长至 360.76 亿元, 五年收入总量为 1714.31 亿元, 年均增长 1.2% (见图 1)。

同时, 全省地方公共财政预算收入从 224.41 亿元增长至 246.14 亿元, 五年总量为 1228.12 亿元, 年均增长 2.3%, 占同期全省公共财政预算收入的平均比重为 64.5%; 地方级税收收入从 177.65 亿元增长至 184.23 亿元, 年均增长 0.9%, 占同期全省税收收入的平均比重为 54.3%。

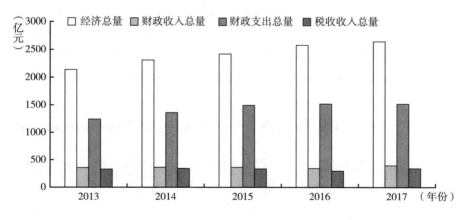

图 1　近五年青海省经济、财政、税收规模示意

（二）近五年青海经济、财政、税收增速有所减缓

纵向对比看, 在经济发展由高速增长转向中高速增长的大背景下, 青海省地区生产总值现价增速从 2013 年的 11.5% 降至 2017 年的 2.8%, 五年间

回落了 8.7 个百分点。同期，全省公共财政预算收入和公共财政预算支出增速分别从 2013 年的 15.3% 和 5.3%，降至 2017 年的 13.5% 和 0.5%，分别回落了 1.8 个百分点和 4.8 个百分点；全省税收收入增速从 2013 年的 13.5% 升至 2017 年的 15.5%，加快了 2 个百分点，但分级次看，中央级收入增速加快、地方级收入增速回落，地方级税收收入增速从 2013 年的 18.2% 减缓至 2017 年的 1%，五年间回落了 17.2 个百分点。

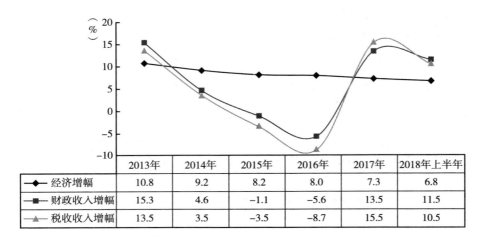

图 2　青海省 2013～2018 年三季度经济、财政、税收增速示意

	2013年	2014年	2015年	2016年	2017年	2018年上半年
经济增幅	10.8	9.2	8.2	8.0	7.3	6.8
财政收入增幅	15.3	4.6	−1.1	−5.6	13.5	11.5
税收收入增幅	13.5	3.5	−3.5	−8.7	15.5	10.5

（三）近五年青海地方税收、地方财政与公共财政总体协调发展

2013～2017 年，青海省公共财政预算收入分别为 368.56 亿元、385.47 亿元、381.13 亿元、359.96 亿元、408.70 亿元，累计总量达到 1903.82 亿元，年均增长 2.6%。同期地方公共财政预算收入分别为 224.41 亿元、252.03 亿元、267.12 亿元、238.43 亿元、246.14 亿元，累计总量达到 1228.13 亿元，年均增长 2.3%，占同期全省公共财政预算收入的平均比重为 64.5%。同期地方税收收入分别为 177.65 亿元、201.73 亿元、184.23 亿元、182.44 亿元、184.23 亿元，累计总量达到 930.28 亿元，年均增长 0.9%，占同期全省税收和地方公共财政预算收入的平均比重分别为 55.7%

和75.7%。对比可见，三者近年来明显呈现"总体发展走势基本同步，收入增长速度基本协调"的特征。

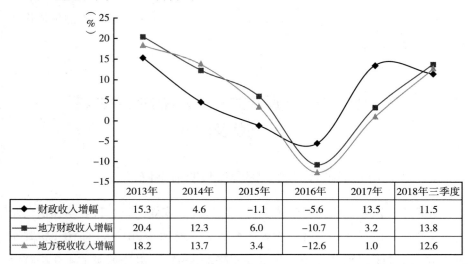

	2013年	2014年	2015年	2016年	2017年	2018年三季度
◆ 财政收入增幅	15.3	4.6	−1.1	−5.6	13.5	11.5
■ 地方财政收入增幅	20.4	12.3	6.0	−10.7	3.2	13.8
▲ 地方税收收入增幅	18.2	13.7	3.4	−12.6	1.0	12.6

图3 青海省2013～2018年三季度公共财政、地方财政、地方税收增速示意

（四）近五年青海地方税支撑作用相对强于全国及西北地区

从2013年至2017年五年间地方级税收占总税收的平均比重情况看，全国为48.1%、西北五省区为49.2%，而青海省高达55.7%，分别高出全国和西北五省区7.6个和6.5个百分点。2018年前三季度差距有所收窄，但依然分别高于全国和西北五省区2.7个和3.4个百分点。就税收结构而言，全部为

表2 2013～2018年三季度全国及西北五省区地方级税收收入比重

单位：%

地区	2013年	2014年	2015年	2016年	2017年	2018年三季度
全国	44.6	45.4	50.5	51.0	48.9	48.0
陕西	48.0	49.5	49.8	50.9	49.4	48.6
甘肃	44.4	47.4	46.4	46.7	43.8	42.8
青海	51.7	56.7	61.0	58.4	51.1	50.7
宁夏	52.6	53.3	52.8	50.2	48.4	48.0
新疆	47.1	46.9	51.2	50.9	48.8	47.4

地方税收的财产行为类税收，在此期间年均增长 5.6%，分别高出同期全省总税收、流转税、所得税年均增速 4.4 个、6.4 个、3 个百分点，反映了地方税在总体税收中的支撑地位相对较高，地方税对地方财政收入的保障作用相对其他地区较强。

三 地方税数据反映的青海省经济社会发展现状及问题

（一）经济税收增速减缓，宏观税负明显下降

近几年，国家加快税制改革步伐，减税降费成效凸显，税收增速回落步伐明显快于经济增速，全省国内生产总值名义增速从 2013 年的 10.8% 降至 2017 年的 7.3%，2018 年上半年进一步降至 5.9%，累计下滑了 4.9 个百分点，现价增速从 11.5% 降至 2.8%，2018 年三季度进一步降至 0.2%，累计下滑了 11.3 个百分点。同期，税收增速分别为 13.5%、3.5%、-3.5%、-8.7%、15.5%，同样呈现走低态势。需要注意的是 2017 年税收增速反弹至 15.5% 是在经历 2015 年和 2016 年"营改增"时期连续两年下降的较低基数上实现的，实际上 2017 年仅比 2013 年增长了 5%，五年间平均增速慢于全省国内生产总值增速 4.7 个百分点。全省宏观税负从 2013 年的 16.35% 下滑至 2017 年的 13.65%，累计下降了 2.7 个百分点；公共财政预算收入占全省国内生产总值的比重从 2013 年的 17.5% 降至 2017 年的 15.5%，回落了 2 个百分点；税收总收入占全省公共财政预算收入的比重从 2013 年的 93.18% 降至 2017 年的 88.27%，回落了 4.91 个百分点。

（二）全面营改增后营业税退出，地方主体税种缺失

1994～2015 年，青海省地方财政收入、营业税收入年均增速分别为 18.93%、20.53%，地方财政收入对营业税的依赖程度逐年加大，在尚未实行"营改增"政策的最后年份（2012 年），营业税几乎占原地税总税收的

1/2，占全省地方财政收入的 1/3（31.74%）。2013 年逐步实施"营改增"以来，营业税比重开始下滑，2013 年、2014 年占地方财政收入的比重分别下滑至 31.02%、30.86%，2015 年没有新增营改增试点行业，比重回升至 33.55%。2016 年 5 月 1 日起推行全面"营改增"，比重大幅下滑至 21.1%。2017 年是全面营改增后的第一个完整年份，除遗留少量欠税外，营业税退出税收舞台，而现存地方税种完全无法体现和发挥出营业税主体税种的支撑作用。到 2017 年，地方税占全部税收的比重也由 2015 年的 61% 降至51.1%，下滑了近 10 个百分点，2018 年前三季度进一步回落至 50.7%，分税制日益演化为共税制。

表 3　2011～2017 年地方营业税占青海省地方财政收入及税收总收入比重

单位：亿元，%

年份	地方财政收入	税收总收入	地方营业税收入	地方营业税占地方财政收入比重	地方营业税占税收总收入比重
2011	151.81	253.48	45.66	30.08	18.01
2012	186.40	302.62	59.17	31.74	19.55
2013	224.40	343.44	69.61	31.02	20.27
2014	252.03	355.49	77.77	30.86	21.88
2015	267.12	342.16	89.61	33.55	26.19
2016	238.43	312.46	50.30	21.10	16.10
2017	246.14	360.76	0.72	0.29	0.20

（三）营改增税种地方收入减少，分成比例待调整完善

全面营改增后，国务院决定自 2016 年 5 月 1 日起，对增值税和营业税实行"中央 50%、地方 50%"的过渡入库方案，并从 2016 年起，调整中央对地方增值税返还办法，由 1994 年实行分税制财政体制改革时确定的增值税返还，改为以 2015 年为基数实行定额返还。

根据改革前后增值税、营业税分级次统计情况来分析，相比改革前的2015 年，营业税和增值税（以下简称"两税"）中央、地方分成发生明显变化。全面营改增落地的当年（2016 年），中央级"两税"增收 0.19 亿元，

地方级"两税"减收 12.31 亿元；2017 年，中央级"两税"增收 30.15 亿
元，地方级"两税"减收 20.07 亿元（见表 4）。明显看出，营改增政策实
施后，中央级收入和地方级收入一增一降，增值税、营业税对地方财力的保
障能力明显下降。因此，在国务院暂定过渡方案期满后，确实有通过调整中
央、地方共享税分成比例的方式来调整完善中央、地方财政分配关系进而保
障地方财力格局的必要。

表 4　全面营改增前后青海省中央、地方收入中增、营两税构成变化

单位：亿元

项目	2015 年收入	2016 年收入	2017 年收入
中央增值税	59.45	52.36	88.88
地方增值税	19.82	46.82	88.64
中央营业税	0	7.28	0.72
地方营业税	89.61	50.30	0.72
中央级"两税"收入	59.45	59.64	89.60
地方级"两税"收入	109.43	97.12	89.36
中央级"两税"收入变化	—	+0.19	+30.15
地方级"两税"收入变化	—	−12.31	−20.07

注：表内"两税"指国内增值税和营业税。

图 4　青海省 2013～2018 年三季度税收收入分级次占比示意

（四）地方财政收支压力大，财权与支出责任需匹配完善

五年来，全省公共财政预算收入、地方公共财政预算收入、公共财政预算支出总量分别为 1903.82 亿元、1228.12 亿元、7175.32 亿元，三者占全省 GDP 比重分别为 15.8%、10.2%、59.6%。公共财政预算收入和地方公共财政预算收入对全省财政支出的平均保障力分别为 26.5% 和 17.1%，可见公共财政预算收入和地方公共财政收入的压力巨大，自足能力尤显不足。

青海作为全国重要的生态功能区、少数民族聚集区、稳疆固藏战略支点，在生态保护、民族团结、社会维稳等方面需要承担更多的责任、承受更大的压力、发挥更好的作用，同时限于地域环境、气候特点、生态要求等，全省大部分地区为限制开发区，生产经营、经济发展受限，因而青海财政收支差距压力巨大，需进一步完善和匹配财权与支出责任相协调的财政体系。

四　完善地方税体系建议的思考与建议

1994 年分税制改革，有效建立了中央与地方间的财政分配机制，随着市场经济体制的不断深化，青海各项经济社会事业的健康可持续发展，都需要有力的财政予以支撑保障。随着中央与地方事权和支出责任划分的推进、财政税收制度的完善，青海在厚植经济税源、增强经济财政发展内生动力的基础上，健全完善地方税体系，加强地方财力保障方面的改革也需要深入推进、不断完善。

（一）坚持高质量发展，不断夯实经济税源基础

经济决定税收，唯有坚持发展核心地位、增强地方经济发展能力才是解决地方财政困难、缓解财政压力的根本之道。

1. 树立新发展理念，推动高质量发展

围绕党的十九大关于推动经济高质量发展的重大战略部署，青海落实省委省政府"一优两高"战略部署，坚持生态保护优先，坚持创新驱动发展，

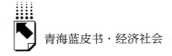
走绿色发展之路，推动产业转型升级、转变经济发展方式、提高经济发展质量。

2. 定位区域特色，优化区域发展格局

坚持空间优化、区域协同、城乡统筹，推进"四区两带一线"区域发展战略，构建"两核一轴一高地"的区域发展新格局。西宁市作为青藏高原和全省发展的核心城市，要更好地发挥其市场体系健全、产业基础扎实、城镇体系完备、开放程度高等优势，大力发展第三产业，将开发区打造成全省高新技术产业和新型中小企业的孵化基地，打造高原宜居和旅游城市；海西依靠资源富集地优势，加快循环经济产业体系建设，抓好盐湖化工等基础原材料产业链的延伸，大力培育新能源、新材料、特色生物等战略性新兴产业，建立全省工业中心，进一步增强对全省发展的支撑保障能力；海东市依托兰西城市群建设衔接地的区位优势，加快推进河湟谷地建设，突出现代化农业示范区和新型特色小城镇建设；环湖地区推进高原特色农牧业和特色旅游发展；青南地区更多的是促进保护与发展和谐共进，建成全省生态旅游、现代生态畜牧业发展示范区。

3. 深化改革开放，加快经济外向发展

全面营改增后显现出现代服务业发达城市的税收富集作用会越来越强，因此在增强经济发展内生动力的同时，要进一步提升"放管服"质量，不断优化营商环境，充分利用青海省作为丝绸之路经济带重要节点的区位优势和资源优势深度融入"一带一路"建设，开展"南向通道"建设务实合作，巩固与东、中、西部地区的经济联系，构建多元化、外向型发展格局。

（二）完善地方税体系，健全权责匹配的财政关系

按照党的十九大报告做出的战略部署，我们要在建立与国家治理体系和治理能力现代化相匹配的现代财政制度目标的指引下，完善地方税体系，合理划分中央与地方财权、事权。

1. 明晰支出责任，科学界定地方财权

我国特色社会主义制度的优势之一就是中央财力相对集中，以便集中财力办大事，更好地进行宏观调控和收入分配、促进区域均衡发展。地方财力

规模的大小从根本上取决于地方政府所提供的公共产品数量的多少，应当合理界定各级政府职能，构建"一级政权，有一级合理事权，呼应一级合理财权，配置一级合理税基"，做到"事权与支出责任相适应、财权与支出责任相匹配"。

2. 健全地方税种，调整税收分享比例

完善地方税体系，应按照"系统性、整体性、协同性"相结合的总体思路，构建多税种相配合的多重地方主体税种体系。可以通过增设地方税种、调整中央地方共享税分成比例的方式，完善中央、地方财政分配关系，保障地方财力格局；并形成一级规范、完整、透明的现代意义财政分配体制。

3. 完善转移支付，合理保障地方财力

财政转移支付制度是分税制条件下平衡地区间财力差距的一项重要制度，应大力提高一般转移支付比重，整合专项转移支付并取消"地方配套"附带条件；青海要继续加大争取民生支出、生态建设方面转移支付的力度，探索研究更多获得财政转移支付的机制办法，以扩大中央对青海转移支付规模，更快更及时地壮大地方财力。

（三）积极发挥税收职能，服务经济社会发展

发挥税收服务社会经济大局的职能作用，在"依法征税、应收尽收、应减尽减"的基础上，进一步提升"放管服"质量，坚决落实简政减税降费政策，促进营商环境优化，服务各类市场主体，增强纳税人的获得感，进而为青海省经济涵养可持续发展的"源头活水"。

1. 加强政策分析调研，争取区域扶持

西北五省（区）中，新疆、宁夏属于民族自治区，中央赋予的政策自主性和扶持力度较大；陕西、甘肃在人口人才、交通区位方面优势明显，产业基础更为深厚；而青海发展深受多方面短板制约，加之在团结维稳、生态保护上承载的特殊使命，更加需要认真落实好"四个扎扎实实"重大要求。因而在增强内生发展动力的同时，建议青海省人大代表、政协委员关注调研这方面情况，通过"两会"提案从国家层面为青海争取更大力度的区域性税收优惠政策，争取国家在产业发展、财政扶持、政策优惠等方面给予更多

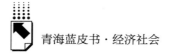
的倾斜，以更好地吸引人才、资源助力青海发展。

2. 完善协税护税体系，推进协同治税

大多数地方税是财产行为类税收，税源规模小而零散，征管难度相对较大，对综合治税要求较高，需进一步提高协税护税能力，加快构建综合治税格局，夯实征管基础，提升征管质效。目前，原国税、地税部门机构合并工作落实到位，省、市、县三级新税务机构均挂牌成立，涉税业务办理整合完成，税务部门将按照新的职责定位，整合征管资源，深化征管体制改革，积极推进落实《青海省税收保障办法》，构建"政府领导、税务主管、部门配合、公众参与"的综合治税长效机制及协税护税体系。

3. 深化"放管服"改革，优化营商环境

税务部门将始终立足经济社会发展大局，聚焦税收职能发挥，正确认识和处理生财与聚财的关系，不折不扣落实好国家各项税收优惠政策。将着力深化"放管服"改革，更进一步做好企业涉税服务，畅通税企沟通渠道，创新税企合作方式，加大税收优惠政策的宣传、解释和服务力度，帮助企业享受税收优惠，积极推动"银税企互动"，为守法经营、依法纳税的诚信企业搭建融资便利渠道，确保把税收政策落实到位，把纳税服务优化到位，更好地优化税收营商环境，在更大程度更高层次上激发市场主体活力，让纳税人享有更多获得感。

参考文献

青海省统计局、国家统计局青海调查总队：《青海省统计年鉴》（2014～2018），中国统计出版社。

国家税务总局：《全国税务统计》（2013～2017），中国税务出版社。

贾康、苏京春：《试论现阶段我国中央与地方事权划分改革》，财政部财政科学研究所，2017。

刘昆：《全球视角下的中国财税体制改革》，在国务院发展研究中心"中国发展高层论坛 2018 年会"上的演讲，2018 年 3 月 25 日。

金融支持青海乡村振兴战略的思考

林建华 韩涌泉 刘淑萍*

摘 要: 实施乡村振兴战略,是党的十九大做出的重大决策部署,是决胜全面建成小康社会、全面建设社会主义现代化国家的重大历史任务,是新时代"三农"工作的总抓手。青海农牧业基础薄弱,贫困范围较广,脱贫攻坚任务艰巨,在青海省推动乡村振兴战略是推动落实"四个扎扎实实"的具体举措。在推动青海乡村振兴战略中如何发挥好金融的作用,站在战略的高度,金融业如何支持青海省实施乡村振兴战略,如何加快创新金融产品和服务模式,推动金融资源向乡村倾斜,需要进行认真的思考和探索。

关键词: 乡村振兴 生态文明 金融服务

乡村振兴作为国家战略关系国计民生,是决胜全面建成小康社会、分两个阶段实现第二个百年奋斗目标的重大历史任务。青海省印发了《中共青海省委青海省人民政府关于推动乡村振兴战略的实施意见》,提出要把更多的金融资源用在乡村振兴多样化金融需求上。青海省金融业紧紧围绕关于乡村振兴的发展战略和对金融工作的要求,站在战略和全局的高度,主动适应经济发展新常态,积极融入青海省乡村振兴大局,为实现"一个同步、四个更加"的目标提供了必要的金融支持。

---

* 林建华,人民银行西宁中心支行行长、高级经济师;韩涌泉,人民银行西宁中心支行办公室主任、高级经济师;刘淑萍,人民银行西宁中心支行办公室经济师。

一 实施乡村振兴战略的背景

乡村振兴战略是习近平同志 2017 年 10 月 18 日在党的十九大报告中提出的战略。农业农村农民问题是关系国计民生的根本性问题，因此，必须始终把解决好"三农"问题作为全党工作重中之重，实施乡村振兴战略。2017 年底的中央农村工作会议提出了实施乡村振兴战略的目标任务和基本原则。按照党的十九大提出的决胜全面建成小康社会、分两个阶段实现第二个百年奋斗目标的战略安排，明确实施乡村振兴战略的目标任务是：到 2020 年，乡村振兴取得重要进展，制度框架和政策体系基本形成；到 2035 年，乡村振兴取得决定性进展，农业农村现代化基本实现；到 2050 年，乡村全面振兴，农业强、农村美、农民富全面实现。2018 年 2 月 4 日，公布了 2018 年中央一号文件，即《中共中央国务院关于实施乡村振兴战略的意见》。2018 年 3 月 5 日，国务院总理李克强在做政府工作报告时说，大力实施乡村振兴战略。2018 年 7 月 5 日全国实施乡村振兴战略工作推进会议在京举行，会议部署落实了中共中央、国务院日前印发的《乡村振兴战略规划（2018～2022 年)》提出的各项重点任务。

青海省充分认识实施乡村振兴战略的重大意义，深刻领会、全面准确地把握中央关于乡村振兴战略的总体要求，于 2018 年 2 月，印发了《中共青海省委青海省人民政府关于推动乡村振兴战略的实施意见》，并明确提出：到 2050 年，青海农村牧区经济建设、政治建设、文化建设、社会建设、生态文明建设和党的建设全面统筹推进，乡村全面振兴，农牧业强、农牧区美、农牧民富全面实现。

二 青海乡村的基本概况

青海地处青藏高原腹地，六州两市中有六个藏族自治州，自然条件恶劣，贫困人口比重高，农牧业发展滞后，属于典型的农牧结合省份。以日月山为农牧业的天然分界线，东部湟水谷地主要是农业区，面积 3 万平方公里，占青海省总面积的 4%，聚居着青海省 92% 的人口；西部为牧业区，面积 69 万平方公里，占青海省总面积的 96%。青海省平均海拔在 3000 米以上，其中 54% 以上的地区海拔在 4000 米以上，自然环境艰苦。截至 2018 年 6 月底，青海省常住人口 598.38 万人，共有 4169 个行政村，90 个牧民委员会，青海省农村人口 280.84 万人，农村人口占比 46.93%，藏、回、蒙古等少数民族人口 285.49 万人，占青海省总人口的 47.71%。城镇居民人均可支配收入 14302 元，农牧民人均可支配收入 4288 元，城乡收入比超过 3∶1，农村人口收入总体偏低。第一产业增加值 39.70 亿元，占青海省生产总值的 3.32%，耕地少且不集中，农作物经济附加值较低。青海省 96% 的区域为牧区，天然草场面积 54705 万亩，是全国五大牧区之一。受青藏高原独特气候影响，农村经济主要以农作物种植、畜牧、养殖、乡村旅游为主，形成了马铃薯、紫皮大蒜、油菜籽、线辣椒以及牦牛、藏绵羊等特色农牧产业。农牧民收入主要由畜牧养殖、特色农产品种植、进城务工、转移支付等构成，收入来源较为单一，与全国相比，青海农牧区经济社会发展还有很大差距。

另外，2018 年青海省共有县域银行业金融机构 186 家，较 2017 年增长 8 家，覆盖了青海省县级行政区域。县域内银行业金融机构各项存款余额 1943.41 亿元，同比减少 187.83 亿元。县域内银行业金融机构各项贷款余额 1114.37 亿元，同比减少 128.33 亿元。县域内银行业金融机构服务网点数 930 个，较上年增加 64 个，银行业从业人员 8281 人，较上年增加 287 人。自助设备布放 27642 个，较上年增加 5051 个，其中：其中 ATM 1702 个，较上年增加 195 个；POS 机具 25597 个，较上年增加 4763 个。

三　金融支持青海乡村振兴现状

（一）聚焦乡村振兴战略，不断加大金融支持涉农贷款力度

为深入贯彻落实党的十九大、中央农村工作会议精神及青海省委省政府关于全面支持乡村振兴战略部署，青海金融业制定印发了《2018 年信贷增

长指导意见》《关于做好 2018 年备耕春播金融服务工作的通知》等政策措施，出台了《青海银行业全面支持乡村振兴战略的指导意见》，全面指导青海银行业支持青海省实施乡村振兴战略，重点支持农牧区基础设施建设、农村企业、牛羊育肥等领域，服务农村供给侧结构性改革，有力促进辖区"三农"及乡村振兴发展。截至 2018 年 6 月底，青海省金融机构涉农贷款余额 2104.05 亿元，比年初增加 27.5 亿元；其中农户贷款余额 205.28 亿元，同比增长 13.77%。

（二）涉农金融服务体系初步建立，有效满足乡村农牧民的金融服务需求

为解决青海偏远地区特别是乡村金融服务薄弱的问题，青海省金融机构在县域、乡村设立了金融服务网点 930 个，形成以农业银行、邮政储蓄银行和农村信用社三家涉农金融机构为主力，国有商业银行、城市商业银行、村镇银行、助农取款服务点为补充的多元化金融服务体系，农村信用联社、村镇银行等服务网点覆盖到乡镇。同时，针对青海地广人稀，许多地方没有金融机构物理网点，农牧民得不到便捷的金融服务等薄弱问题，金融机构以普惠金融为导向，选取乡村合作商户为代理，依托"银行卡＋POS 机"设立低成本、高效率的"惠农金融服务点"4939 个（较 2011 年推广初期增长了 60 倍，海拔 4000 米以上的服务点 90 个），遍及 3062 个行政村，符合惠农金融服务点设立条件的村级覆盖率达 100%。其中，整合农村电子商务功能、金融知识、精准扶贫等金融政策宣传和网上银行手机银行体验区的服务中心 60 个，具备综合服务功能的服务站 175 个，累计业务金额达 39.32 亿元，彻底结束了青海省偏远地区农牧民需要驱车数十公里到金融机构营业网点存取款的历史。

（三）全面推进扶贫普惠，金融支持精准扶贫工作取得阶段性成果

为坚持"创新、协调、绿色、开放、共享"发展理念，人民银行制定出台了《金融支持精准扶贫青海行动方案》《关于金融支持扶贫产业带动精

准脱贫的指导意见》《关于全面推进扶贫普惠工作的指导意见》等推进精准扶贫政策落地的制度措施，推动精准扶贫各项金融政策落地。以商业可持续原则为导向，在全国打响了如"六个一""530""卡阳模式"等一系列具有青海扶贫特色的工作机制和模式，初步形成了一整套涉及普惠金融统计监测、风险预警、工作评估的制度办法。

截至 2018 年 6 月末，青海省金融精准扶贫贷款余额 1113.6 亿元，同比下降 0.9%，其中建档立卡贫困人口及已脱贫人口贷款 25.5 亿元，同比增长 37.8%，个人及产业带动精准扶贫贷款 175.7 亿元，项目精准扶贫贷款 912.5 亿元。时任国务院副总理汪洋对西宁中支金融支持精准扶贫"六个一"工作机制给予了肯定性批示。青海省委将青海金融精准扶贫做法专报国扶办和人总行；人总行《金融简报——金融扶贫情况专刊》第 2 期刊登了青海金融精准扶贫取得的成效，分送中共中央办公厅、国务院办公厅及相关部委和各金融机构。

（四）持续推进中小微企业和农村信用体系建设，金融生态环境得到不断改善

创新推进村级信用体系建设，制定《青海省村级信用体系建设指导意见》《青海省信用普惠建设指导意见》，搭建覆盖青海省的"农户信用信息数据库暨惠农金融服务平台"，开展贫困户信用修复重建活动，构建贫困户"谅解＋救济"信用修复机制，青海省完成 12.94 万户贫困户信用建档立卡工作，评定贫困信用户 12.29 万户。2018 年以来金融机构累计对 39219 户信用户让利 3139.14 万元。

深入开展小微企业信用培植工程。金融机构主动与有关部门和企业加强交流，对符合信贷条件的小微企业申贷提高审批和发放效率，合理确定贷款利率；对暂不符合信贷条件的企业，组织开展"小微企业信用培植工程"，金融机构认真落实《青海省小微企业信用培植工程实施意见》，通过设立小微专营机构、开展批量化小微信贷展业模式，推出"青创中银帮""科技金融贷""商贸集群贷"等契合青海小微企业发展特征的信贷产品，提高小微

企业贷款可获得性。认真贯彻落实全国深化小微企业金融服务电视电话会议精神，进一步深化小微企业金融服务，推进降低小微企业融资成本，截至2018年6月底，青海省小微企业贷款余额1334.74亿元，同比增长7.05%。

（五）实施金惠工程，不断增强贫困地区农牧民金融意识

为把扶贫和扶智相结合，人民银行联合中国金融教育发展基金会在青海42个县全面实施"金惠工程"，重点对贫困地区农牧民、特定群体、农村基层领导干部、贫困县农村金融机构从业人员开展金融教育与培训。一是开展"金惠工程"进机关、进军营、进乡村、进社区、进企业、进校园等活动，编印了《金融知识普及读本》（汉藏双语版）、《普惠金融100问》、《绿色金融100问》等培训宣传资料，累计开展培训宣传活动百余次。二是充分发挥12363热线电话解决纠纷的作用，及时有效解决金融消费争议，加大金融消费者权益保护力度，同时借助12363金融消费权益热线搭载金融精准扶贫内容，积极帮助贫困地区各类主体和贫困户及时了解金融扶贫优惠政策，随时解答疑问，协调相关部门切实解决贫困地区金融服务问题。三是积极推动玉树州、果洛州金融知识纳入国民教育体系试点工作，深入推进青海省诚信文化建设和"青海湖杯"征信宣传活动，举办青海省"少年诚信教育基地"观摩交流会，打造"幼儿—小学—中学—职业学校—大学"5级诚信文化教育体系。

（六）加大对特色农牧业和新型经营主体的支持力度

围绕当前确定的建立河湟地区特色农牧业产业带、壮大特色农牧业产业规模的要求，涉农金融机构组织资金重点投向油菜、马铃薯、蚕豆、中藏药和养殖业等特色产业，加大对家庭农场、专业大户、农民合作社和农业产业化龙头企业等新型农牧业经营主体的支持力度，充分发挥其带动作用强、辐射面广的特点，全力满足其金融信贷需求。大力支持农田水利等涉农基础设施建设，对有还贷能力、贷款担保能落实的项目建设给予重点支持，特别是增加对发展高原特色现代农牧业基础工程建设的资金支持，尤其是对河湟谷

地温棚、特色农业园区和柴达木特色高效农业的节水灌溉工程、集中连片建设日光节能温室、农牧区畜用暖棚建设、蔬菜保险库建设等配套资金。截至 2018 年 6 月底，青海省农村牧区基础设施贷款余额 799.6 亿元，农业生产资料制造贷款余额 201.75 亿元，同比增长 16.88%。

（七）不断加强农牧区金融产品和服务方式创新

为适应农业产业化和现代化发展，金融机构围绕高原特色农牧业，开发各种形式的"公司＋农户＋基地""合作社＋农户＋公司"等信贷产品，推出"枸杞贷、水产养殖贷、唐卡贷、美丽乡村贷、扶贫示范村贷"等具有高原特色的农业贷款。配合农村土地流转和林权制度改革，西北地区首笔农村集体经营性建设用地使用权抵押贷款业务落地湟源县。"两权"抵押贷款迅速增长，金融机构立足乡村振兴战略，创新产品和服务模式，积极推动"两权"抵押贷款发放。截至 2018 年 6 月末，青海省试点地区"两权"抵押贷款余额 2807 万元，同比增长 167%，目前有 8 家金融机构开展了"两权"抵押贷款业务。创新开展"固定平台＋移动展业＋流动金融服务车"多维度移动金融服务模式，将金融服务直接延伸到草原和村庄，国务院扶贫办《扶贫信息》对该模式进行了刊文介绍。

（八）精准对接乡村发展需求，为农牧业发展保驾护航

青海省农业保险开展十年来，累计赔付支出 7.42 亿元，仅 2017 年农牧业保险共承担保险责任 215 亿元，为 24.28 万次农户支付赔款 2.9 亿元；保障的农产品品种覆盖青稞、牦牛、藏系羊、中药材等青海特色农牧业产品在内的 21 个品种，基本覆盖青海省农林牧渔各方面；保险责任范围从单一责任向综合责任扩展，基本涵盖了农产品在生长中出现的各种自然灾害，充分发挥了以保险撬动财政资金杠杆效应。积极构建具有"青海特色"的基本医保＋大病医保＋民政救助＋商业健康补充医疗保险的"一体化"健康保障扶贫模式，为青海贫困人口构筑了全方位立体化的医疗服务保障网。

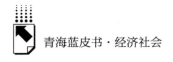
四　金融支持青海乡村振兴发展中存在的问题

（一）农村牧区投融资结构不够合理

青海农牧区属于高寒缺氧欠发达地区，由于农牧业抗风险能力较弱，金融机构在涉农信贷政策的制定方面，仅为被动执行上级行制定的涉农信贷政策措施，县域分支机构吸收的存款不断流向发达地区且风险相对农户、农业较低的大企业、大项目，使得本来就风险较大且资金匮乏的县域"三农"经济得不到扶持。同时，使用直接债务融资工具的涉农企业较少，县域农产品期货交易、股权交易等服务机构还处于空白，涉农信贷资产证券化、农产品期权等新型业务匮乏，农业产业发展基金、风投基金、PPP项目等新型投融资平台建设滞后，多层次、多元化的农村金融和资本市场尚未形成。

（二）农牧区风险分担机制不够完善

青海农牧区的农户、种养大户、涉农企业对金融的需求不断增强，但部分经营主体不能提供有效的担保或足值有效的抵质押物，又缺乏专门的担保基金或机构为农村经营主体提供担保。同时，随着经济下行压力加大，省内中小微企业坏账率不断提高，政策性融资性担保公司担保代偿压力凸显。

（三）农村互联网金融发展缓慢

青海省广大农牧民对于传统支付方式存在一定程度的依赖，很难全面实现基于银行卡绑定的互联网支付的金融服务，影响农村互联网金融的发展。尽管在改善农村支付环境等方面已取得一定成效，但农村互联网金融的发展水平仍难以满足农牧业改革发展的现实需求，制约农牧业产销全产业链条一体化经营，制约农产品生产、流通、消费的全方位变革。

（四）信息不对称矛盾仍较为突出

金融机构在贷前调查及受理环节，获取较为全面的生产经营情况、资金应用的途径相对有限，农牧业真实金融需求情况也相对较难掌握；在贷后管理环节，金融机构无法获取可靠的风险信息及生产经营变化等情况。多重因素制约了金融业支持乡村发展的积极性和主动性，做好信息共享和平台搭建工作，为高效推进乡村发展提供支撑尤为重要。

（五）缺少有效的风险补偿机制

在"两权"抵押担保贷款试点中，青海 6 个试点县区中，仅有互助县设立了产权流转交易平台，其他试点地区尚未设立独立的产权交易平台，土地流转工作由当地农牧部门设立的土地流转服务中心负责，不具有抵押登记、价值评估、流转交易功能。风险补偿基金的管理和使用制度尚不规范和完善，贷款一旦发生风险，如何落实风险补偿基金的风险保障作用存在不确定性。

（六）金融供给和需求之间错配

由于农牧业信贷主体大部分经营时间短，发展不稳定，有效抵押物缺乏，财务数据不规范，银行贷款审批难。同时，农牧业贷款需求有季节性和时效性等特点，如春耕时节购买种子、化肥贷款需求量大，秋季则是粮食收购、牛羊育肥贷款需求多，金融机构贷款产品受风险控制和审批流程等因素影响，信贷供给不能有效匹配农牧业贷款需求。

五　金融进一步支持青海乡村振兴的思考

（一）建立银政合作机制

政府是乡村振兴战略的具体规划者和实施者，金融服务乡村振兴战略必须加强银政合作关系，搭建好银政交流合作平台。一是加强与当地政府的汇报沟通，始终围绕有效解决政府金融需求持续开展工作，了解政府实施乡村振兴战略的金融需求，协助政府出台乡村振兴的政策制度和融资方案，做到信息共享、政策互通。二是要积极对接发改、财政、扶贫、农委、环保、国土资源等政府相关部门，建立与相关部门的常态联络机制，及时了解政府三农政策和动态，及时掌握政府乡村振兴项目规划，为金融服务乡村振兴打好基础。三是政府与相关部门、涉农金融机构之间应建立信息共享机制，并随着农村金融需求变化实施动态监测，从而使农村金融供给更好地适应农村金融需求。加快农村各类资源资产权属认定，推动部门确权信息与银行业金融机构联网共享，以此解决信息不对称、账款确认难等制约融资的问题。

（二）增加金融供给满足乡村振兴的资金需求

科学谋划和制定《青海省金融支持乡村振兴战略的指导意见》，建立金融服务乡村振兴考核评估。综合运用货币政策工具和考核评估，引导金融机构增加对乡村领域的金融供给，加大对村集体经济的信贷支持力度。发挥政策性银行的引领作用，加大对农村公共设施、农田水利设施、农业产业聚集区基础设施的信贷投放力度。鼓励商业银行建立支持农业供给侧结构性改革可持续模式，进一步增设网点，确保涉农贷款逐年增加。继续促进农村商业银行、村镇银行、小额贷款公司稳健发展，促进优势互补的竞争格局形成。发展农村互助金融、合作金融，满足新型农业经营主体提供多元信贷服务。积极引导社会资本和民间资本进入农村金融领域，培育农村社区金融组织，提高金融服务可得性。

（三）进一步推进金融创新，全面提升金融服务能力和水平

研究和制定支持辖区"三农"发展特点的信贷政策和举措，进一步推出更多适应本地推广、符合市场需求的金融产品和服务。拓展农牧区抵押担保范围，推进知识产权、应收账款、集体林权等抵质押融资业务，继续深入推动"两权"抵押贷款试点工作，拓宽农牧区融资渠道。加大小微企业信贷信用培植工程力度，缓解小微企业融资难问题。以金融支持新型农牧业经营主体工作为契机，着力推动一批优质"一村一品"、一批家庭农场、一批

家庭专业合作社的健康成长。以建设国家现代农业示范区和生态畜牧业可持续发展试验区为载体，重点扶持一批有发展潜力的涉农企业。

（四）大力支持扶贫产业带动贫困户脱贫

根据中央《关于金融支持扶贫产业带动精准脱贫的指导意见》，进一步加强金融机构与扶贫部门、企业主管部门之间的信息共享和项目对接，督促相关部门尽快梳理本部门扶贫产业、项目名录，作为支持的重点推介至金融机构，形成金融支持扶贫产业带动贫困精准脱贫的长效机制，进一步解决贫困户无项目、无发展目标的问题。在易地搬迁方面，按照青海省易地搬迁项目资金进度，全力满足易地搬迁资金需求，加强同省扶贫局和省级易地搬迁投融资主体的沟通，根据省级投融资主体信贷需求，保障易地扶贫搬迁信贷资金及时足额到位。根据人民银行总行要求，继续鼓励和引导国家开发银行、农业发展银行青海省分行在建档立卡贫困户人口安置房、安置区基本基础设施建设、公共服务设施建设等方面加大金融支持力度。加大深度贫困地区支持力度。制定金融支持深度贫困地区 2018~2020 年规划，结合省扶贫局等部门相关政策，制定出台青海省深度贫困地区金融服务指导意见，引导金融机构加大对深度贫困地区信贷投入，引导金融机构加强深度贫困地区金融基础设施建设，不断优化金融服务。

（五）持续优化农村金融生态，为农业供给侧结构性改革提供良好外部环境

夯实"信用普惠"，深入推进信用体系建设。继续做好农户、贫困户和新型农业经营主体信用创评工作。全面开展贫困户信用修复工作，推广"谅解＋救济"的信用修复重建机制，扩大信用受益覆盖面。深入开展中小微企业信用培植工程，特别是对一些不符合信贷条件的小微企业，力争经过多方帮扶培植，使其满足银行贷款条件，提高小微企业贷款可得性。加大应收账款融资服务力度，持续开展农村和中小企业信用信息"库＋网"建设。依法打击逃废金融债务行为，加大对失信行为的惩戒力度，建立金融风险预

警机制，及时化解金融纠纷，加大金融债权案件审理与执行力度，维护金融机构合法权益。进一步普及农村金融知识，深入开展金融知识下乡活动，帮助提高基层群众的金融素质，为农村金融业务的发展奠定良好基础。

（六）健全风险预警和补偿机制，转移市场风险

一是大力发展农业保险。完善以政策性保险为基础的基本农业保险制度，同时建立对农业保险的再保险和巨灾风险的分散机制，实现风险的多层级分担。二是建立融资性担保基金。建立省、市、县多层级的政府主导的融资性担保基金，对不同层次的主体提供担保增信。三是逐步规范财政补贴机制。建立具有青海特色的财政补贴机制，将财政补贴与种植业、养殖业、林业等险种相结合，解决好农业贷款风险补偿问题。

（七）大力发展互联网金融，促进农村产业融合发展

青海省相继出台了多项扶持农村电商的政策，涉农金融机构应加快触网进程，在互联网金融服务平台、产品和制度、流程等方面探索和创新。一是加强农村电商平台服务，提供全方位金融支持，大力推广网上支付、电话支付、手机支付等新兴电子支付工具，为电子商务发展提供良好的支付环境。二是加快互联网金融产品创新，金融部门要借助自身平台，运用数据与信息，依托"互联网+信贷"平台、"互联网+龙头+农户"模式，为农业生产、农产品精深加工和流通销售提供一条龙服务，创新在线融资服务，促进行业和产业融合发展。

参考文献

《中共中央国务院关于实施乡村振兴战略的意见》，2018 年 1 月 2 日。

《中共青海省委青海省人民政府关于推动乡村振兴战略的实施意见》，2018 年 2 月 24 日。

《青海银行业全面支持乡村振兴战略的指导意见》，2018 年 1 月 20 日。

B.5
消费升级背景下青海商业税收情况
及趋势分析

杨菱芳　白国萍　张宏娟　韩 迟*

摘　要： 近年来，在全国多样化、个性化、信息化消费增多的大背景下，青海消费需求持续扩大，商业经济呈现良好发展态势，对税收的贡献度不断提高。本文通过透视青海省商业税收发展现状及特点，对消费、商业、税收三者间的内在关系进行了分析；针对商业发展面临的税源分散，新商圈、新业态税收征管难度大等问题，从经济、政策、征管三个维度提出了促进商业税源发展和完善征收管理的相关建议。并立足当前国内外商业经济发展形势，结合全国消费升级大背景，对青海省2019年商业税收情况进行了预测。

关键词： 消费升级　商业　税收

商业涉及社会生产、生活方方面面，与生产、生活需求变化息息相关。近年来，随着互联网经济的快速发展，商业企业积极主动转型升级、不断加快创新步伐，新兴商业模式不断涌现，促进了青海经济、税收的

* 杨菱芳，国家税务总局青海省税务局副局长，研究方向为税收与经济学；白国萍，国家税务总局青海省税务局收入规划核算处处长，研究方向为财税经济；张宏娟，国家税务总局青海省税务局收入规划核算处副处长，研究方向为税收与宏观经济；韩迟，国家税务总局青海省税务局收入规划核算处副主任科员、助理研究员，研究方向为产业经济学、税收学。

平稳发展。但受制于人口和地理环境等因素的影响，青海省商业在发展规模、结构、层次、税收贡献度等方面与发达省份间仍存在一定差距。因此，抓住消费升级机遇，补齐青海商业发展短板，既是缩小发展差距、发挥商业产业带动作用的必然选择，也是落实"一优两高"战略的必然要求。

一　青海商业税收现状及特点

（一）青海省商业税收概况

2018年1~8月，青海省入库商业税收32.17亿元，同比增长11.71%，低于全国增速1.79个百分点，占第三产业税收的22.32%，是第三产业中税收规模仅次于金融业的第二大行业。其中：批发业入库税收18.34亿元，同比增长14.25%；零售业入库税收13.83亿元，同比增长8.5%（见图1）。

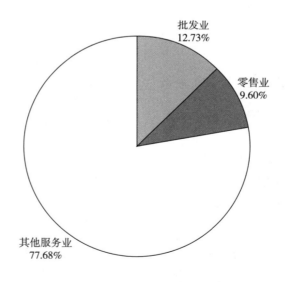

批发业
12.73%

零售业
9.60%

其他服务业
77.68%

图1　2018年1~8月青海省商业税收占服务业税收比重

（二）青海省商业税收的主要特点

1. 从商业税源看，纳税户数基本稳定，纳税能力明显增强

近年来，随着青海省城乡居民收入水平的提高和扩内需、促消费政策的刺激，商业经营主体数量保持稳定，但纳税能力更强。截至 2018 年 8 月底，青海省正常开业的商业纳税户共计 12.25 万户，与上年同期基本持平，但实现的纳税额却呈现两位数的增长。其中，在"大众创业、万众创新"的政策激励下，商业领域个体工商户表现活跃，至 2018 年 8 月末达到 9.87 万户，占商业领域正常开业总户数的 80.57%。

2. 从行业结构看，行业集中度较高，传统商业依然占主体

青海省商业税收主要来源于批发业和零售业，批发业税收约占商业税收的 60%，零售业税收约占商业税收的 40%。批发业税收集中度较高，主要集中在烟草和矿产品、建材及化工产品批发两个行业，2018 年 1～8 月烟草制品批发业税收占批发业总税收的 46.7%；矿产品、建材及化工产品批发业税收占批发业总税收的 24.15%。零售业税收主要集中于货摊零售与综合零售业，1～8 月货摊零售业入库税收占到零售业税收的 42.85%；综合零售业入库税收占到零售业税收的 20.96%（见图 2）。

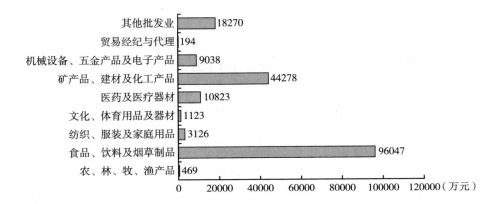

图 2　2018 年 1～8 月青海省商业批发业税收分行业构成情况

3. 从地区结构看，西宁引领作用增强，州县潜力尚需释放

消费水平与城市人口密度和发展水平等密切相关，人口密集、经济实力较强的地区，居民收入水平较高，商业也越繁荣，因此西宁、海东、海西三个地区商业税收占到青海省商业税收的93.31%。特别是西宁作为省会城市，集聚了青海省主要的商业资源，2018年1~8月商业税收占到青海省商业税收的71.43%，较上年同期提高1.79个百分点。相比之下，海南、海北、黄南、果洛、玉树等地商业税收规模较小，消费的潜力有待进一步挖掘（见图3）。

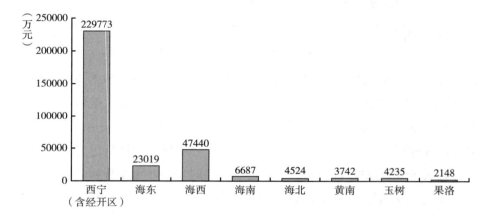

图3   2018年1~8月青海省商业税收分地区构成情况

二   消费升级助推商业税收平稳较快增长的机理分析

（一）商业经济稳中向好，为税收增长奠定基础

近年来，青海省城镇化步伐加快，常住人口城镇化率由2015年的50.3%上升至2017年的53.07%；同时随着营商环境的改善以及"大美青海"品牌知名度的不断提升，青海省商业经济繁荣发展。2018年上半年，青海省批发和零售业增加值达到72.96亿元，按不变价计算，增速较2017年提高了0.9个百分点，为青海省商业税收的增长打下了坚实的基础。

（二）居民消费需求扩张，为税收增长注入动力

商业与居民日常生活融合度极高，既涉及人们吃穿用等基本需求，又涉及文体医疗等保障需求。近年来，青海省居民人均可支配收入保持较快增长，2018年上半年同比增长7.3%，为扩大消费提供了保障；与此同时，青海省居民消费价格总水平同比仅上涨2.5%，物价水平整体处于合理区间，促进了居民消费需求的增加。2018年上半年，青海省城镇居民人均生活消费支出同比增长8.9%，社会消费品零售总额同比增长8.4%（见图4），为青海省商业经济税收的发展注入了活力。

图4 近年来青海省居民人均可支配收入与社会消费品零售总额增速变动趋势

（三）刺激消费政策的完善，为税源发展提供支持

近年来，国家陆续出台了一系列鼓励健康消费、信息消费、旅游消费、绿色消费的政策，促进了消费结构的优化升级及线上线下消费方式的融合，进而带动了商业经济和税收的发展。2018年1～8月，青海省医药及医疗器材批发零售业入库税收同比增长31.55%，文化、体育用品及器材批发业入库税收同比增长42.51%，通信设备批发及零售业入库税收同比增长22.73%。同时，2016年5月1日起营业税全面改征增值税，

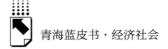

进一步完善了增值税抵扣链条，减负成果惠及各行各业，促进了商业的繁荣发展。

（四）消费结构升级步伐加快，新增税源不断涌现

随着居民生活水平的提升和网购、快递业务的发展，青海省居民消费逐步呈现由生存型、物质型向服务型、享受型消费转变的特点。统计数据显示，青海与消费升级相关的商品销售保持较快增长，成为消费品市场运行中的一大亮点，2018年上半年青海省化妆品类零售额同比增长41.8%，金银珠宝类销售额同比增长23.4%，通信器材类销售额同比增长18.6%，移动互联网接入流量同比增长2.8倍。随着消费结构的持续升级，新兴消费热点逐步转化为新增税源点。

（五）紧盯消费强化征管，为堵漏增收提供支撑

针对商业纳税户经营稳定性弱和现金交易多等管理难点，青海省税务部门不断加大信息管税力度，加强与工商、公安、金融、统计等部门的协作，建立健全多方参与的协税护税机制，及时采集涉税第三方信息，有效开展商业领域涉税风险的纳税评估、税务稽查工作，征管水平的提高有力地促进了商业税收收入的增加。

三 商业税收发展面临的主要问题及税收发展形势预判

（一）商业税收发展面临的主要问题

1. 新建商贸区税收实现能力较弱

西宁作为青海省商业的中心，除以力盟、大十字、西门为代表的传统商圈外，近年来还逐步建成了万达、新华联、建国路等新型业态商圈。但目前，新商圈入住人口以省内各州县"候鸟型"居民为主，加之配套设施尚不完善，人气及线上线下融合度有待提高，一定程度上影响了新区商业的持

续稳定发展，致使新商圈整体纳税规模偏小，税收贡献能力不强。

2. 经营业态复杂，税收征管难度较大

随着现代商业和物流业的发展，商业企业经营方式呈现多样性、复杂性，如流动经营、网络经营、混合经营、挂靠经营、承包经营、委托代销、直销及小门店大仓库等，极大地增加了税收征管难度。又如，企业核算地与货物交易地分离，难以核实交易的真实性；上游生产企业对商贸企业的返利难以查证；零售业以无票现金交易逃避纳税；以代开发票方式避税以及控制销售额不超过起征点或不达到一般纳税人认定标准，以达到不缴或少缴税款的目的；等等，这些对商业税收的管理能力提出了更高的要求。

3. 电子商务领域税收管理存在盲区

网络的普及以及商品营销模式的创新，有力地促进了青海省电子商务的发展。但目前针对电子商务的税收政策、征管办法尚不完善，互联网销售对税收收入的贡献率极低。同时，电子商务的快速发展，特别是外省互联网购物的冲击挤压了实体商业企业的市场份额，进一步影响了实体商业企业税收的实现。

4. 税源的稳定性与支撑作用有待增强

与工业企业相比，商业企业经营相对灵活，前期投资少，成本小，因此关停、注销的风险明显高于工业企业，税源稳定性较差。同时，在市场总额相对固定的情况下，企业之间的同质化竞争日益激烈，企业毛利润不同程度地下降，进入微利期，纳税能力提升空间有限。此外，当前适应个性化、多样化消费方式的商户在青海尚未形成规模且竞争力不强，诸多消费市场被省外企业抢占，致使税源"蛋糕"被分割。

（二）商业税收面临的发展形势

总体来看，当前宏观经济发展的基本面总体向好，商业经济良好发展的大环境没有改变，加之居民收入水平的提高及消费需求的升级，青海省商业经济税收发展的活力、潜力将进一步被激发、释放。但值得注意的是，当前一些国家贸易保护主义倾向依然存在，国际大宗商品价格维持高位并呈现宽幅震荡波动，给全球商业经济增长带来不确定性，特别是中美间的贸易摩擦给中国企业的生产和贸易带来冲击。与此同时，当前国内收入分配不平衡、信用体系不够完善、高端商品及服务供给不足等问题依然存在，推动商业经济高质量发展仍面临较大挑战，将给商业税收平稳运行带来一定影响。

从批发业来看，随着产能过剩矛盾的逐步缓和，工业品批发价格保持稳定，钾肥、有色金属等产品价格有所回升，推动了以工业品销售流通为主的批发业呈现良好的增长态势，有效支撑了青海省商业税收的增长。随着供给侧结构性改革的继续深入及国家鼓励实体经济发展政策的不断出台，工业品销售价格有望在一定时期内保持相对稳定，为青海省资源类企业和矿产品批发经营企业提供良好的市场机遇。但当前锂电池、光伏等新兴产业市场竞争较为激烈，存在过剩风险，给新兴产品的市场交易带来不确定性，同时矿产品价格涨幅已经呈现回落态势，将影响税收收入的实现。

从零售业来看，当前国家更加重视挖掘消费增长潜力，增值税税率的下调和个人所得税起征点的上调，将有效刺激居民消费，加之个性化、多元化、高端化消费需求的扩张和电子商务的快速发展，零售业有望在短期内保持稳中有增的态势。但是作为西部欠发达省份，青海人口总量有限，单纯依靠消费数量增长拉动商业增长的动力不足，同时在电子商务、现代物流快速发展的冲击下，省内部分商业交易份额可能更多地被其他省份占领，税源流失风险不容忽视。

（三）2019年商业税收预测

1. 根据商业税负预测

2016年、2017年、2018年上半年青海省商业宏观税负（商业税收占社会消费品零售总额的比重）分别为4.4%、5.2%、6.5%，平均税负为5.4%。青海省社会消费品零售总额同比分别增长11%、9.3%、8.4%，呈现增速收敛趋势。若2018年青海省社会消费品零售总额增速水平与上半年保持一致，则2018年青海省社会消费品零售总额预计达到909.5亿元，按平均税负测算，青海省商业预计实现税收 49 亿元；若 2019 年青海省社会消费品零售总额保持 8% 左右的增长，则按平均税负计算，2019 年青海省商业预计实现税收 53 亿元。

2. 通过线性回归进行预测

根据 2000 ~ 2017 年青海省商业税收收入（Y）及社会消费品零售总额（X）数据，利用 SPSS 16.0 分析软件得出青海省商业税收收入与青海省社会消费品零售总额关系如下：

$$Y = -1.107 + 0.052\ X$$

判定系数 $R^2 = 0.948$

相关系数 $r = 0.974$

表明青海省商业税收规模和青海省社会消费品零售总额之间呈强正相关关系，即青海省社会消费品零售总额每增加 1 亿元，青海省商业税收将增加 0.052 亿元。根据上述方程式测算，若 2018 年青海省社会消费品零售总额（X）达到 909.5 亿元，则 2018 年青海省商业税收（Y）预计达到 46 亿元；若 2019 年青海省社会消费品零售总额（X）达到 982 亿元，则 2019 年青海省商业税收（Y）预计达到 50 亿元。

综合考虑上述两种方法的预测结果，在青海省宏观经济和社会消费水平不出现较大波动的情况下，2019 年青海省商业预计可以实现税收 51.5 亿元〔（53 + 50）/2〕，与 2018 年的预计入库税款 47.5 亿元〔（49 + 46）/2〕相比，增长 8.4%。

四 推动商业经济税收更好更快发展的对策建议

（一）经济方面：挖掘潜力培育消费热点，增加商业经济发展后劲

一是在推动传统商业转型升级上寻求突破。针对青海特色优势商品领域，结合新商圈建设，鼓励批发零售企业线上线下融合发展，推动实体店数

字化改造，引进一批国内外电商龙头企业，在青海设立企业总部、区域总部、技术创新中心、服务中心、研发中心、运营中心和仓储基地。发挥"一带一路"区位优势，加快融入全国的现代商贸物流体系，不断完善农村和农产品流通网络，鼓励商贸企业积极在农村开设直销店，大力发展农产品冷链物流，积极开展农超对接。二是在扩大消费需求上实现新突破。立足青海特色，抓住旅游旺季、节日消费、夜间消费等热点，开展相应的宣传及品牌推介活动，激发本地居民和吸引外来游客消费热情，挖掘消费潜力。积极延伸拓展商贸产业链条，促进健康、养老、家政等商贸服务业发展，挖掘和培育青海地方名、优、特小吃及特色餐饮，满足多元化的商业消费需求。

（二）政策方面：落实完善相关政策，营造良好的营商环境

一是不断完善居民养老、医疗保险、教育等方面的机制建设，推动居民消费动能的释放，切实增强商业发展后劲。二是加快商务诚信体系建设，谋划实施国家试点项目，建立商务诚信公共服务平台。三是结合青海的消费特点，出台差异化的消费刺激政策，如对绿色消费、健康消费及基本生活品消费实行低税率政策，以支持和扩大中低收入者的消费。

（三）征管方面：转变商业税收管理方式，做到应收尽收

一是加大对一般税源的监管力度，加强对小企业、个体户经营收入的日常检查与评估，及时调整收入定额，对评估后销售收入达到起征点以上的及时征税，努力堵塞收入漏洞，挖潜增收。二是加强对企业业态调整的监控。针对新商圈的发展和新业态的增多，加大监控力度，在日常监控中及时掌握相关业态调整的信息，对于应税项目及时纳入征管范围，避免税收流失。三是积极探索对网络购物的征管办法。根据网络购物快速增长的发展趋势，通过加强对邮政、物流行业的信息获取，梳理掌握青海省电商的基本销售情况，与工商、银行、公安等部门配合，对于达到起征点的纳税人及时纳入征收范围。同时进一步探索利用网络平台加强对电商监控、监管的办法，以信息管税为手段，利用涉税大数据精准开展对电商企业的税收征管。

参考文献

国家税务总局青海省税务局：《2018 年税收会计统计报表》。

青海省统计局：《青海统计年鉴（2017）》，中国统计出版社，2017。

王文清、梁富山、肖丹生：《电子商务税收征管问题研究》，《税务研究》2016 年第 2 期。

青海省统计局：《前三季度全省经济运行总体平稳》，2018 年 10 月 23 日。

B.6
青海省工业技术创新能力发展现状与提升对策研究[*]

刘晓平[**]

摘　要： 作为五大发展理念，创新是引领发展的一大动力。青海省要加快实施创新驱动战略，推动经济的转型升级，提升工业技术发展能力是关键所在。本文在分析青海省工业发展现状的基础上，指出了影响青海省工业技术创新能力发展的因素，阐述了青海省工业技术创新能力的发展现状与存在的问题，最后提出提升青海省工业技术创新能力的对策建议。

关键词： 工业　技术创新能力　技术研发

近年来，随着改革创新的深入推进和宏观政策效应的不断释放，青海省工业经济运行保持了总体平稳、稳中有进、稳中有好的发展态势。青海省要加快实施创新驱动战略，推动经济的转型升级，提升工业技术发展能力是关键所在。

一　青海省工业发展现状

（一）青海省产业结构现状

随着国家科学技术进步，国民素质提高，经济水平也飞速发展。青海省

---

　　* 青海省科技厅软科学项目（2017 – ZJ – 608）阶段性研究成果。
　　** 刘晓平，青海大学财经学院教授，青海省生态环境研究中心研究员，研究方向为数量经济、产业经济。

紧跟经济发展大潮，近十年来，三大产业增加值都明显增加。由表1数据可见，2007年至2016年，青海省第一产业增加值从83.41亿元增加到221.19亿元，增长率为165.18%；第二产业增加值从419.03亿元增加到1249.98亿元，增长率为198.30%；第三产业增加值从294.91亿元增加到1101.32亿元，增长率为273.44%。其中工业增加值从344.52亿元增加至901.68亿元，增长率为161.72%，实现了大幅度增长。

表1 2007~2016年青海省三大产业及工业增加值

单位：亿元

年份	2007	2008	2009	2010	2011	2012	2013	2014	2015	2016
第一产业	83.41	105.57	107.4	134.92	155.08	176.91	204.72	215.93	208.93	221.19
第二产业	419.03	557.12	575.33	744.63	975.18	1092.34	1151.28	1234.31	1207.31	1249.98
第三产业	294.91	355.93	398.54	470.88	540.18	624.29	766.06	853.08	1000.81	1101.32
工业	344.52	468.6	470.33	613.65	811.73	895.89	912.68	954.27	893.87	901.68

资料来源：根据历年青海省统计年鉴整理而得。

可见第二产业在青海省经济发展中起到了支撑作用，尤其是第二产业中的工业，其次是第三产业，最后是第一产业。

（二）青海省工业发展趋势

青海省位于中国西部，独特的地理位置赋予了它许多自然资源优势。根据配第－克拉克定理，随着第三产业的大力发展，产业结构正逐步向以服务业为主导转型，第三产业所占比重不断增大。

青海省工业贡献率近年来呈下降趋势，从2012年的53.5%逐年下降到2016年的34.23%，整体下降趋势明显，符合经济发展的一般规律。青海省工业拉动率也呈现平稳下滑的趋势，从2012年的6.55%逐年下滑到2016年的2.73%，具体数据见图1。截至2016年，全省工业总产值达1570.01亿元，较上年增长8.9%，提供就业岗位356443万个，工业贡献率高达34.23%，拉动经济增长2.73个百分点，表明工业经济依然是青海省经济发展的主导力量。

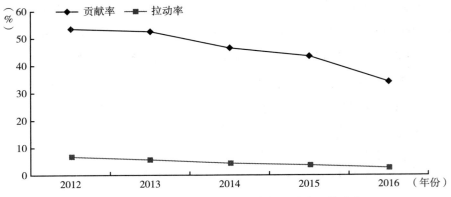

图1 2012～2016年青海省工业产业贡献率、拉动率

（三）青海省工业发展特征

1. 以大中型企业为主的工业结构

近年来，青海省大力响应国家号召，积极扶持小微企业发展。由表2可见，2012年到2016年，小型企业从270个增加到480个，总产值从5290755万元增加至10851919万元；微型企业从31个增长到69个，总产值从127480万元增加到595920万元。大型工业企业个数及产值波动减少，但总体保持占工业总产值的1/3以上。中型工业企业个数波动减少，但产值持续增加。从企业规模上看，青海省仍是以大中型企业为主的工业结构。

表2 2012～2016年大中小微型企业个数及总产值

单位：个，万元

	年份	2012	2013	2014	2015	2016
大型	企业个数	25	25	25	23	23
	总产值	11268469	11761896	11977478	9575947	10352783
中型	企业个数	97	99	102	96	90
	总产值	5311430	5993594	6218933	6373535	7150928
小型	企业个数	270	397	441	456	480
	总产值	5290755	7615546	8362147	9231692	10851919
微型	企业个数	31		59	66	69
	总产值	127480		510473	456401	595920

资料来源：根据2013～2017年青海省统计年鉴整理而得。

2. 以重工业为主的工业结构

青海省工业形成了以重工业为主的工业结构。由表 3 可见，"十三五"时期轻工业发展迅速，虽然 5 年内较上年增长百分比呈现波动下降的趋势，但是轻工业整体处于快速发展的状态。相较之下，重工业的发展速度显得有些缓慢。

表3　2012～2016 年规模以上轻重工业增加值较上年增长情况

单位：%

年份	2012	2013	2014	2015	2016
轻工业	32.2	19.5	30	18	13.6
重工业	13.8	11.9	5.9	6.3	6.2

资料来源：根据 2013～2017 年青海省统计年鉴整理而得。

由表 4 可见轻工业总产值由 2012 年的 200217 万元增长到 2016 年的 526195 万元，整体水平翻番，但是重工业总产值基数较大，整体上看，青海省工业结构依然是以重工业为主的工业结构类型。

表4　2012～2016 年轻重工业企业个数及工业总产值

单位：个，万元

年份		2012	2013	2014	2015	2016
轻工业	企业个数	114	131	155	175	184
	工业总产值	200217	2713123	3645205	4479299	526195
重工业	企业个数	309	390	413	400	409
	工业总产值	19997916	22657914	22913353	20701874	23093656

资料来源：根据 2013～2017 年青海省统计年鉴整理而得。

3. 以特色资源聚集的十大优势产业为主的工业结构

青海省乃是资源大省，具有发展特色优势产业的有利条件，研究特色优势产业的市场开拓对青海省经济社会的发展具有重要意义。积极开拓特色优势产业市场是促进青海省资源优势向经济优势和竞争优势转变的关键举措，是青海省优化产业结构、推动产业升级的重要支撑。

青海省十大优势产业为新能源产业、新材料产业、盐湖化工产业、有色金属产业、油气化工、煤化工、装备制造业、钢铁产业、轻工纺织业及生物产业。

从时间序列上看，新能源产业、盐湖化工产业、有色金属产业、装备制造业、轻工纺织业五大产业产值逐年增加，有色金属产业所占比重最大，2016年增幅也最大，为经济发展提供了强有力的支撑。新材料产业、油气化工、生物产业、钢铁产业受经济、科技、政策等因素影响先增后减，总体还是呈上升趋势。煤化工产值逐年下降，技术发展导致对环境要求越来越高，替代品增加，煤炭需求量减少，从而煤化工行业产值逐年减少。从行业分布上看，有色金属产业所占比重最大，其次是新材料产业、盐湖化工产业、钢铁产业、生物产业对工业发展影响较大。可见影响主导行业发展的关键在于技术、资源等因素。而油气化工、煤化工等行业随着经济社会的发展，逐渐被替代，产值逐渐减少（见图2）。

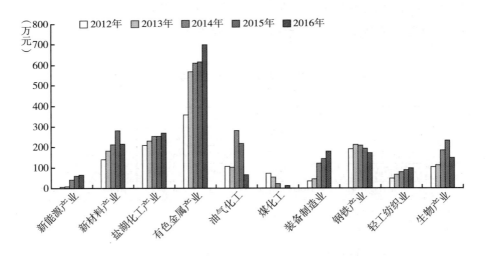

图2 2012~2016年十大优势产业工业总产值

在以科技创新为主导的当今世界，不论是国家间的竞争还是企业间的竞争，归根到底是科技创新能力的竞争。青海省"十二五"和"十三五"发展规划提出要提高青海省的工业创新能力，改善青海省的创新环境，将青海省建设成为创新型省份。因而深入调查和分析青海省工业技术创新能力发展的状况，对于进一步促进青海省工业技术创新活动的开展具有重大的现实意义。

二 青海省工业技术创新能力状况与存在的问题

（一）青海省工业技术创新能力状况

1. 技术创新投入

（1）R&D 人员投入

R&D 人员即研发人员，其投入强度是衡量工业企业技术创新能力强弱的主要指标。"十三五"以来，国家加大对科技创新的重视程度，鼓励科研人员创新，各省份都加大了对 R&D 人员的投入，然而青海省 R&D 人员投入在小规模增加后于 2015 年骤减，2016 年有所增加，但是增幅并不大，具体数据见表5。整体看来，青海省 R&D 人员投入是西北五省区乃至全国最少的。

表5　2012~2016 年西北五省区 R&D 人员数

单位：个

年份	2012	2013	2014	2015	2016
全国	2246179	2493958	2641578	2638290	2702489
陕西	36728	45809	50753	45052	45362
甘肃	11445	12472	14380	12578	12610
青海	2020	2039	2068	1285	1750
宁夏	4196	4817	5799	5470	5686
新疆	6202	6668	6688	7188	7310

资料来源：根据 2013~2017 年青海省统计年鉴整理而得。

从地区上看，青海省 R&D 人员投入基本集中在省会城市西宁，各州县 R&D 人员投入极少，甚至可以忽略不计。可见人员分配在地域上的差异性极大。

从学历上看，R&D 研究人员中博士学历占比 38.3%，硕士学历占比

42.5%，其他占 19.2%。较其他省份而言，工业企业高学历人才投入少，含金量低。

（2）R&D 经费投入

R&D 经费支出是研发人员进行科研工作的基础。其投入强度可以衡量地区或企业科技创新能力的强弱。

西北五省区具体包括陕西省、甘肃省、青海省、宁夏回族自治区和新疆维吾尔自治区。西北五省区受地理位置、气候条件限制，经济发展较为落后，考虑到青海省地理位置及经济环境的特殊性，在此仅将西北五省区做横向比较。

随着国家对科研创新的重视程度加大、对 R&D 经费投入的增加，西北五省区中陕西、甘肃、宁夏、新疆都各自加大了 R&D 经费投入，而青海省在 2014 年之前逐渐加大 R&D 经费投入，但 2014 年之后减少了 R&D 经费投入，成为西北五省区中除新疆外 R&D 经费支出最少的省份，具体数据见表6。

表6　2012～2016 年西北五省区 R&D 经费支出

单位：万元

年份	2012	2013	2014	2015	2016
全国	72006450	83184005	92542587	100139330	109446586
陕西	1192770	1401480	1606946	1725829	1844216
甘肃	337785	400743	464410	486077	509228
青海	84197	89540	92528	65029	77940
宁夏	143696	167494	186518	200453	239624
新疆	273425	314257	357812	366180	39094

资料来源：根据 2013～2017 年青海省统计年鉴整理而得。

青海省在地域上划分为西宁市、海东市、海北州、黄南州、海南州、果洛州、玉树州及海西州。在 R&D 经费支出上，2016 年全省支出 77940 万元，省会城市西宁支出 67028 万元，占比高达 86%；其余各州占比之和为 14%，在地区分配上的差异性太大。

2. 技术创新产出

技术产出的衡量指标主要有专利申请数及有效发明专利数。纵观近年来专利申请数及有效发明专利数据，在西北五省区中，青海省专利申请数最少，有效发明专利数最少。图3选取了2016年专利申请数及有效发明专利数，由数据可见，西北五省区中陕西省专利申请数及有效发明专利数最多，几乎等于其他四省区之和；其次是甘肃与新疆，处于平均水平偏上；再者是宁夏，处于平均水平边缘；而青海省2016年专利申请数仅612个，有效发明专利数仅393个，位居西北五省区最后一名，其技术产出能力还亟待提高。

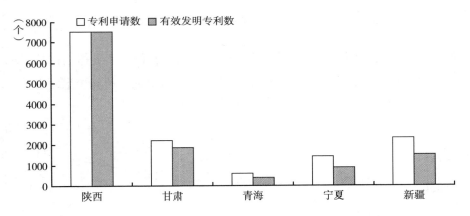

图3 2016年西北五省区专利申请数及有效发明专利数

2012~2016年，青海省技术产出能力整体水平不断提高。如图4可见，专利申请数从215个增加到612个，有效发明专利数从170个增加到393个。虽然专利申请数2015年有所下降，但是2016年增加幅度极大，弥补了2015年发展停滞乃至后退的不足。可见，青海省技术产出投入力度逐渐加大，专利申请数及有效发明专利数也相应增加，为技术创新发展提供了强有力的支撑。

3. 技术创新环境

（1）企业办研发机构

企业对研发创新的重视程度可以从企业办研发机构数量上看出。图5为

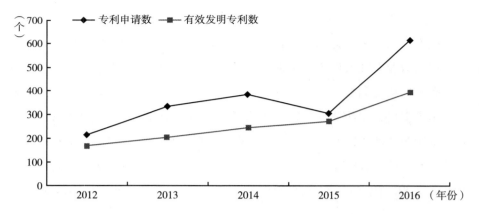

图 4　2012～2016 年青海省专利申请数及有效发明专利数

近五年来企业办研发机构的个数，2012 年仅 27 个，但之后大体上保持平稳上升的趋势。然而相较其他省份而言，青海省企业办研发机构个数还有待增加，工业企业对研发创新的重视程度也有待提高。

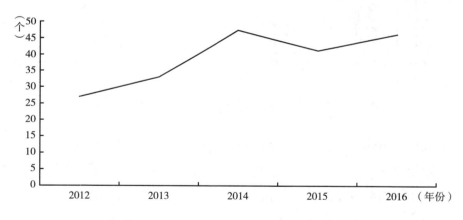

图 5　2012～2016 年企业办研发机构数量

（2）政府资金投入

任何行业的发展都离不开政府的支持，无论是行政政策上的，还是经济资金上的。青海省政府正将越来越多的资金投入技术创新研发与试验发展中，由图 6 数据可见，政府资金投入由 2012 年的 529770 万元逐年增长，

2016 年已投入 1202145 万元政府资金，翻了一番。这说明政府对技术创新研发与试验发展的投入力度越来越大。

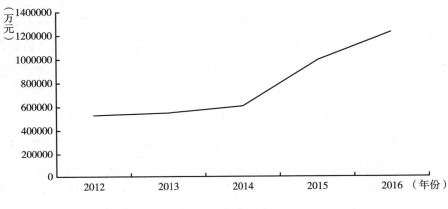

图 6　2012～2016 年青海省政府资金投入

（二）青海省工业技术创新发展中存在的问题

1. R&D 人均经费短缺，资金支持较弱

经济基础决定上层建筑，工业技术创新的发展离不开资金的支持。然而纵观全国各省，青海省在 R&D 经费上的支出远低于全国平均水平，在西北五省区中也仅高于新疆，排名第四。同时，在区域分布上，西宁市占比过大，而其他州县 R&D 经费支出太少，差异悬殊。在保证西宁市工业技术创新发展的前提下，应适当加大对周边地区 R&D 经费的支出，减小地区差异，实现整体均衡发展。

2. 人力资源禀赋不足，技术发展缓慢

人才乃发展之本，而青海省在 R&D 研究人员方面情况不容乐观。青海省是西北五省区中 R&D 研究人员最少的省份，并且在分布上也极其不均衡，由于州县地区高海拔、气候恶劣、条件艰苦，大量 R&D 研究人员都聚集在西宁市，导致周边州县地区人才紧缺。要想更快更好地提高青海省工业技术创新能力，政府应给予相应支持，出台相关优惠政策，吸引优秀人才，支持

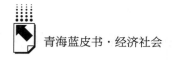

青海省工业技术创新发展。

3. 技术产出匮乏，新产品效益低下

技术产出在一定程度上反映了新产品的效益，而衡量技术产出的两个重要指标分别为专利申请数及有效发明专利数。从西北五省区看，青海省专利申请数及有效发明专利数均为倒数第一，情况不容乐观。技术产出不足极大限制了工业技术创新的发展，因此，应该大力支持技术产出和技术创新，提高新产品效益。

4. 企业缺乏自主创新，创新动力不足

改革开放以来，我国一跃成为制造业大国，走上了经济快速发展的道路，青海省也紧跟经济发展大潮。但是由于自主知识产权的薄弱和创新能力的不足，企业缺乏自主创新，技术创新的发展受到了很大的影响，制造业存着大而不强的问题。要加快发展青海省工业技术创新能力，就要解决企业自主创新能力不足的问题，加大政府扶持与资金投入，吸引创新型人才，提高企业的自主创新能力。

三 提升青海省工业技术创新能力的对策建议

（一）增加资金投入，给予政策支持

R&D 经费支出对工业技术创新能力发展起着至关重要的作用，经费支出离不开资金的支持。而政府作为企业强有力的支撑后盾，应在各方面支持创新型企业。例如在财税方面，实行减税、免税等政策，减轻企业负担，鼓励中小型企业进行技术创新；人才政策方面，大力引进高校优秀毕业生及社会优秀人才，出台福利政策留住高技术、高学历人才；科技奖励方面，设置科学合理的奖励机制，鼓励社会各界人才积极参与技术创新；科研经费方面，加大科研经费的投入，加强资金支持，为企业创新提供良好的经济支撑。

除了政府给予的政策优惠及资金支持外，企业本身也应该重视技术创新，加大 R&D 经费支出、对新产品开发的投入，并且通过参加相关培训提升员工的技术水平，以及引进先进的生产设备，提高产品生产的科技含量与附加值。

（二）促动人才项目，吸引优秀人才

青海省经济发展缓慢的一个重要原因就是人才匮乏。这时候政府就应该发挥主观能动性，完善人才机制，加强青海省技术创新。政府可以协助企业构建人才项目资本对接的高端平台、人才创新创业成果展示的渠道。人才项目资本合作展，是组织部门创新人才工作方式的体现，通过打造一个平台，更好地服务高端人才创新创业，帮助他们解决创业融资难、找市场难等问题，起到帮项目找资金、帮资本找项目、帮人才找市场的作用。

在政府相关政策的支持下，企业要把握机会，完善企业福利机制，提高员工福利待遇，注重老员工留存，吸引新员工加入。不仅要关注人才数量，更要要求人才质量，对高技术、高学历人才要提高福利待遇，关注新人留存。

（三）加强信息建设，提升智造水平

从"中国制造"变为"中国智造"，是我国技术创新发展的一大进步。青海省技术创新能力薄弱，技术产出能力位居全国倒数第二、西北倒数第一，这与智造水平低下密切相关。应加快推进以企业为主体、政产学研相结合的技术创新体系，推进新产品新技术研发和产业化，加强质量管理和品牌建设，增强企业核心竞争力，进一步提升工业"智造"水平，加强企业信息化程度，提高技术产出水平。企业还可与高校、科研机构等合作，或者聘请相关专家学者进行指导，提高企业发明专利的产出能力。

（四）发展优势产业，建设自主创新品牌

经济新常态下，振兴自主品牌有利于弘扬质量至上、精益求精的工匠精神，未来自主创新品牌建设还将和"一带一路"倡议形成互相促进的重要

力量。青海省凭借独特的地理位置，加上政策指引，形成了十大优势产业：新能源产业、新材料产业、盐湖化工产业、有色金属产业、油气化工、煤化工、装备制造业、钢铁产业、轻工纺织业及生物产业。在此基础上，青海省可着力发展优势产业，借助优势产业发展平台创建民族品牌，将文化理念与产业发展有效结合，形成独特的民族品牌。

（五）建设创新平台，鼓励自主创新

提高自主创新能力，是保持经济长期平稳较快发展的重要支撑，是提高我国经济的国际竞争力和抗风险能力的重要支撑。提高自主创新能力、建设创新型国家，可以通过建设创新平台鼓励企业自主创新。青海省在跟随科研技术发展的同时，要抓住时机，借助协同创新平台的搭建，为青海省自主创新提供强大的"引擎"。科技创新平台是以提升区域创新能力为目标，以产学研等创新主体为依托，汇聚人才、资金、信息等多类创新要素，提供系列科技服务的设施平台。推动科技创新平台发展，不仅是顺应科技发展潮流、提高创新绩效、带动产业升级的现实需要，而且对于提升区域创新能力、实现高质量发展具有重要意义。

参考文献

王蕾、曹希敬：《熊彼特之创新理论的发展演变》，《科技和产业》2012年第6期，第84~88页。

高霞：《规模以上工业企业技术创新效率的行业分析》，《软科学》2013年第11期，第58~61页。

徐光瑞：《我国工业技术创新能力省际比较分析》，《工业技术创新》2014年第5期。

刘秀丽等：《基于因子分析法的山西省区域经济发展水平评价》，《西北师范大学学报》（自然科学版）2018年第2期，第102~107页。

B.7
新时代构建青海省开放型
经济发展新格局的思考和建议

张继洪 孙庆中 穆 林 李 祥*

摘 要: 随着改革开放力度的不断加大,青海经济社会发展质量与国家同步提升,人民生活水平和幸福指数得到了极大提高。进入新时代,伴随着社会主要矛盾的转化,青海在扩大对外开放过程中协同机制不够健全、外贸结构不够合理、企业竞争优势不够突出、贸易便利化流程不够顺畅、市场营商环境不够优化等问题依然比较突出。为全面融入国家改革开放的大格局、大战略,青海必须审时度势、抢抓机遇,在壮大特色产业优势、拓展服务平台优势、提升产品竞争优势、完善体制机制优势等方面研究制定切实管用的真招实策,努力开创新时代青海省开放型经济发展新格局。

关键词: 新时代 青海省 开放型经济

党的十八大以来,以习近平同志为核心的党中央准确把握和平、发展、合作、共赢的时代潮流和国际大势,从中国特色社会主义事业"五位一体"

---

* 张继洪,青海省商务厅机电和科技产业处处长,研究方向为商务领域经济发展问题;孙庆中,青海省商务厅机电和科技产业处副处长,研究方向为开放型经济建设;穆林,青海省商务厅机电和科技产业处副调研员,研究方向为"一带一路"有关问题研究;李祥,青海省商务厅机电和科技产业处主任科员,研究方向为商务领域经济发展问题。

总布局的战略高度，从实现两个百年目标和中华民族伟大复兴的历史维度，推进对外开放理论和实践创新，确立开放发展新理念，做出了共建"一带一路"、构建开放型经济新体制、培育国际经济合作竞争新优势、加快实施自由贸易区战略等一系列重大战略部署，持续加快我国开放型经济强国的建设步伐。结合特殊的省情实际，进入新时代我们要继续以改革开放为统领，以深化"一带一路"建设为抓手，坚持内外需协调、进出口平衡，引进来和走出去并重、引资和引技引智并举，发展更高质量、更高层次的开放型经济，探索走出一条具有青海特色的开放型经济发展路子。

一 坚持用新思想指导青海开放型经济发展

习近平总书记指出："中国将在更大范围、更宽领域、更深层次上提高开放型经济水平。"这一重要论述是新时代青海加快建设开放型经济步伐的根本遵循，我们必须深入研究、把握实质，坚定不移地坚持以习近平新时代中国特色社会主义思想为指导，按照党的十九大和省第十三次党代会做出的决策部署，围绕"一优两高"发展要求，立足自身发展实际，找准"从研究地方发展战略向融入国家战略转变"的对接点，以推进"一带一路"建设为支点，抓住长江经济带、区域协调发展、西部大开发、兰西城市群、乡村振兴、对口援青、东西部扶贫协作等战略机遇，从打基础补短板入手，谋划新思路新举措，坚持抓重点带全面，力求大协同聚合力，着力构建青海开放型经济发展新格局。

（一）在提升政治站位上明确立足点

党的创新理论引领国家战略转变，特别是"一带一路"倡议的提出是国家对接世界多边主义发展趋势的重大战略举措，是今后一段时期促进开放型经济的重中之重。积极参与和推进"一带一路"建设，不仅是青海经济社会全面发展的重大历史机遇，而且也是青海服务国家发展大局、服务国家战略实现的历史使命。青海作为内陆大省，必须要从全局和战略的高度，以责无旁贷的责任感和时不我待的使命感，积极研究国家战略布局的发展变化，准确把握自身定位，发挥潜力优势，积极担当作为，在全面提升综合实力中主动融入国家内外联动、陆海统筹、东西互济的全方位开放新格局之中，让"一带一路"建设成为推动全省经济发展新的增长极，让青海成为"一带一路"建设向西开放的主阵地，使青海从以往对外开放的边陲末梢跨入全面开放的前沿地带和重要区域。

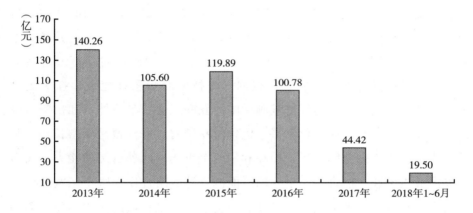

图1　青海省 2013 年至 2018 年 6 月进出口总值

注：2017 年调整为自营商品进出口总值。

（二）在坚持精准施策上把握结合点

党的十九大报告做出了"推动形成全面开放新格局"的规划布局，提出了"发展更高层次的开放型经济"的奋斗目标。青海地处内陆，开放的水平较低、范围较窄、质量较差，要想实现更高层次的对外开放，必须找准国家大政方针、部署要求、政策举措与青海自身优势的契合点，通过以点连线、以线画面的方式，精准设计省级层面对外开放的思路举措，提升地方配套政策的可操作水平，细化分解符合省情实际的方案计划，切实把政策用好用足用精准，真正实现项目、资金、效果的有机统一。要积极查找内在发展动力，坚持把政策创新和体制机制创新有机融合，借助国家持续深入的改革开放红利，加快基础设施互联互通，大力拓展产业投资和产能合作，推动经贸带动下的更多领域对外交流，培育开放、包容、诚信、便利的开放环境，为推进"一带一路"建设注入新的动力，为推动全省开放型经济发展挖掘新的动能。

（三）在紧盯弱项短板上突出关键点

经济发展新常态下，党的十九大报告从统筹国内国际两个大局的高度，提出了一系列极其重要的战略部署，深刻体现了习近平新时代中国特色社会主义思想和扩大对外开放基本方略。青海要始终坚持共商共建共享的开放原则，深入开展同"一带一路"沿线国家的联系对接，增进战略互信，谋求广泛合作，共创发展机遇。坚持紧盯短板抓建设，抓关键节点、联关键通道，进一步促进基础设施的互联互通。坚持外贸和投资有机结合，提升经贸合作便利化水平，优化贸易结构，培育贸易新增长点。坚持引进来与走出去共同发展，提高利用两个市场、两种资源的能力，大力拓展产业投资和产能合作，融入国际能源资源战略合作。坚持拓宽对外开放的空间和领域，推动教育、科技、社会事业等多领域的交流，建立多层次的人文合作机制。坚持生态文明理念，加强生态环境合作，共建绿色丝绸之路。

（四）在注重整体推进上找准合力点

扎实推进"一带一路"建设，既是青海服务全国大局的根本要求，更是青海坚持生态立省、扩大对外开放的主要抓手。因此，要以强烈的大局意识、机遇意识和责任意识，凝聚全省上下大开放、促发展的整体合力。进一步加大省级层面的顶层设计，全力担负起统筹谋划、承上启下和推进落实的责任，及时协调处理重大事项，形成责权清晰、科学运转、服务高效的工作机制。政府部门需要进一步积极沟通协调，改变工作作风，提升服务效能，加强与兄弟省区市的互动交流，共同商讨解决参与"一带一路"建设中遇到的重大问题，积极研究探索各个领域开放发展的举措路径。

二　坚持用新视角衡量青海开放型经济发展的主要成效

党的十八大以来，青海紧紧抓住实现经济高质量发展的重大历史机遇，始终把开放型经济发展作为促进经济持续健康发展的重要举措来抓，初步形成全方位、多层次、宽领域的开放型经济发展局面。

（一）开放的通道网络日趋完善

公路、铁路、航空立体交通网络正在逐步完善，全省实现高速公路市州全覆盖，青海迈入高铁时代，"一主六辅"民用机场格局形成。中欧班列填补青藏地区历史空白，陆续开通 8 条国际新航线，为青海加快融入"一带一路"建设开辟了新通道。西成铁路先导工程已经开工，格库、格敦铁路加速建设，县域大电网实现全覆盖，新能源大数据中心、高原云计算大数据中心先后建成使用，电商与物流快速协同发展，逐步完备的交通网、信息网、物流网为青海开放型经济发展奠定了坚实基础。

（二）开放的产业基础加速形成

农牧业发展动能不断增强，生产方式不断优化，产品品牌影响力持续增强，人们对绿色农牧业的发展认识不断深化。工业在应对经济下行压力中稳步提升，传统产业发展转型加快，战略性新兴产业发展迅速，服务业发展蓬勃健康，内外贸易跨上新台阶，电子商务等新模式、新业态迅速兴起。"四个千亿元"产业、两个"千万千瓦级"可再生能源基地、"八大绿色产业技术体系"初具规模，循环工业增加值占比达 60%，特色优势产业拉动区域经济发展、支撑开放型经济发展的内生动力不断增强。

（三）开放的发展动能加快转换

经贸先行的引领带动作用进一步增强，推进千万美元潜力企业和自主出口品牌"双育"计划，对外贸易持续优化，全省传统高耗能产品占主导地位的出口格局发生改变，新能源产品、特色农畜产品、文化产品等一批新领域特色商品出口实现零突破，全省自营进出口总额实现平稳增长，加工贸易发展有了新的起色。吸引外资领域不断拓宽，投资行业结构不断优化，新能源、新技术产业及金融期货、融资租赁等高端服务业外资占比有了较大提高。对外经济合作不断深入，企业"走出去"能力不断提升。2010年至2018年6月，新备案境外投资项目71个，中方协议投资额为187070.29万美元，主要涉及石材加工、酒类加工及销售、农作物种植、特色产品销售等领域（见图2至图4）。

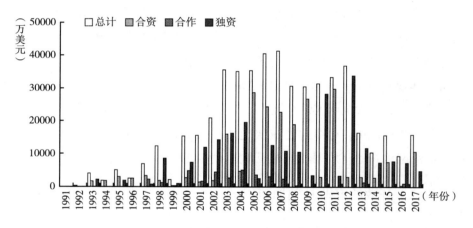

图2　1991～2017年外资企业合同利用外资

（四）开放的平台载体不断拓展

曹家堡保税物流中心封关运行，西宁国际航空口岸投入运营，加快对外贸易"单一窗口"建设，关检合作"三个一"模式初步建立，外向型综合服务功能进一步增强。相继建成12个综合性进出口商品贸易平台、14个国际营销网络和7个外贸转型升级示范基地，国际经贸网络平台持续延伸。青洽会、藏毯展、环湖赛等大型经贸文体活动品牌效应凸显，"走出去"成功举办越南、白俄罗斯、意大利、哈萨克斯坦"青海特色商品展"，青海省与"一带一路"国家间的文化、教育、旅游等人文交流活动日益频繁。2011年至 2018 年 6 月，青海对外承包工程完成营业额约 14.94 亿美元，工程主要分布于安哥拉、埃塞俄比亚、玻利维亚和塔吉克斯坦等国，项目涉及高速公路、房建、市政、输变电工程、地质勘探等领域。

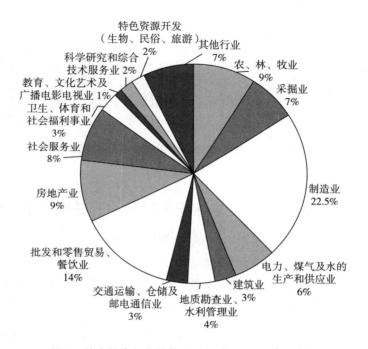

图 3　外商投资行业结构（1985 年至 2018 年 4 月）

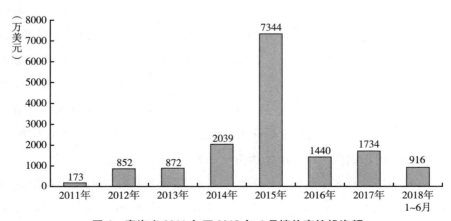

图 4　青海省 2011 年至 2018 年 6 月境外直接投资额

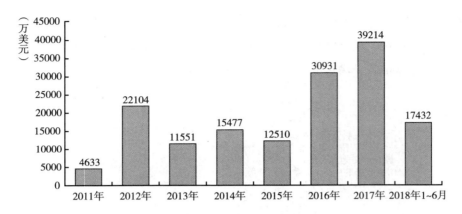

图5 青海省2011年至2018年6月对外承包工程完成营业额

三 坚持用新要求客观分析青海开放型经济发展的困难差距

面对复杂严峻的国内外经济发展形势和自身发展问题叠加的双重制约，青海开放型经济整体发展水平仍相对滞后。

一是外贸结构不尽合理。对比分析，全省对外贸易总量小、主体少、品种单一、竞争力弱是目前客观的发展现状。2018年1~6月，全国实现进出口总值141156亿元，而青海实现进出口总值19.5亿元，占全国总量的0.14‰，与周边省区相比，青海是宁夏总量的15.8%，是甘肃总量的9.8%（见图6）。全省外贸依存度低，以2017年数据测算，全国的外贸依存度为30%，青海外贸依存度仅为1.7%，同为西北内陆省区的宁夏外贸依存度达到19%。全省进出口贸易以一般贸易为主，加工贸易进出口总额占全省总量的不到1%，服务贸易在青海正处于起步培育期。进出口产品品种单一、竞争力弱、附加值低、国际市场所占份额少。

二是利用外资水平偏低。青海吸引外商投资起步晚、国际贸易总量小，国际投融资需求少，利用外资在2003~2012年为历史最好时期，2013年起至2017年急剧下滑，同时总量趋于平稳，但总体上规模小、领域少、层次

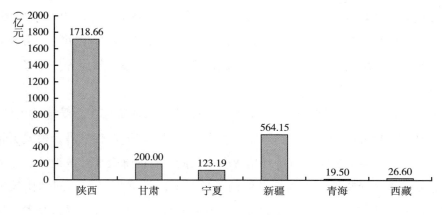

图6 2018年1~6月进出口总值

低的现状未实现质的突破，外商投资大多为中小投资者，出口型、高科技项目少，国家支持的项目投资、长线投资、战略投资所占比重很小。2017年全国实际利用外资总量8775.6亿元，而青海仅为0.4亿元，排名全国末位，与周边省区相比差距巨大，总量仅分别为甘肃的19%、西藏的6%、新疆的3%、宁夏的2%。

三是外向型企业缺乏实力。全省贸易主体以民营企业占主导，国有企业数量少、出口总量占比低。截至2017年底，全省有进出口业绩的企业143家，国有企业进出口总额占全省进出口总额的比重不到30%。投资合作企业顾虑风险，满足于国内市场竞争，境外投资积极性不高，以中国水利水电第四工程局为代表的国有企业和以海东"拉面经济"为代表的项目品牌，为青海对外投资合作做出积极贡献，但目前全省"走出去"的国企仅4家，辐射带动规模型、实力型民营企业的作用不明显。2017年全省累计核准备案的外商投资企业620家，但实际正常运营企业仅113家。全省外向型企业整体实力不强，大型跨国公司、国内外知名企业入驻还未实现零的突破。

四是综合性配套功能亟待完善。口岸综合服务体系还不健全，全省只有一个航空口岸，陆路口岸建设还处于起步阶段，综合保税区建设滞后，缺乏开展跨境电商等新型贸易模式的大型服务平台。以城市为节点的开放格局因区域条件而发展受限，西宁、海东、海西等地区在产业基础、区位条件、生

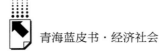

态环境等方面具有一定优势，但与兰州、银川、乌鲁木齐等周边城市相比，综合支撑保障仍有明显差距。全省经济技术开发区在产业规模布局、引资引技水平、创新驱动能力、带动区域开放型经济发展的集聚效应等综合实力方面有待增强。

五是区域发展不够平衡。局部制约整体的问题现实存在，受地域条件、人口基数、地方产业等因素的限制，省内民族地区以开放促发展，模式更新相对迟滞；受生态保护、资源环境等政策限制，省内部分非开放地区、重点生态保护地区面临抓保护与抓发展的矛盾，地区发展不平衡的问题比较突出。目前，西宁仍处于全省开放型经济发展核心地位，对外贸易占全省总量保持在70%以上，海东市、海西州依托自身区位和资源优势保持稳步发展，海南州、黄南州取得一定突破，海北州、果洛州、玉树州发展仍然相对滞后。

六是专业人才队伍匮乏。开放型经济建设涉及范围广、政策要求严、专业标准高，虽然近年来青海在人才吸引方面制定了很多优惠政策，做出了积极努力，也收到了部分成效，但整体上受地域环境、教育资源、发展空间、物质待遇、生活习惯等因素影响，懂技术、懂管理、懂经贸、懂外语的复合型人才请不来、留不住、育不出的问题依然比较突出。

四 坚持用新思路审视青海开放型经济发展的潜力优势

青海地处高原、地广人稀，产业结构单一，发展条件先天不足，要想加快开放型经济建设，必须把握新政策、善用新思路、拓宽新视野、抢抓新机遇，切实从劣势中寻找优势，在差距中激发动力。

（一）区位优势日益彰显

青海作为西部内陆省份，既不沿边也不靠海，然而随着"一带一路"倡议被更多的国家和地区接受并响应，青海作为连接陆上、海上丝绸之路的节点省份，具有连南接北、承东启西的重要战略地位。随着全省基础建设持续提速，立体化交通网络日趋完善，开放的路径空间逐步扩展，青海在国家"一带一路"建设中的通道地位和区位优势越发凸显。只要我们发挥好区位优势，积极参与"三大经济走廊"建设，加快融入中新互联互通项目南向通道建设机制，就能推动形成面向中亚、西亚、南亚和东南亚国家的战略通道、物流枢纽、重要产业和人文交流基地，开创开放型经济发展新格局。

（二）综合实力显著提升

党的十八大以来，青海地区生产总值跨上第二个千亿元台阶，经济年均增长8.7%，固定资产投资年均增长17.6%，社会消费品零售总额年均增长11.8%，全省地方公共预算收入年均增长5.7%，经济始终保持稳中求进的发展势头，综合实力明显提升。只要我们把开放型经济发展与国家战略发展的需求有机结合起来，培育做强新能源、新材料、装备制造、节能环保、生物医药、现代纺织、高原特色农牧业等一批支撑对外经贸合作发展的产业集群，培育打造经济技术开发区等外向型经济发展新增长极，培育增强市场主体"走出去"的魄力和实力，就能在开放型经济发展方面取得新的突破。

（三）营商环境持续优化

随着青海供给侧结构性改革持续推进，放管服、财税金融、投融资等各项重大改革持续深化，准入前国民待遇加负面清单管理制度、外商投资项目核准制和备案管理制度、境外投资企业备案管理制度和"多证合一""先建后验""宽进严管"等重点改革措施有效落地，全省对外开放领域进一步扩大，准入限制进一步放宽，发展动力和活力不断迸发。只要进一步加大改革措施和相关政策的落地力度，认真推广复制上海等省市自贸区建设经验，加快培育贸易新技术新业态新模式，积极推进多种开放平台建设，营造更加便利的开放型营商环境，就能更好地激发市场主体发展活力，推动青海企业"走出去""引进来"，在提升产业对外发展水平、扩容对外贸易、提升利用外资质量、推进国际产能合作等方面取得新的佳绩。

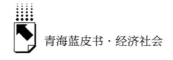

（四）宏观经济整体向好

当前，世界经济持续复苏，国际市场需求总体继续增长，中国坚持对外开放基本国策，奉行互利共赢的开放原则，中国经济已由高速增长阶段转向高质量发展阶段，持续向好的态势不断巩固，随着供给侧结构性改革深入推进，中国对外开放的内生动力将不断释放。虽然青海经济发展相对滞后，在发展开放型经济方面面临诸多困难和挑战，存在先天不足的短板，但只要我们利用好宏观经济环境趋好的外部条件，发挥自身优势，找准自身定位，积极寻找与"一带一路"沿线国家合作的契合点，加强国家区域发展战略对接，就能在利用"两个市场""两种资源"、积极参与国内外市场竞争中培育新优势、发掘新动能。

五　坚持用新使命奋力开创青海开放型经济发展新局面

进入新时代，面对推动开放型经济发展的新形势、新情况和新任务，青海必须从实际出发，牢牢把握新机遇，积极培育新动能，努力构建新优势，以"一优两高"部署要求为目标，在做强产业、做大平台、做优企业、做实项目等方面精准施策、持续用力。

（一）壮大一批具有青海特色优势的重要产业

壮大特色优势产业是构建开放型经济发展新格局的重要基础，必须持之以恒、夯实基础、使长劲。

1. 积极发展现代生态农牧业

统筹省内各地区的优势资源和综合条件，围绕高原特色生态有机品牌，大力发展藏羊、牦牛、枸杞、沙棘、汉藏药材、藜麦、果蔬花卉、饲草饲料等特色优势产业，重点打造畜禽养殖、粮油种植、水果蔬菜、枸杞沙棘"四个百亿元"产业，农畜产品加工转化率达到60%以上。

2. 大力推进特色优势工业走深走实

推进盐湖化工等传统产业加快转型改造，以资源精深加工和智能制造为方向，支持重点企业全面提高产品技术、工艺装备、能效环保等水平，实现传统产业向高端化、高质化、高新化发展。发展壮大高技术、附加值更高的战略性新兴产业，以抢占特色新兴产业发展制高点为目标，着力构建在全国具有重要影响力的锂电、光伏光热、新材料产业集群，使新兴产业逐步成为推动青海省工业产业提质增效的重要引擎。

3. 加快发展现代服务业

加快发展旅游、金融、现代物流、电子商务等现代服务业，主动对接各地区产业发展优势，全力推动生产性服务业向更高端延展、生活性服务业向品质化延展，提高服务业在全省经济发展中的比重和贡献率。

4. 赋予藏毯产业新的发展活力

藏毯产业是青海特色产业，近年来面临生产规模下降、对外出口减少、重点企业发展举步维艰的问题。要研究制定促进藏毯产业发展的有效措施，积极推动藏毯产业转型升级。支持重点企业开展市场开拓、工艺改造、技术革新，提高机织藏毯工艺水平；支持手工藏毯生产基地、乡村车间、农户织房建设发展，扩大手工藏毯生产规模。

（二）打造一批具有引领支撑功能的开放平台

打造开放平台是构建开放型经济发展新格局的重要支撑，必须在多措并举、完善体系上下真功。

1. 积极推进海关特殊监管区建设

认真推广复制上海等省市自贸区建设经验，积极推进西宁综合保税区、曹家堡保税物流中心（B型）等海关特殊监管区建设。利用西宁、格尔木、德令哈等城市的经济地理和区位优势，加快推进青海国际陆港建设。加大对综合保税区、保税物流中心和国际陆港建设的支持力度。

2. 支持跨境电商服务综合平台建设

引导具备条件的地区自主发展跨境电商，支持跨境电商融合发展，建设

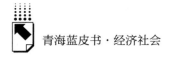
跨境电商集聚园区，吸引更多跨境电商企业入驻园区。支持开展跨境电商综合试验区建设，协调海关、国税、外汇等部门整体为跨境电商服务。

3. 加强对外贸易平台建设

大力建设培育国家级以及省级外贸转型升级专业型示范基地，积极在境外建立国际营销网络，推动外贸综合服务平台和各园区外贸综合服务平台建设。加强口岸信息化建设和关检合作"三个一"模式，对外贸企业吊装、移位、仓储费用给予相应支持。

4. 支持发展国际物流平台

支持中欧班列做强做大，提高中欧班列常态化运营规模效益；结合中新互联互通项目南向通道建设，鼓励市州积极发展铁海联运，支持国际航空货运发展，鼓励具备条件的市州开行国际货运航线。

5. 做大做强会展平台

有效发挥重点展会示范效应，对带动效应好、行业影响大、产业特色鲜明、区域特点显著的青洽会、藏毯展等重点展会进行鼓励和支持，切实提升展会专业化、国际化、品牌化和信息化水平，支持和引导重点展会发展壮大。积极促进展会市场化发展，支持有实力的会展企业通过收购、兼并、联合、参股、投资控股等形式组建或新建大型会展企业集团，打造会展龙头企业；鼓励国内国际著名会展企业在青海设立分支机构、合作机构。

（三）培育一批具有市场竞争优势的骨干企业

培育骨干企业是构建开放型经济发展新格局的重要抓手，必须在做大做强、做优做久上见成效。

1. 加快推进"双育计划"

充分发挥各园区产业聚集优势，依托新能源、新材料、盐湖化工、煤化工、有色金属、油气化工、装备制造、钢铁产业、轻工纺织、生物产业等特色优势产业，积极引导重点企业开拓国际市场，深入挖掘重点企业进出口潜力，不断扩大进出口市场主体规模。力争到2020年末，青海年进出口额超千万美元企业数量达到20家；打造多个具有国际知名度的行业性国际品牌，培育更多外贸企业获得中国驰名商标和青海省著名商标，推动更多企业获得国际有机认证或行业内认证。

2. 加快企业跨国经营培育

围绕青海传统优势和具有发展潜力的企业，发挥重点企业率先"走出去"的优势，支持有实力的企业参与中亚、西亚等油气资源开发，支持扩大与"一带一路"国家在矿产资源等方面的合作开发，建立一批境外矿产资源供应基地。加强与农牧业和现代中医药产业的深度合作，实现省内境外融合发展。

3. 促进发展服务贸易企业

支持商贸、运输、建筑等传统服务贸易企业出口，积极推动教育、旅游、中医药、广播影视等资本密集型、技术和知识密集型现代服务业发展，培育一批具有较强竞争力的中小型现代服务贸易企业。

（四）建成一批具有影响带动作用的重大项目

建设重大项目是构建开放型经济发展新格局的重要动力，必须在招大引强、注重合作上谋突破。

1. 积极扩大产业项目招引

深入开展市场研究和产业对接，充分发挥青洽会、藏毯展和国内外各类展会展示推介作用，不断扩大青海的"朋友圈"，支持省内地区开展大型企业招商工作，引进更多的高端、高附加值项目落地青海。

2. 推进实施一批"走出去"重点项目

发挥青海传统产业的发展优势，对接"一带一路"沿线国家基础设施建设和市场消费需求，支持实施一批电力、水泥、纺织、光伏、钢铁、冶金、有色金属、盐湖化工等产业投资项目，在条件成熟的地区建立境外生产加工基地。积极承揽附加值较高、影响力较大的交通、能源、新材料等基础设施项目。

3. 积极推进境外园区建设

以"一带一路"沿线国家和地区为重点，推动青海企业与国内外企业共同布局境外园区建设或入驻已建成的园区，实现境内外联动发展。支持省内企业集群出海，协调国家部委支持青海企业对外投资和对外承包工程。

（五）完善若干促进开放型经济发展的政策措施

创新政策措施是构建开放型经济发展新格局的关键抓手，必须在环环相扣、同频共振上求创新。

1. 大力推进简政放权与职能转变

进一步取消和调整下放各类行政审批事项，努力做好"最初一公里"和"最后一公里"中政府应履行的服务监管职能。

2. 深化投资和贸易体制改革

以构建"走出去"与"引进来"新体制为重点，深化"放管服"改革，大力推进"多证合一"、"证照分离"、投资项目综合审批等改革，强化事中事后监管，完善配套法规政策，为企业办理注册登记、行政许可事项、项目审批等提供全程服务，健全企业参与"两个市场"竞争的制度安排，推动青海开放型经济不断向纵深发展。

3. 构建招商引资协商机制

对落地青海的重大国内外投资项目采取"一事一议"方式给予重点研究扶持。支持各地区引进更多的新兴产业、新型业态和高新技术项目。

4. 完善应对国际贸易摩擦机制

针对当前国际贸易保护主义抬头的新形势，特别是中美贸易摩擦不断加剧的现状，聚焦制约青海外贸发展的突出问题，加强分析研判，制定应急预案，健全贸易摩擦应对机制，加强对重点企业的风险预警和政策支持，提升企业应对贸易风险和挑战的能力。

（六）健全若干促进开放型经济发展的政策措施

健全政策措施是构建开放型经济发展新格局的重要保障，必须在多点发力、落实责任上出实招。

1. 强化金融支撑

发挥政府协调作用，通过政府的项目补助资金撬动更多的银行贷款给予企业支持。对"走出去"企业设立风险担保补偿金，降低企业"走出去"风险，打消企业"走出去"顾虑。

2. 优化财政保障

以绩效为导向，加强政府财政保障的精准度，对有实力、有信誉、有意愿的企业采取"一帮一"的财政措施，加大资金支持力度，拓展资金支持范围。鼓励青海各地区改善营商环境，通过知名媒体加大对外宣传，提振地区产业发展信心。

3. 注重人才培育

加快改善地区人居生活环境，打破人才引进、培育和保留的制度壁垒，提高生活待遇，加快引进专业人才，在项目选择和资金支持上给予更多自由空间。同时，加大本省人员对外交流培训力度，把发展的眼光放得更长一些，对想干事、能干事人员要创造更多的学习培训机会，增长见识、增长才干。

B.8
2018年青海产业扶贫形势分析
与政策建议

邵春益　邵林山*

摘　要： 2018 年，青海省紧紧抓住青海藏区纳入国家"三区三州"深度贫困地区范围的契机，实施打赢脱贫攻坚战三年行动计划，创新产业发展模式，推动扶贫开发由"输血型"向"造血型"转变，贫困地区产业有了较快的发展，产业扶贫助推攻坚脱贫取得显著成效。本文在大量调查的基础上，全面总结了青海省产业扶贫的做法与特点，提炼、概括了九种可复制、可推广的产业扶贫模式，分析了存在的突出问题，提出了六条政策建议。

关键词： 青海省　产业扶贫　脱贫攻坚

　　产业扶贫是新阶段开发式扶贫的主要途径，也是脱贫攻坚的基础。作为扶贫攻坚的重头戏，产业扶贫涉及对象广，涵盖面大，不仅要解决青海省 40 万人（贫困人口的 70% 以上）的脱贫问题，而且易地搬迁脱贫、生态保护脱贫等其他脱贫措施都离不开产业扶贫这个支撑。2018 年，青海省紧紧抓住青海藏区纳入国家"三区三州"深度贫困地区范围的契机，全面贯彻

---

* 邵春益，青海省社会科学院生态环境研究中心特聘研究员，原青海省农牧厅处长，研究方向为"三农"问题与区域经济；邵林山，青海荒原农牧乡村振兴研究中心执行董事，研究方向为乡村振兴战略规划与实施。

落实习近平总书记新时代扶贫开发战略思想和党中央、国务院脱贫攻坚决策部署，实施打赢脱贫攻坚战三年行动计划，把产业扶贫作为脱贫攻坚的重中之重、关键举措和根本之策，持续加压、高位推动，精准发力，创新产业发展模式。

推动扶贫开发由"输血型"向"造血型"转变，贫困地区产业有了较快的发展，产业扶贫助推攻坚脱贫取得显著成效。有望顺利实现12个贫困县摘帽、500个贫困村退出、15万贫困人口脱贫的目标，其中11万人通过发展扶贫产业稳定脱贫。

一　青海产业扶贫的主要做法与特点

青海坚持把产业扶贫精准脱贫作为帮助贫困群众建立"造血"机能、稳定增收长效机制的关键举措，注重产业扶贫的顶层设计，强化组织领导、健全工作机制，调动各方力量，坚持多方联动、协同作战，着力增强产业扶贫强大合力。

一是坚持强化组织领导，形成工作合力。青海省始终把脱贫攻坚作为输不起的"政治仗""民心仗"，按照"关键之年""作风之年"要求，专题研究、专项部署，始终保持了高位推进、狠抓落实的强劲态势。结合全省"百日攻坚""夏秋季攻势"活动，狠抓年度各类扶贫项目实施。组织开展"奔着问题去、奔着困难去、奔着落实去、奔着服务去"大抓落实活动，对照脱贫攻坚问题清单，攻重点、补短板、强弱项，树立了抓落实促攻坚的鲜明导向。各地党委政府更加突出产业在脱贫攻坚的统揽作用，分级分部门建立工作清单、压实工作责任、强化督查问效，从严从细从实推进工作。省农牧、教育、民政、财政、人社、国土、交通、水利、林业、卫生以及人行西宁中心支行等部门定期召开专题会议研究推进脱贫攻坚，多方联动、集中发力，全力补齐脱贫攻坚"短板"。

二是坚持规划先行，选准扶贫产业。认真贯彻全国打赢脱贫攻坚战三年行动电视电话会议精神，结合全省实际研究制定《关于打赢脱贫攻坚战三年行动计划的实施意见》，细化明确了2018～2020年的脱贫目标和攻坚举措。针对贫困县退出评估权限下放到省的实际，制定印发《青海省贫困县退出专项评估检查暂行办法》，做到了着手早、标准严、程序实、管长远。立足全省贫困地区资源优势、资源禀赋、比较优势、产业发展基础和农牧民发展意愿，全力推动牦牛、青稞、光伏、乡村旅游、民族手工业"五大特色扶贫产业"，先后举办"第六届国际牦牛大会暨第一届青海牦牛产业大会""2018中国·青海青稞产业发展推进行动启动会"，将牦牛、青稞等优势传统产业做大做强。争取年度国家光伏扶贫指标471.6兆瓦，实现全省1622个贫困村全覆盖，项目建成后预计每村每年收益30万元左右，主要用于村集体经济发展和村内公益性岗位报酬。

三是坚持政策支持，增强扶贫产业发展活力。全年累计投入各类扶贫资金114亿元，同比增幅8.6%。其中，中央财政专项扶贫资金34.28亿元，省级专项扶贫资金14.52亿元，同比分别增长35.2%和38.3%；金融扶贫贷款34.3亿元。累计整合财政涉农资金157.6亿元，完成年度计划的113%。将新增财政扶贫资金的70%统筹用于深度贫困地区脱贫攻坚，各行业惠民项目向深度贫困地区倾斜，对口支援和东西部扶贫协作资金的80%用于深度贫困地区基础设施、公共服务项目建设和产业就业扶贫。2018年，已安排深度贫困地区中央和省级财政专项扶贫资金20.2亿元，同比增幅54%，落实行业部门投资36.65亿元，同比增幅73.7%。北京、上海、天津、江苏、浙江、山东等6个援青省市在原定2018～2020年计划投入对口援建资金53.95亿元的基础上，新增对口援青资金11.6亿元，帮扶支持力度前所未有。

四是坚持生态保护优先，探索生态脱贫之路。以生态保护优先理念引领脱贫攻坚，大力开发贫困人口草原、林地、湿地等生态公益性管护岗位，大力发展绿色产业，实现生态保护、扶贫开发、改善民生多赢。按照"东部沙棘、西部枸杞、南部藏茶、河湟杂果"的产业发展战略，加快产业发展，带动增收。

五是坚持加强基础设施建设，补齐产业发展短板。统筹推进片区"四好农村路"建设，全面提升贫困地区农村公路的建、管、养、运水平。截至 2018 年底，贫困村道路通畅率达到 100%。投入 5.18 亿元，实施 47.2 万农牧民群众安全饮水提升工程，7 万贫困群众从中受益。扎实做好中心村电网改造、贫困村电网改造、村村通动力电、易地搬迁供电配套等扶贫项目，乡镇大电网覆盖率达到 95% 以上，农网供电可靠性稳定在 99% 以上。以国家电信普遍服务试点项目建设为契机，加快推进贫困地区光纤网络村村通工程，年底前贫困村有线覆盖率达到 98%，无线覆盖率达到 90%。扎实推进广播电视户户通工程、西新工程等重点惠民工程，广播电视综合人口覆盖率达到 98.6%。贫困地区生产生活条件有了明显改善，发展后劲全面提升。

六是坚持动员全社会力量，有力推进脱贫攻坚。严格落实各级党政干部联点、定点扶贫、结对帮扶、"一联双帮三治"等工作机制，实行挂钩扶贫，省州县定点帮扶单位年度投入帮扶资金 1.8 亿元。559 家民营企业参与"双百"行动，为 731 个贫困村投入年度帮扶资金 3 亿元。积极推进"互联网＋社会扶贫"活动，全省"社会扶贫网"爱心人士注册用户已达 11.4 万人，贫困户注册达到 14.9 万户。扎实开展"10·17"扶贫日系列活动，多种形式凝聚社会帮扶力量，募集各类捐款捐物折价达 1.2 亿元。

七是坚持思想脱贫，激发农牧民内生脱贫动力。坚持扶贫与扶志扶智相结合，强化政策引导，加大典型宣传，改进帮扶方式，让"自主脱贫、我要脱贫"成为贫困群众的愿景向往和实际行动。2018 年，建立 3000 万元省级励志资金，在全省范围内开展脱贫光荣户评选推介活动，对 2016 年、2017 年 1243 户脱贫光荣户进行集中表彰，进一步树立扶勤不扶懒、扶干不扶看的鲜明导向。选取 13 县开展"精神脱贫"试点工作，重点围绕减轻群众宗教负担、解决禁宰惜售问题、破除陈规陋习、坚持扶志扶智相结合、着力推进健康扶贫等五个方面，助推打赢脱贫攻坚战。开展贫困群众短期实用技能培训 1.45 万人（次）、致富带头人培训 1000 人（次），70% 的受训人员找到了就业门路，稳定就业率达到 60% 以上。持续开展"青春创业"扶贫行动，累计发放贷款 3.04 亿元，扶持 1100 余名青年创业，带动 8000 余名贫困人口和青年人就业增收。

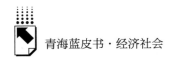
二　青海产业扶贫的九种模式

通过几年的实践探索，青海产业扶贫取得了明显成效，全省脱贫攻坚工作迈上新台阶。同时，各地大胆创新，推动扶贫产业集群发展，一些贫困县区打造形成了一大批辐射带动能力强、农牧民增收效果好的主导产业，探索出一些具有鲜明青海特色，可复制、可推广的产业扶贫新模式。

（一）生态畜牧业带动模式

青海是全国唯一的草地生态畜牧业试验区。近年来，青海稳步推进贫困地区生态畜牧业合作社股份制改造，推动草地畜牧业步入高质量发展的轨道。全省涌现出泽库拉格日、天峻梅陇、祁连达玉等一批以股份制改造为主、生产经营模式现代、发展动力强劲的生态畜牧业合作社，在全省产生了示范效应。如泽库县宁秀乡拉格日生态畜牧业专业合作社 2017 年创收 1236 万元，人均收入达 15110 元，比 2010 年人均收入增加 12598 元，人均收入年增加 1799 元，全村 174 户中 76 户贫困户全部脱贫，增收效果十分明显。

（二）产业园区带动模式

大力推进扶贫产业扶贫园区建设，吸引贫困村和贫困户融入产业规模种植养殖、统一加工和贮藏、集中运输和销售等全产业链条，扶贫带贫效益显现。经测算，39 个县区扶贫产业园直接带动 511 个村、4.84 万户、12.56 万人增加收入，通过资产收益方式带动贫困户人均增收在 900 元左右，务工人员工资收入每月在 2000 元以上。如刚察县投资近 2 亿元建成省级扶贫产业园，已入驻企业 12 家，目前实现辐射带动贫困户 1654 户、6008 人。

（三）集体经济带动模式

积极引导各地结合实际发展村集体经济产业，巩固提升贫困地区脱贫攻坚基础。投入 17.7 亿元，按贫困村 50 万元、非贫困村 40 万元标准安排村集体经济扶持发展资金，实现 4024 个有贫困人口的行政村全覆盖，帮助贫困村实现村级集体经济"破零"。2018 年全省已有 219 个非贫困村村集体经济初显效益，集体经济收益达 678.66 万元。如都兰县香日德镇永盛村利用村集体经济发展资金 40 万元，成立都兰民盛枸杞种植专业合作社，整合村级发展互助资金、浙江援助资金 50 万元，扩建烘干线、晾晒大棚，购置精选机、清洗设备等，进一步扩大村集体经济规模，目前村集体经济规模已达 224.3 万元，累计分红 11.5 万元，村人均可支配收入达到 11349 元，成效明显。

（四）生态产业带动模式

2018 年，新增生态贫困群众公益性管护岗位 3000 个，全省现有 4.98 万贫困群众从事生态公益性管护工作，落实年度工资 9.69 亿元。其中，最高工资 3.84 万元，最低达到 1 万元。大力发展林下经济，通过建设林菌、林禽、特种养殖、树莓等林下特种种植基地，在大通、湟源、湟中等县种植汉藏药材 20 万亩。据测算，全省林业产业总体带动就业人数 42.14 万，带动周边农户 16.32 万户，人均增收 6850 元。其中，涉及贫困户 2.15 万户 4.72 万人，人均增收 3296 元。

（五）乡村旅游带动模式

2018 年，在 53 个村实施乡村旅游扶贫项目，以湟中县上山庄村、卡阳村、大通边麻沟、平安袁家村等为代表的一批新型乡村旅游快速发展，全省乡村旅游扶贫项目实施村累计达到 208 个，12 万农牧民吃上了"旅游饭"，2 万多贫困人口通过旅游实现了脱贫。如，湟中县土门关乡上山庄村属于浅脑山地区，全村 98.67 公顷土地全部为旱地，土地产量低，抗风险能力差。全村有 152 户 592 人，主导产业为小麦种植和外出务工，2015 年人均年收入 4500 元，贫困人口 26 户 85 人。2016 年，村党支部引进青海祥泉农牧开发有限公司，投资 3600 万元开发了上山庄花海乡村生态旅游景区。2018 年游客达到 50 万人次，公司实现旅游收入 780 万元，村集体创收 36 万元，农民人均纯收入达到 12870 元，贫困户全部脱贫。

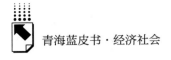

（六）劳务产业带动模式

海东市积极发展拉面经济，创出了一条由拉面产业促进"三农"发展的好路子。截至目前，海东市群众在全国270多个大中城市开办经营的拉面店已达到2.63万家，从业人员达16.9万人，拉面经济经营性收入超百亿元，纯利润40亿元左右，从业人员工资性收入41亿元左右。拉面产业从业人员主要集中在化隆、循化两县，拉面经济人均收入占到了农民人均纯收入的50%以上。全市已有1.28万户约7.26万名贫困人口通过拉面经济实现稳定脱贫，占全市近10年脱贫人口的37%。

（七）扶贫车间带动模式

大力发展民族用品、工艺品以及农畜产业加工等手工制造业，青海省建立扶贫车间298个，解决就业岗位6.8万个，其中建档立卡贫困户2.2万人，年人均增收1.5万元，最高达到6万元。如西宁市已建立以汉藏药材加工、农畜产品深加工、织锦生产、有机肥加工、仓储等为主的扶贫车间33个，带动1155人就业，其中吸纳贫困劳动力482人，占比41.7%，人均月收入达2300元以上。

（八）光伏产业带动模式

充分发挥青海得天独厚的太阳能资源和丰富的荒漠化土地资源优势，紧紧抓住国家光伏扶贫试点省份的机遇，深入实施光伏扶贫项目，通过资产收益带动贫困群众增收。2018年争取年度国家光伏扶贫指标471.6兆瓦，实现全省1622个贫困村全覆盖，项目建成后预计每村每年收益30万元左右，主要用于村集体经济发展和村内公益性岗位报酬。

（九）电子商务带动模式

2018年，青海11个贫困县（市、区）入选国家电子商务进农村示范县，全省示范县已累计达到29个。投入资金1.52亿元，建成县级电子商务服务中心 2 个、农村电子商务综合服务点 283 个，新建、改扩建公益性市场 10 个，完成各类电子商务人员培训 1038 人次。建立产供销一体的营销网络，帮助农牧民实现农产品上行，实现增收脱贫。通过电商进农村，目前已带动青海部分地区的 41 个贫困村 1250 余户贫困户，近 5000 名贫困人员通过发展特色养殖、种植、手工编织等产业，实现年人均增收 5175 元。

三 青海产业扶贫存在的困难和问题

青海省集西部地区、高原地区、民族地区、贫困地区于一体，气候环境恶劣、社会发育程度低、基础设施和公共服务"短板"多，贫困发生率高、贫困程度深，是国家集中连片特殊困难县和国家扶贫重点县全覆盖省份。推进产业扶贫面临着一些特殊困难和问题。

（一）自然条件严酷，产业结构单一

青海省贫困地区生存环境十分恶劣，干旱、冰雹、霜冻、雪灾等各种自然灾害频发，全省农牧业生产受自然环境和自然条件约束较大，产业结构单一，长期靠天养畜、靠天吃饭，自我发展能力十分有限，成为贫困人口难以实现脱贫的瓶颈。

（二）基础设施薄弱、装备水平滞后

青海省贫困地区现有的基础设施薄弱，设施农业、农田水利、交通道路、电力保障等设施难以满足产业发展需要。装备水平不高，农牧业机械化程度低，防灾减灾能力弱，贫困人口增收空间有限。

（三）龙头企业发展滞后，经营主体带动能力不强

据统计青海省主要农畜产品加工转化率只有 54.2%，远低于全国平均水平。已经认定省级以上龙头企业 61 家，省级以上扶贫龙头企业 88 家。龙

头企业规模较小，原材料消化能力有限，加工层次较低，市场占有率不大，价格优势不明显，新型经营主体与农牧民的利益联结机制还不够紧密，辐射带动能力不足，难以形成规模效应。

（四）科技推广能力弱，劳动力结构性短缺

基层科技推广人员不足，农牧民科技文化素质低，新品种、新技术得不到及时的推广运用。农村牧区青壮年劳动力大量外出，农村劳动力呈现老龄化、妇女化、低文化的趋势，与产业发展的要求不相适应。

（五）农牧业生产成本高，持续增收难度加大

青海省贫困地区大多地处山大沟深地区，交通不便、信息闭塞、耕地质量差、草地产出低，农牧业生产成本高，增值效益低。受农产品价格接近"天花板"和生产成本"地板"不断攀升的"双重挤压"，农牧业经济效益不断下降，导致贫困农牧民增收困难。

（六）资金投入不足，产业发展缺乏后劲

由于青海扶贫产业基础薄弱、产业覆盖率低、扶贫产业发展需求量大，加之大部分农牧业企业刚刚起步，龙头企业缺流动资金、缺销售流通渠道、缺贮藏设施设备等问题较为普遍。受信贷规模、信贷政策的影响，扶贫产业发展仍然存在贷款难的问题。

四　进一步做好产业扶贫的政策建议

2019 年是脱贫攻坚的冲刺之年。按照青海"四年集中攻坚，一年整体提升"的总体思路，2019 年全省计划实现 17 个贫困县摘帽、196 个贫困村退出、9.6 万贫困人口脱贫，力争年底实现全省贫困"清零"，为 2020 年做好查漏补缺和巩固提升工作打牢基础。为发挥好产业扶贫在促进贫困群众脱贫增收中的重要作用，确保农牧区贫困人口实现脱贫，我们提出如下建议。

一是着力推进扶贫产业的转型升级。大力调整优化农牧业产业区域布局和专业生产格局，促进粮经饲草统筹、农林牧渔结合、种养加服一体发展。加大生猪、肉牛、奶牛、肉羊等标准化规模养殖场建设，延长农牧业产业链条，拓宽农牧业增值空间，加快形成一二三产业互动型、融合型发展新模式。鼓励农牧民通过合作与联合的方式发展规模种养业、农产品加工业和流通服务业，推进原料生产、加工物流、市场营销等产业融合发展。加快实施以牦牛养殖加工、青稞种植加工、光伏项目带动、民族手工艺品、特色乡村旅游为重点的 5 大产业三年扶贫计划，组织省级农牧业龙头企业与贫困县合作，创建一批绿色食品、有机农畜产品原料标准化生产基地，加快制定符合青海特点的产业扶贫地方标准，提高扶贫质量和效益，引导发展长期稳定的脱贫产业项目。

二是着力完善带贫机制。加快培育壮大新型农牧业经营主体，通过自身发展壮大一批、嫁接引进一批、政府主导建设一批等方式，培育发展龙头企业，实现每个贫困县每个特色优势产业都组建 1 个以上带贫能力强、辐射面广的龙头企业。坚持产业培育与合作社建设相结合，对贫困村新建合作社进行扶持，实现每个贫困村有 1 个以上运行规范、带贫能力强的合作社并辐射带动本村建档立卡贫困户。以实现一二三产业融合发展为目标，加快推进县级扶贫产业园提档升级，力争通过 3 年努力，建成具有产业特色鲜明、要素高度聚集、生产方式绿色、经济效益显著、辐射带动力强、具备示范引领作用的县级现代农牧业扶贫产业园。健全完善新型经营主体与贫困户联动发展的利益联结机制，围绕让农牧民分享农畜产品加工、流通环节增值收益目标，鼓励发展订单农牧业。盘活农牧业资源，完善多种形式的股份合作制，推进投入农牧民合作社的财政性资金等生产要素折股量化，创新企业与农牧民合作社、农牧户的利益联结，推进"二次返利"，实现生产、加工、销售一体化，企业、合作社、农牧户利益共享、风险共担，有效分散农畜产品市场风险，实现贫困户与发展现代农牧业的有机衔接。

三是着力发展壮大村级集体经济。深入推进农牧区"三变"改革，增强村级集体经济发展后劲。规范和推动资产收益扶贫工作，确保完全丧失劳动能力的建档立卡贫困户获得稳定收益。通过多种发展模式，探索创新村级集体经济发展的方式方法和有效途径，全方位推进消除村集体经济"空壳村"工作。多渠道多途径加大对村级集体经济发展的投入力度，允许贫困村根据村级互助发展资金剩余资金作为风险补偿金撬动金融机构贷款，用于发展壮大村级集体经济，实现扶贫资金循环有效利用。充分发挥省级村集体经济发展基金作用，支持做大做强优势产业，提高村集体经济实力和活力；通过村企结对、定点扶贫等方式，引导企业和定点扶贫单位给予资金扶持、项目帮扶和产业带动，确保到2020年底前全部实现村集体经济收入"破零"。结合实施乡村振兴战略，进一步提升质量巩固成果。

四是着力推进农畜产品产销对接。构建多元化的营销渠道，持续增加贫困农牧民生产经营收入。加强农畜产品营销市场体系建设，深入推进公益性市场建设，办好各类农畜产品对接洽谈会，加大产品推介力度，有效组织省内农畜产品营销企业抱团占领省外大市场，推动批发市场、电商企业、大型超市等市场主体与贫困村建立长期稳定的产销关系，支持供销、邮政及各类企业把服务网点延伸到贫困村，持续推进贫困地区电子商务体系建设，实施好电子商务进农村综合示范项目，重点支持市（州）、县域电子商务公共服务中心和乡村电子商务服务站点的建设改造，拓展村级站点代收代缴、代买代卖、生活服务等功能，提高电子商务应用水平。健全完善县乡村三级物流配送体系，加快实施"快递下乡"工程，鼓励包括邮政、供销、商贸流通、第三方物流等企业在内的各类主体，通过竞争不断提升和优化农村牧区电子商务物流服务能力和水平。加强电商龙头企业和农畜产品品牌培育，对贫困县市场交易场所以及冷藏保鲜、冷链物流、卫生安全和服务等基础设施进行建设和改造，加快促进农畜产品上行。

五是着力推进扶贫特色产品走出青海走向世界。完善合作机制，突出引智引才，拓展农业援青工作新空间。推动贫困地区特色农畜产品进入东西部扶贫协作和对口援青省市市场。加强招商引资工作，大力发展会展经济，扩大藏毯、清真牛羊肉、汉藏药材、民族工艺品等特色产品出口。坚持企业为主，政府推动，市场化运作，实施农牧业"走出去"战略，鼓励和引导涉农企业深度融入"一带一路"建设，建设海外农产品加工储运基地，扩大农产品贸易规模。深化与国内外农牧业重点领域的合作交流，开辟农牧业资源利用和开发新渠道，提高对外合作能力和外资利用水平。

六是着力培养一批产业扶贫"领头羊"。采取多种形式加大实用技术培训力度，对贫困村干部和从事种植养殖生产的贫困户开展技术轮训，确保每个贫困户有1名科技明白人。深入推进"青春创业扶贫行动"，加大对毕业大学生、农民工、退伍军人和青年等人员返乡创业的支持力度，健全完善有关扶持政策，提高其带贫益贫能力。推进有条件的贫困县建立农民工创业园，加大创业担保贷款、创业服务力度，推动创业带动就业。

B.9
青海省农牧业与旅游业融合发展研究

甘晓莹*

摘　要： 休闲农牧业与旅游结合是农牧业发展的新业态、新模式，也是新动能、新前景，两者融合发展也已经成为农牧业产业结构调整的核心途径以及旅游业发展新的动力，并为农牧民增收提供了渠道。当前理论界对于二者融合发展的研究中，主要从理论研究和实证研究两个方面进行，理论研究主要解答了农牧业和旅游业融合的动因、机制及实现路径等。[①] 在实证研究中，学者通常都是选择有代表性的区域，研究该区域内的农牧业与旅游业的耦合发展或者协同发展。对于青海省农牧业和旅游业融合发展的相关性分析仍为空白，因此本文试图通过状态空间模型找出一些规律，为未来二者融合发展提出可持续的对策建议。

关键词： 农牧业　旅游业　融合发展

青海省耕地少、复种指数低，土地产出率低。为了顺应"三农三牧"发展形势和城乡居民的休闲消费需求，综合开发利用高原特色农牧业、农牧区景观、农牧业资源、农家生活、历史文化和民族风情，推进农牧业和旅游

---

* 甘晓莹，青海省社会科学院经济研究所助理研究员，研究方向为区域经济学。
① 王彬：《生态经济视角下农业与旅游产业融合发展的耦合机制》，《农业经济》2018 年第 3 期，第 60~61 页。

业融合发展，青海省农牧厅于 2018 年出台了《关于印发推进农牧业与旅游业融合发展实施方案的通知》，为农牧业和旅游业融合发展进一步提供政策依据。根据三产融合的要求，青海省推进农牧业和旅游业发展对优化产业结构和推动传统农牧业向多种经济形式转变有重要的现实意义，也是推动农牧民经济增收和留住乡愁的有效路径。

一　青海省农牧业和旅游业融合发展现状

随着《关于印发推进农牧业与旅游业融合发展实施方案的通知》《青海省"十三五"休闲农牧业发展规划》《青海省关于加快发展休闲与乡村旅游的意见》等扶持政策的陆续出台，青海省农牧业与旅游业融合发展趋势越来越明显，农牧民和民营企业家参与其中的积极性也越来越高。

（一）产业融合发展规模持续扩大

随着经济发展和人民群众对于精神层面需求的增加，青海省农牧业和旅游业融合发展态势日趋明显，体现在各类经营主体、营业收入和从业人员数量的上升上，截至 2018 年 9 月，青海省各类休闲农牧业经营主体达 2535 家，从业人数 4.5 万余人，年接待游客达 1646 万人次，实现营业收入 24.7 亿元，发放从业人员劳动报酬 16.3 亿元，创利润突破 10 亿元。除此之外，通过国家认定的休闲农牧业与乡村旅游示范县、美丽乡村和美丽田园数量增加，分别为 8 个、12 个、3 个，全国及省级休闲农牧业与乡村旅游示范点如雨后春笋般出现，共有 135 家，这些数字无不体现着农牧业和旅游业融合发展的规模不断扩大。

（二）产业体系初现雏形

近年来，青海省围绕着"三农三牧"发展重点，着力推进农牧业供给侧结构性改革，由此美丽田园、美丽乡村建设步伐不断加快。随着旅游业的"井喷式"发展，初步建立了乡村旅游产业体系，形成了休闲农牧业与乡村

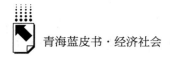

旅游产业共同发展的状态，直接取得的经济和社会效益逐渐明晰。青海省依托区域间的比较优势及资源禀赋，通过挖掘种植业、城郊设施农牧业、民俗文化、草地畜牧业和已有的旅游景点，形成了"传统农牧业观光型""设施农牧业休闲型""民俗文化体验型""草地生态旅游型""风景名胜依托型"五种发展类型，并定位了未来努力方向，培育打造示范点，试图形成辐射效应，将目前产业发展的雏形逐步专业化、主体化和产业化。

（三）资金投入逐年增加

从"十二五"时期开始，青海对休闲农牧业的支持力度逐渐加大，在承上启下的 2012 年，青海省决定每年投入 400 万元，并计划建成 20 个休闲农牧业与乡村旅游示范点；同时，安排休闲农牧业"阳光工程"的培训资金 165 万元，为培养相对专业的从业人员、解决休闲农牧业发展的核心和根本问题发力。同期，西宁市政府投资 3400 万元提升和改造市郊休闲农牧业园区，重点指出要建设现代都市休闲观光农牧业。到"十三五"中期，即 2018 年 7 月出台的《青海省关于加快全域旅游发展的实施意见》中指出，将要建立全域旅游发展资金投入稳定增长机制，各级财政投入每年保持 10% 以上的增速。

（四）重视品牌的培育打造

近年来，青海省结合乡村振兴战略，突出乡村旅游发展，积极引导和扶持农户参与乡村旅游的开发经营，培育具有高原特色、青海特点的休闲农牧业品牌，青海省各地积极开发各具特色的乡村旅游示范点，涌现出一大批以湟中卡阳、大通边麻沟等为典型代表的乡村旅游模范村、模范户、乡村旅游致富带头人和金牌农家乐。

二　青海省农牧业与旅游业融合互动实证分析

青海省的经济发展受政策等外部性因素影响比较明显，所以农牧业与旅游业融合发展也很容易受到一些环境因素影响，2015 年中央一号文件提出了推进乡村产业融合发展的大方向，这是国家首次提出乡村产业融合概念，自此，青海省农牧业与旅游业融合互动发展程度就在循序渐进地进行着，并且融合程度也有所缓慢加深。但从现有数据无法直观地看出二者融合程度及融合现状，包括一般的回归估计也不能准确地反映出青海农牧业与旅游业融合互动演变态势。本文试图利用状态空间模型（state-space model，SSM），把不可观测的青海农牧业与旅游业融合互动趋势变量放入可变参数模型，尽可能找出其关联性，并以此来观测和估计融合度，该可变参数模型表示的状态空间模型公示如下：

量测方程： $$y_t = x_t\beta_t + u_t \tag{1}$$

状态方程： $$\beta_t = \omega\beta_t - 1 + \varepsilon_t \tag{2}$$

其中 x，y 是两个变量序列，y 是青海省农牧业发展的因变量，x 是旅游业发展的解释变量，β 是随时间变化的参数（待估计），t 代表时间，u 和 ε 代表误差项。由于随着时间变化的参数 β 是可变的参数，具有不可观测性，因此需要通过已知的可观测的旅游业发展变量 x 与青海省农牧业发展变量 y 来预测，这样可变参数 β 就可以体现解释变量 x 对被解释变量 y 影响效应的变化，进一步反映农牧业与旅游业融合互动态势。

本文以 2001~2017 年青海省第一产业增加值与旅游总收入数据为样本进行分析。NY（亿元）、LY（亿元）分别表示青海省第一产业增加值与旅游业总收入，相关数据均来自青海省统计信息网年度公报。为消除可能存在的随机误差项可能无法满足同方差性导致的异方差，以及为了避免可能的"伪回归"，对 2 个变量进行技术上的自然对数处理，由 $\ln NY$、$\ln LY$ 来表示对数处理后的变量序列。由表 1 可得，平稳性的单位根 ADF 检验结果 $\ln NY$、$\ln LY$ 均为一阶单整序列，即 $I(1)$。协整理论表明，$\ln NY$、$\ln LY$ 之间是存在协整关系的，这种协整关系可以反映出数据间的长期均衡关系，适合进行状态空间模型分析。因此，量化青海省农牧业与旅游业融合态势的状态空间模型一般可写成如下公式：

121

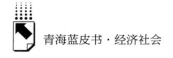

量测方程：
$$\ln NYt = c1 + Bt \times \ln LYt + ut \tag{3}$$

状态方程：
$$Bt = c2 \times Bt - 1 + \varepsilon t \tag{4}$$

本文利用统计分析软件 EVIEW9 中的卡尔曼滤波形式对青海农业与旅游业融合态势的状态空间一般模型量测方程（3）与状态方程（4）进行估计，结果见表2、图1。模型残差在1%显著性水平上表示平稳，说明状态空间模型估计结果是可靠的，且模型拟合好，利用该结果进一步分析有意义。

表 1　单位根 ADF 检验结果

变量	检验类型	ADF 检验值	P 值	结论
$D(\ln y)$	$(c,0,0)$	−3.445281	0.0259	平稳
$D(\ln ly)$	$(c,0,3)$	−5.394375	0.0014	平稳

注：$\ln NY$ 是第一产业增加量的对数值，$\ln LY$ 是旅游总收入的对数值。

表 2　状态空间模型结果

参数	估计值	Z 统计量	P 值
$C(3)$	2.779634	5.648038	0.0000
最终状态 $c(4)$	1.008416	48.58696	0.0000

量测方程和状态方程如下：

$$\ln Y_t = 2.779634 + b_t \ln LY + \varepsilon_t$$
$$b_t = 1.008416 b_{t-1} + \mu_t$$

（一）融合互动态势估计结果分析

从图1可以看出，2001～2017年青海省农业与旅游业的融合互动态势总体上呈不规则的上升趋势，2008～2009年融合程度出现短期下降，之后融合度在缓慢上升，在2013～2014年达到峰值，之后出现小幅回调现象。可以看出青海省农牧业和旅游业在"十五""十一五""十二五""十三五"期间融合发展的实际情况："十五"期间二者融合度缓慢上升；"十一五"期间，青海省以"农牧业增效、农牧民增收"为重点任务，深化农牧业改

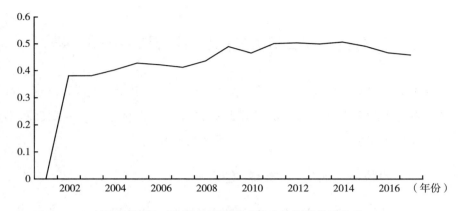

图 1　2001～2017 年青海省农牧业与旅游业融合度

革，农牧业和旅游业融合度迅速上升，随后的改革中，青海省试图引导农牧业调整结构和转变发展方式，促进经济效益为主，这个阶段推进牧区生态畜牧业和农区规模养殖建设的力度较大，因此，农牧业和旅游业融合度略有下降；"十二五"期间，发展理念和方式发生根本变化，青海省开始抓规模、重品牌、讲质量，休闲农业与乡村旅游蓬勃发展，农牧业与旅游业融合度平稳发展，到"十二五"末，各类休闲农业经营主体创新高，有 1594 家，并且带动 2.07 万农民就业增收；"十三五"时期，青海省提出要加快农牧业发展方式，就是要坚持集约化、有机化、品牌化方向，在深入推进农牧业供给侧改革的过程中，要求提升农牧业发展质量，因此"十三五"初期融合度略有下降，但从结尾的趋势来看，后期融合度肯定是上升的，而且融合的质量会更上一层楼。可以看出，近年来，青海省通过引导农牧业与第二、第三产业融合发展，实现了更高质量的农业融合发展。在经济快速发展的同时，产业结构有了新的调整，其中农牧业在保持与旅游业在相对高的水平上深度融合的同时，也积极与第二产业以及其他产业相互融合，与工业、文化产业和服务业融合产生不少新业态。基于经济增长和生活水平的提高，旅游越来越成为人民大众的刚性需求，越来越成为一种生活方式。人民在物质增加的同时，对生活有了更高的要求，体现在旅游中，即对农牧业和旅游业融合发展有很大的需求和更高的要求。

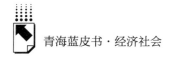

三 青海省农牧业和旅游业融合发展中存在的问题

受季节性因素、市场主体分散、投入少、投资回报期长等因素制约，青海省农业与旅游业融合中存在旅游产品结构性供给不足、商品开发创新不够、延伸产业链短等问题，制约了地区经济的发展。

（一）农牧业与旅游业融合程度低

由于时间、数据收集等限制，本文并没有将青海省两市六州农牧业与旅游业融合发展状况做以分析。但从发展现状来看，青海省农牧业与旅游业发展存在方式粗放、层次较低，新产品开发不足，游客停留时间较短、钱留不下来等问题，当然，这也受制于体制机制不完善、基础设施配套不健全等原因。尤其是农牧区特色民宿、高档酒店等较少，农牧业和旅游业融合发展的新产品存在结构性短缺的问题，新业态呈现短、频、快的特点。因此，现有的乡村旅游项目并不能更好地带动旅游消费，这方面仍然处于较低水平。从表象来看，乡村旅游是在蓬勃发展，但如果观察青海省农牧业与旅游业融合发展的内部结构和发展方式，很容易看出其实是非常脆弱的，且无法真正满足大众消费市场需求。

（二）市场主体分散难成规模

民营企业和小微企业本身实力不强，融资渠道少、难度大，加之自身发展能力有限，导致青海没有融合发展类型的龙头企业，仅有的市场主体小而分散，有代表性的融合发展较为成功的地区起步也是极为艰难。从现有的青海省较为成功的融合发展模式或者说案例可以看出，如果不是企业主仅有的情怀和相对雄厚的资金实力，根本没有办法在融合发展上达到目前的状态。市场主体间并不会有深度交流，一些地区模仿周边地区发展乡村旅游，很多地区所推出的旅游产品，其营销手段、产品设计等方面都存在趋同现象，随处兴起的花海，如果没有再创新，未来的结局既没有新意又浪费资源。加之市场主体间没有合作精神也间接导致了他们的分散和弱小，这就直接或者间接导致农牧业和旅游业的融合力度不够，旅游目的地很难发挥辐射带动作用，产业融合不成规模，经济效益也不明显，尚未在经济发展中充分实现其巨大的潜在功能。

（三）发展资金投入地区差异大

"十二五"以来，西宁市累计投入发展资金 1.23 亿元；海西州政府累计投入 1.14 亿元；海北州累计投入 2390 万元；海南州累计投入 1700 万元；海东市自 2011 年起，只投入 160 万元；玉树、果洛、黄南州投入更少。县级几乎没有旅游发展资金，旅游资金地区差异很大，显然支持乡村旅游发展的资金更是甚微，加之融合发展受季节性、投资回报期长等因素的影响，招商引资难度大，制约着农牧业与旅游业融合发展。虽然青海省提出全域旅游的概念并且在努力打造各个季节都可以吸引来青旅游消费，但不可否认，目前的资金支持方面的地区差异性，仍然很难在全域旅游的概念上推动农牧业和旅游业融合发展。

（四）旅游人才结构性短缺

从顶层设计人才现状来看，真正懂得如何推动农牧业与旅游业融合发展的统筹规划人才较少，政府在市场行为中是看得见的手，但能真正了解省情、了解地域发展又懂得旅游规划的发展人才较少，没办法较为准确地去指导一个区域的旅游业如何发展。而企业为了逐利，在融合发展的初期就是以营利为目的，因此素养较高的企业家虽能带动一方农牧业与旅游业融合发展，但在整体统筹方面又缺乏经验。懂经营会管理的人才少之又少，乡村旅游从业人员大部分是当地农牧民，整体素质有待提升。因此，从人才队伍建设来看，这种结构性短缺严重阻碍了农牧业与旅游业融合发展，人永远都是经济社会发展的核心，所以这一核心因素亟待解决。

四　青海省农牧业与旅游业融合发展的对策建议

农牧业与旅游结合是农牧业发展的新业态、新模式，要加强顶层设计，统筹推进农牧业与旅游业融合协调发展，是实施乡村振兴战略的主要路径，也是"十三五"后半期要重点解决的问题。

（一）优化布局集聚发展

未来青海省在区域上依托资源禀赋整体布局，在现有围绕构建西宁农耕文化和设施农业产业圈、海东民俗文化及现代农业特色区、环湖景观旅游及生态农牧业特色区、青南文化体验及草地生态牧业特色区、柴达木绿洲农业特色区、黄南热贡艺术及水上体验特色区"一圈五区"发展格局的定位和基础上，深度挖掘农牧区文化内涵，推进融合发展的过程中注重参与体验，打造融合发展产业群，培育集聚区，以点带面，在已有的休闲农牧业及乡村旅游的基础上，在区域上延伸和扩展布局，重点在特色村寨、依山傍水的自然生态区、少数民族聚居区和特色农牧业发展区推进融合发展。

（二）软硬实力两手抓

除了要保留乡村和牧区原生态的状态和民俗特色之外，要借鉴发达地区乡村旅游发展经验，配齐相关硬件设施，在卫生、娱乐、网络及餐饮方面要下大功夫，为游客提供更为舒适的值得留下来体验的高品质农牧区环境，让乡愁在现代生活的基本条件下得以愉悦地去感受。同时，要加大人才培养力度，引进懂得乡村旅游规划的高层次人才，在统筹层面把握好融合发展区域布局，在省内高校培养储备管理人才，为提升整体层次打好基础，在中等职业学校就地培养来自农牧区的学生，提高他们的农旅管理能力，毕业后反哺故乡，既留住了自己人，也避免了没有接受过教育的纯农牧民从事相关服务业带来的困难。所以，在软硬件方面需要两手抓，两手也都要硬。

（三）突出特色打造品牌

积极培育经营主体，并鼓励其通过要素流动、资本重组和品牌整合，打造一批生态环境优、产业优势大、发展势头好、示范带动能力强的休闲农业与乡村旅游集聚区。继续积极参与中国美丽休闲乡村推介活动，在借鉴发达地区先进经验的基础上，在不同的区域有不同的定位，差异化、主题化、专业化发展，以保护生态为根本，以增加农牧民收入为目的，以体现青海多民族和谐共处为主题，打造一批有青海乡愁的休闲村镇，增强经济发展新动能。在旅游线路上，重点开展休闲农牧业和乡村旅游精品景点线路推介，集中向社会发布推介一批全省休闲农牧业与乡村旅游精品，不断提高知名度和美誉度。加大示范创建力度，整合一批精品景点和精品路线，培育一批各具特色的知名品牌。比如大通县向化乡，非常适合在现有乡村旅游的发展基础上精品化、高质量化，从边麻沟到鹞子沟再到老虎沟，就可以打造离城市距离最近的精品乡村游路线，吸引城乡居民到乡村休闲消费，从畅游花海到原始森林探秘，再到脑山深度游，更可以尝试在脑山地区建立精品特色民宿，在整条线路游玩的终点有歇脚之处，吃农家饭，睡农家炕。

（四）推进信息技术与农旅发展深度融合创新

在互联网高速发展的当今，必须要有前瞻性的思维，旅游资金的投入必然有一部分需要利用在农牧区电子商务发展的基础设施建设上，建设数字化农牧业园区，加大对农牧民的技术培训，提升农牧业旅游产品生产消费的线上线下销售水平，使得山里或者牧区的好东西可以直接从农牧户手中到达需求者手中，无中间商和差价。增加个性化旅游消费需求产品供给，引导和借鉴发达地区基于互联网的新型体验农牧业旅游新模式。青海大部分区域在历史上叫安多藏区，水草肥美，而安多藏区的马闻名已久，却很少有类似内蒙古和新疆的国际马术俱乐部这里网络预约体验式的旅游产品，骑马的体验只可以在青海湖周边的农牧户家里零星地感受，并且根本不成规模。在休闲观光园区、农牧家民宿、康养基地等休闲农牧业主题旅游中融入科技性元素，提升旅游产品供给品质与水平，和省内互联网 APP 平台联合，或者通过微信公众平台等方式，让休闲农牧业顺应飞速发展的互联网平台。鼓励发展以

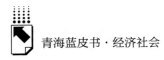
休闲农牧业和乡村旅游为核心的一二三产业融合发展聚集村，从点状发展到片状，要有差异成规模、有特色，鼓励建设具有科学教育、示范以及传统农耕文化展示功能的休闲农园提升农牧业与旅游业融合效率，引导乡村共享经济、创意农牧业快速发展，推进示范基地建设，探索建设主题公园、嘉年华、农研师范基地等发展。

社 会 篇

Social Reports

B.10
青海省教育发展形势分析与展望

王 娜*

摘 要： 党的十八大以来，青海省各级各类教育质量稳步提升，立德
树人深入落实，教育经费和项目投入持续增长，办学水平不
断提高，教育扶贫精准有力，教育综合改革进一步深化。青
海教育发展形势良好，但在办学资源配置、教师队伍建设、
教育质量提升等方面依然存在许多困难。2019 年为 2020 年全
面建成小康社会、基本实现教育现代化打好前战，做好最后
冲刺，是异常关键的一年。青海省将加大教育脱贫攻坚力度，
基本实现县域内义务教育均衡发展；提升教师队伍整体素质，
全面深化教师队伍建设改革；提高教育治理水平，增强教育
执行力；健全教育评价体系，稳步提升教育质量。并力争在

* 王娜，青海教育科学研究所助理研究员、一级教师，研究方向为教育政策与法规、民族教育、
基础教育。

129

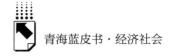
学前教育、职业教育、民族教育、教育综合改革方面取得新突破。

关键词： 青海　教育发展　教育改革

党的十八大以来，青海省委、省政府按照"五位一体"总体布局和"四个全面"战略布局，带领全省教育战线紧抓机遇，全面贯彻党的教育方针，落实国家和青海省中长期教育规划纲要，提升教育对青海省国计民生的贡献率。青海省教育改革显露成效，各级各类教育发展态势良好。

一　青海省教育发展状况与取得的成绩

（一）党的十八大以来青海省各级各类教育发展状况

1. 学前教育实现跨越式发展

青海省通过推进三期"三年行动计划"，推动学前教育健康、有序发展。2017 年青海省幼儿园数比 2012 年增加了 592 所，学前三年毛入园率比 2012 年增长了 16.48 个百分点，生师比较 2012 年减少了 16.48（见表 1），学前教育规模持续增长，普及水平明显提高，"入园难"现象得到了缓解，师资严重缺乏问题得到了改善。2017 年，青海免除了六州学前三年幼儿保育教育费，并投入资金近亿元购买保教岗位。青海省学前教育公共服务网络基本形成，覆盖城乡的学前教育公共服务体系初步建立。

表 1　2012 ~ 2017 年青海省学前教育发展主要指标

年份	幼儿园数（所）	在园幼儿人数（人）	专任教师（人）	学前三年毛入学率（%）
2012	1143	153340	4361	69.09
2013	1245	166659	4668	73.89

续表

年份	幼儿园数(所)	在园幼儿人数(人)	专任教师(人)	学前三年毛入学率(%)
2014	1316	174980	5276	77.07
2015	1525	184214	6656	80.74
2016	1667	199804	10158	81.21
2017	1735	207248	10663	85.57

资料来源：2013~2018学年初青海省教育事业统计快报。

2018年出台的第三期"三年行动计划"，除巩固前两期计划成果外，重点保障青南三州学前教育普及水平。至此，青海省学前教育发展已从扩规模转向扩大普惠性资源，全面均衡发展。学前教育投入不断增加，办园形式逐步规范，学前网络覆盖日益精准，保教质量逐年提升，各项发展指标健康，逐步实现"幼有所育"。

2.义务教育均衡发展有序推进

青海省在全面实现"两基"目标以来，特别是在党的十八大以来，统筹城乡义教资源配置，改善贫困地区（尤其是农牧区）学校办学条件，增加经费保障，实施"全面改薄"工程，使教师队伍和信息化建设水平得到提升。青海省巩固"普九"工作成效显著，通过与教育部、各市（州）签订备忘录和目标责任书，上下联动、部门协同，明确标准、职责，加强督导评估，保障义务教育均衡发展向纵深推进。全省义务教育的入学率、升学率、巩固率持续提高（见图1），城乡、区域、校际差距进一步缩小。伴随乡村教师支持计划等系列政策的出台实施，青海省教师（尤其是乡村教师）队伍建设得到极大的加强。2017年青海省义务教育阶段专任教师43393人，比2012年的40949人增加了2444人。专任教师学历水平和培训力度亦得到极大提升。

在普及义务教育的基础上，青海更加关注教育公平，注重教育质量提升。均衡资源配置，通过在区域间建立对口支持教育工作长效机制，对校长、教师交流轮岗制度进行试点，推行集团化办学模式，提升乡村及薄弱地区教育质量。

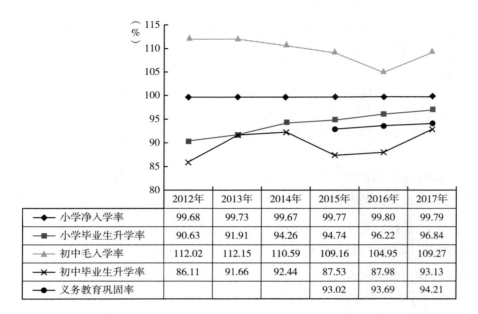

	2012年	2013年	2014年	2015年	2016年	2017年
◆ 小学净入学率	99.68	99.73	99.67	99.77	99.80	99.79
■ 小学毕业生升学率	90.63	91.91	94.26	94.74	96.22	96.84
▲ 初中毛入学率	112.02	112.15	110.59	109.16	104.95	109.27
✕ 初中毕业生升学率	86.11	91.66	92.44	87.53	87.98	93.13
● 义务教育巩固率				93.02	93.69	94.21

图1 2012～2017年青海省义务教育发展主要指标

资料来源：2012～2017年青海省教育事业发展简明统计分析。说明：义务教育巩固率为青海省"十三五"教育发展改革规划中新增指标，2015年以前，未明确该指标的基数及计算方式。2015年，根据《教育现代化监测指标体系》及青海省实际情况，科学合理设定义务教育巩固率计算方式，客观反映各地控辍保学水平。

3. 高中阶段教育普及水平提升

青海省高中阶段教育招生人数逐年增加。2017年，高中阶段教育招生70441人（其中普通高中42437人，中职教育28004人），普职比约为6∶4。从表2可以看到，青海省高中阶段毛入学率持续逐年提高，2017年较2012年提高了9.98个百分点，达到了83.99%，高中阶段教育机会明显增加。

表2 2012～2017年青海省高中阶段教育发展主要指标

年份	高中阶段教育招生人数（人）*	高中阶段毛入学率（%）
2012	68340	74.01
2013	68870	74.05
2014	66491	74.10

年份	高中阶段教育招生人数（人）*	高中阶段毛入学率（%）
2015	67077	80.00
2016	69474	81.98
2017	70441	83.99

资料来源：2013～2018 学年初青海省教育事业统计快报，＊表示高中阶段教育招生人数不含省外就读及省内技工学校招生人数。

党的十八大以来，青海省全面深化办学体制改革，加快高中阶段教育建设步伐。以提高培养能力为目标，编制发展特色、示范性高中规划，推进高中阶段教育普及攻坚，通过争取"教育援青"政策支持，借助"异地办班"契机，扩大优质高中阶段教育资源，并逐渐实现了与中等职业教育良性互动、共同发展的格局。

4. 高等教育服务地方能力不断增强

2017 年，青海省共有普通高校 12 所（其中本科院校 4 所，专科院校 8 所），成人高等学校 2 所，较 2012 年新增 3 所专科院校。各类高等教育在校生总规模为 81788 人，毛入学率为 42.87%。2012～2017 年，青海省普通高校在校生增加了 17660 人，高等教育毛入学率比 2012 年提高了 11.28 个百分点（见表 3），大众化水平同步于全国。

表 3　2012～2017 年青海省高等教育发展主要指标

年份	在校生总规模（人）	招生规模（人）	高等教育毛入学率（%）
2012	64128	21765	31.59
2013	66320	22235	33.37
2014	70492	24281	35.54
2015	74359	24145	38.33
2016	77528	26209	39.76
2017	81788	26853	42.87

资料来源：2013～2018 学年初青海省教育事业统计快报。

青海省各高等院校以产业结构调整和人才需求为导向，加强重点学科专业建设，坚持服务地方。2017 年，青海省本科高校博士学位授权点布点全覆盖,高校"团队式"对口支援工作实现全覆盖,青海大学进入"部省合建"高校序列,"三江源生态"学科进入国家"世界一流学科"建设行列。与此同时,高等职业教育扩大合作领域,搭建人才培养"立交桥"。青海省高等教育事业依托"对口支援""中西部高校基础能力建设工程"等项目,落实"科教兴青"战略,合力服务地方经济社会发展。

5. 特殊教育持续健康发展

青海省通过启动实施两期全省特殊教育提升计划,按照"全覆盖""零拒绝"和"一人一案、逐一安置"的原则,通过送教上门、医教结合等方式,确保适龄残疾儿童少年接受义务教育,有效提高特殊教育普及程度。2017 年,青海省独立设置特殊教育学校 16 所,特殊教育在校生 5061 人,比 2012 年在校生数增加 2937 人(见表 4)。

表 4　2012～2017 年青海省特殊教育发展情况

年份	招生数(人)	在校生数(人)	专任教师数(人)
2012	359	2124	140
2013	368	2120	139
2014	413	2250	155
2015	737	3124	155
2016	694	3747	162
2017	1173	5061	184

资料来源:2013～2018 学年初青海省教育事业统计快报。

(二)取得的主要成绩

1. 立德树人深入落实

青海省委、省政府全面贯彻执行党的教育方针,从全面加强教育系统党的领导和党的建设着手,深入落实立德树人。出台一系列加强中小学和高校思政工作的政策措施,青海省各地各校全面落实立德树人根本任务,实施思政课体系建设计划、中小学德育示范工程,组织德育精品课程和思政优秀案例评选，组织开展"四爱三有"教育专项教育活动，积极推进社会主义核心价值观"三进"工作落细落小落实。

2. 教育经费和项目投入持续增长

经济增速放缓导致的财政收支矛盾问题日益凸显，但中国政府对于作为社会民生重要部分的教育财政支持力度在不断加大。教育经费和项目投入的持续增长，体现了党和政府对保障民生、扶贫攻坚的高度重视和坚定决心。党的十八大以来，公共财政教育经费占比连年增加，国家财政性教育经费占比连续增长，"4%"目标如期实现。国家通过出台有关加快中西部教育发展的指导意见和促进民族地区和人口较少民族发展规划，保障了教育经费和项目投入向作为中西部民族地区的青海省倾斜。2012年，青海省预算内教育经费拨款177.69亿元；2013年，青海省预算内教育经费拨款136亿元；2014年，青海省教育经费总收入达155.9亿元；2015年，青海省下达教育基本建设项目资金35.71亿元；2016年，投入项目建设资金29.75亿元，实施学前教育、中等职业教育、薄弱初高中改造等建设工程；2017年，青海省累计下达教育基本建设项目资金30.08亿元，完成年度目标任务24.3亿元的123.7%。

3. 办学水平不断提升

截至2017年底，青海省共有各级各类学校2933所（其中：幼儿园1735所，小学758所，初中270所，普通高中101所，特殊教育学校16所，中等职业学校39所，普通高校12所，成人高校2所），各级各类学校在校学生116.39万人（其中：学前教育20.72万人，小学46.51万人，初中20.58万人，普通高中12.39万人，特殊学校0.51万人，中等职业教育7.51万人，普通高校7.92万人，成人高校0.26万人），教育规模稳步扩大；学前三年毛入园率85.57%，小学净入学率99.79%，初中毛入学率109.27%，九年义务教育巩固率94.21%，高中阶段毛入学率42.87%，普及水平不断提高；各级各类学校专任教师7.06万人，校舍建筑面积1555.12万平方米，小学平均班额37人、初中47人、高中52人，办学条件得到全面改善。各级各类教育发展水平整体提高，教育资源配置向贫困地

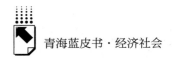
区、薄弱地区和弱势群体倾斜，教育差距不断缩小。

4. 教育扶贫精准有力

自 2016 年省政府印发《青海省教育脱贫攻坚行动计划》以来，青海省已逐步完善扶贫助学工作机制，通过落实义务教育阶段"两免一补"、营养改善计划、学前和高中免费教育（范围内学生）、残疾学生资助，以及三江源地区"1 +9 +3"教育经费保障补偿机制和全省学前一年教育资助等政策，实施国家通用语言文字普及攻坚工程，不断扩大保障范围，提高保障水平，精准发力，保障贫困家庭子女公平受教育权利，实施教育脱贫专项行动，强化贫困地区控辍保学。2016 年，青海省教育项目向年内 6 个脱贫摘帽县（行委）倾斜，建设项目 22 个，投资 2378 万元。2017 年，推进落实《青海省推进教育脱贫攻坚实施方案》，向 7 个年度脱贫摘帽县（市、区）投入建设资金 2.8 亿元，改善办学条件；组织开展教育脱贫攻坚"回头看"百日攻坚活动。2018 年，通过召开对接会，要求各项目地区找问题、摸清短板，结合地区现状和中长期发展，将自身薄弱环节纳入规划范围，保障教育扶贫攻坚工作精准、深入。

二 当前青海教育发展存在的主要问题

党的十八大以来，青海省教育综合改革取得了良好成效，青海教育发展形势向好。但也必须客观认识到，青海省"小财政办大教育"依旧困难重重。由于自然、历史、经济等诸方面原因，青海教育贫困面广，教育脱贫攻坚任务重；受地广人稀影响，中小学校布点多，办学效益低；小学阶段寄宿制学生多，教育管理难度大、成本高。

（一）办学资源依然紧缺

1. 基本办学条件低于全国平均水平

各级各类教育办学条件虽逐年提高，但部分指标仍低于全国平均水平。全省学前教育生均建筑面积低于国家标准。2017 年独立设置幼儿园城区生均校舍面积为 6.32 平方米，低于《城市幼儿园建筑面积定额（试行）》规定的 8.8 平方米的最低标准，校舍资源相对紧张。青海省基础教育阶段部分学校运动场地、水电暖管网、围墙、大门等校园配套设施不完善，存在有新校舍无新校园的问题。寄宿制学校存在厕所、洗浴、锅炉等设施不配套、宿舍多人一床等现象。2017 年，青海省普通高中生均校舍建筑面积为 20.19 平方米，低于国家标准。中等职业教育生均校舍建筑面积 14.98 平方米，低于全国平均水平；生均图书册数 17.93 册，低于全国平均和西部平均水平。普通高校生均图书册数 73.63 册，亦低于全国平均水平。高等学校、中职学校的实验室、实习实训设施不能适应人才培养需求。

2. 城镇教育资源紧缺，城乡、区域间教育发展不均衡

青海省基础教育阶段由学生借读、转学导致的城镇学校择校问题突出，乡村、牧区大量学校日渐萎缩，而城镇办学资源严重不足，"城镇挤、乡村弱"，城镇"大班额"现象难以缓解、消除。其中西宁市尤为明显，受土地和规划制约，教育资源不能满足进城务工人员子女就近入学，学校（尤其是幼儿园）建设不能很好跟进服务人群。

3. 学校信息化建设水平低

2017 年，青海省小学教学建网学校比例为 39.97%，低于全国平均水平 24.42 个百分点；初中阶段为 55.19%，低于全国平均水平 21.55 个百分点；普通高中阶段为 80.2%，低于全国平均水平 8.16 个百分点；中等职业教育阶段为 30.85%，低于全国平均水平 11.26 个百分点。青海省小学和中等职业教育阶段，每百名学生拥有计算机台数连续多年低于全国平均水平。调研显示，青海省义务教育阶段中小学教学仪器设备使用率较低，整体低于全国平均水平。绝大多数教师和学生不能充分地使用图书资源和实验设备。学校信息化建设水平低，超过半数学校未接入互联网。教育现代化指标落后于全国平均水平。青海省教学资源配置整体不足，各级各类学校的图书资料、电子化资源以及实验室的充足程度均低于全国均值，教师对图书资料、电化资源、实验室等教学资源的使用率有待提高。

（二）教师队伍建设亟待加强

1. 各级教育生师比高于全国平均水平，师资普遍缺乏

2017年，青海省独立幼儿园生师比为18.28，班级配备专任教师达不到《幼儿园教职工配备标准》要求的2人。其中，乡村生师比19.71，师资缺乏情况更为严重。小学阶段生师比为17.02，略高于全国（16.98）平均水平；初中阶段生师比为12.8，高于全国（12.52）平均水平；普通高中生师比为13.62，高于全国（13.39）平均水平；中等职业教育阶段生师比为30.85，远远高于全国（19.59）平均水平。

2. 教师队伍结构不尽合理，总量不足和结构性短缺的矛盾并存

与城镇相比，乡村、农牧区师资队伍整体素质较低。教师引进难、留住难、培养难。教师招聘考试中，城镇地区教师岗位人满为患，乡村地区学校无人问津，偏远牧区师资质量的提高基本靠支教、顶岗实习等不可持续的方式实现。教师素质低、配置不均衡、师资培训渠道窄、结构不合理。调研显示，青海省教师队伍总量不足和结构性短缺的矛盾并存，青南地区师资力量尤其薄弱，有编未补、聘用临聘代课教师的问题较为突出。在师资方面，青海省存在明显的师资不足现象，心理健康、音乐、体育、美术等学科师资不能满足教学需要的情况尤为严重。

（三）教育质量亟须提升

由于起步晚、基础差，青海省部分学前教育机构学前教育教学内容的选择、设计存在不规范的情况，教学内容"小学化"。青海省部分幼儿园园长、小学附设学前班教师由小学调剂教师担任，由于缺乏学前教育教学、管理经验，常常不顾幼儿的年龄实际、身心实际、接受能力实际向幼儿提出过高的学习要求，甚至在学前阶段教授小学一年级的教材（在小学附设学前班中较普遍）。在教学实际中，很多教师和家长错误地理解学前教育内容为学习读、写、算等技能，从而更好地与小学衔接，期望学前班的幼儿升入一年级时有较好的学习成绩。这种"双赢"的共识使得教师和家长违背幼儿

自身的身心发展规律"揠苗助长",最终促使学前教育呈现"小学化"发展特征。义务教育阶段学生课业负担重、学业表现差;高中阶段办学质量低;应试教育过度,教育资源不足、布局不合理。全省普通高中70%以上分布在西宁、海东等教育相对发达地区,普通高中教育资源的集聚造成了一定程度的教育不均衡,跨区域的择校问题使得相对落后地区学生、教师流失严重。中职教育吸引力不强;高等教育教学整体办学实力不强,服务能力不够;研究生办学规模、培养能力低于全国平均;高等职业教育校均办学规模偏小,优势专业不突出、新兴专业不充足,没有形成错位发展,服务全省经济社会发展的能力明显不足。

三 2019年青海省教育发展形势分析与预测

青海教育得到了党和国家的高度重视和特别关怀,"一带一路"、"三区建设"、东部城市群建设、扶贫攻坚、经济转型发展、生态立省等重大战略实施,为教育事业的改革发展创造了良好的外部环境。同时,创新、协调、绿色、开放、共享的发展理念也对青海教育改革提出新的要求。以党的十九大、"十三五"促进民族地区和人口较少民族发展规划的实施和加快中西部教育发展为标志,青海教育进入了一个新的历史发展时期。

(一)加大教育脱贫攻坚力度,基本实现县域内义务教育均衡发展

2019年,青海省将通过推进教育精准脱贫与发展产业、易地搬迁、转移就业、医疗保障和救助等扶贫行动相对接,找对"穷根",明确靶向,针对贫困家庭子女实际情况和需求,精准施策、精准发力,拔穷根、补短板、保公平。教育布局结构将进一步优化,以加强农牧区学校和城镇薄弱学校建设为重点,以标准化建设为抓手,科学规划,合理均衡配置教育资源,基本实现县域内义务教育均衡发展,整体推进教育公平。

(二)教师队伍整体素质得到提升

实施教师管理制度综合改革,推进义务教育校长教师交流轮岗,扎实推

进青南支教工作，实现教师资源优化配置、均衡协调、充分利用。层层建立教师表彰激励机制。2019 年，将以提升教师整体素质和专业化水平、校长能力建设为重点，以课堂改革为主阵地，明确目标、转变观念、变革方式、提升教师执教能力，打牢提高教学质量的坚实基础。依托乡村教师支持计划等政策，推动"国培""省培"计划向贫困地区倾斜。提升乡村教师能力素质，拓展乡村教师补充渠道，提高乡村教师生活补助，精准顶岗支教，推动优秀教师向乡村学校流动。

（三）教育治理体系和治理能力现代化水平明显提高

通过抓关键、找薄弱，提高教育治理水平，增强教育执行力。破除体制机制障碍，调结构、提质量，促公平。坚持系统设计、试点先行、重点突破，依据省情，扩大办学自主权，增强学校教书育人的活力，扩大各级政府教育统筹权，增强地方发展教育的活力，推进管办评分离，提升社会支持教育的活力。

（四）教育评价体系日益健全，教育质量稳步提升

进一步加强教育督导评估，完善教育质量监测评价制度，专业的教育监测评估机构人员组建完毕并正式运转，指向提升教育质量，打造评价人才智库。提升中职教育教学质量，增强吸引力，保障高中阶段普及攻坚任务。到2019 年，全面提升各级各类教育质量，全面普及残疾儿童少年义务教育，不断提高教育服务贡献能力水平。

（五）职业教育、民族教育、教育综合改革取得新突破

深化教育综合改革，实现普通教育与职业教育并重发展，人才培养的供给结构与经济社会发展需求更加适应，人才培养结构调整机制与市场经济体制更加适应。把握教育援青和对口支援机遇，在基建、资源配置、异地办班项目、师资培训等方面争取支持，公共教育资源继续向民族贫困地区倾斜，推动民族教育跨越式发展。按照要求，全面指导各级各类学校开设民族团结教育，把社会主义核心价值体系融入教育教学全过程。

四 促进青海教育发展的对策建议

（一）合理配置教育资源，切实缩小差距

1. 继续加大经费投入，提高办学条件

联合多部门，统筹制定教育资助规划，并将分工、落实情况纳入政绩考核的主要指标。在具体的实践中，政府要结合实际，多渠道争取资金支持，根据不同地区发展水平分类制定发展目标，按照人口集聚度合理布局，利用"保底杠杆"，将有限的投入投向难于依靠自身实现良性发展的弱势群体，着眼于全面提高办学条件和普及率。扩大优质教育资源覆盖面，提高办学所需设备配备标准，缩小与全国平均水平的差距。优先支持深度贫困地区，确保所有义务教育学校如期达到"20条底线要求"。编制弹性标准化指标，对保留的农村教学点要给予必要的经费保障，建立有别于以往按人头拨付的教育经费拨付机制，由县财政统一负责该类学校校舍的建设和维护，教学仪器设备、图书资料等的采购、教师的配备，保障切实做好薄弱校的标准化学校建设工作。

2. 合理配置资源，统筹均衡发展

针对学校布局不均衡、办学条件参差不齐、城乡差距明显等特征，各级政府对各级各类教育的发展规划不能以点带面、一概而论。要立足实际、统筹规划，从师资、教育资源配置着手，加强薄弱学校建设，缩小校际差异，推进教育公平。进一步优化城乡办学布局，增加普惠性学校资源所占比重，向乡村倾斜，扩大普惠性教育资源覆盖面。确保学校布局与所覆盖地域与学龄人口相适应，并遵循就近入学原则，办好必要的教学点，最大限度地满足交通不便地区学生就近入学需求；加大薄弱高中学校改造力度，扩大普通高中教育资源和优质高中办学规模，发展特色高中，推动高中阶段教育向区域协调发展、向特色发展、向多元模式发展转变。

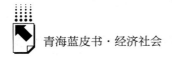

3. 提高教学资源的配备和使用率

针对青海省学校（尤其是农牧区）信息化建设水平低的问题，认真落实有关教育信息化发展规划，完善各级教育信息化装备配备标准、网络技术标准和数字教育资源标准，努力构建覆盖城乡中小学的教育信息服务体系。重点加强农牧区学校信息化建设，关注薄弱地区资源短缺情况，按要求配备实验员，及时检查、补充消耗性材料，维护教学设备正常使用；提高教师教学资源应用技能和操作水平，确保提高教学设备使用率。

（二）加强乡村教师队伍建设，全面深化教师队伍建设改革

在教师待遇上给予倾斜，统筹提高乡村教师乡镇工作岗位补助标准，确保农牧区乡及乡以下教学点、村小的教师能"引得来，留得住"，为签订长期协议和长期在艰苦地区服务的教师提供一次性奖励和建立职称评定的绿色通道。选择校长、教师交流轮岗试点，并在试点的基础上逐步推进。聘用退休优秀教师，通过购买服务等方式引入师资支援农村牧区学校、薄弱学校办学。六州持续加大和对口帮扶省份的教师帮扶力度，采用送出去和请进来等多种方式，把对口支援省份的优质教师资源引进来。做好青海师范大学和青海民族大学师范生顶岗支教。通过精准顶岗支教、置换培训，形成可持续发展长效机制。继续实施好国家"特岗计划"和"免费师范生"计划，统筹协调合理分配，为基层学校特别是乡村学校拓展教师补充渠道。

（三）建立健全评价机制，加强地方性法规建设和教育督导工作

加强监督检查，确保改革的顺利进行。重点关注薄弱校师资、经费、教学设备等方面的投入水平，将其作为向政府有关部门进行教育问责的依据，并通过持续的督查、跟踪，达到促使政府增加投入、改善办学条件的督政目的。建立健全省、市（州）、县级教育督导委员会和日常办事机构，充实督导力量，深化教育督导和监测机制改革。关注学生发展，

建立课业负担监测机制，定期发布年度监测报告，及时形成反馈，以便动态、精准调整政策，保障各项措施有效推进。全面深化中小学教育质量综合评价改革，改进和完善现行中考制度，建设综合素质评价和学业水平考试信息化管理平台，加强发展性评价。加强各级教研和督导力量，着力强化课堂教学常规管理，完善课堂教学监督与评估，提升课堂教学效率和质量。

（四）深化教育教学改革，提升教育质量

深化教育改革，结合实际，因地制宜地创新模式，推进青海各级各类教育质量提升。通过试点集团化办学，精准教育扶贫，提升优质学校引领、结对扶持薄弱学校提升办学的能力，总结先进经验，逐步面向全省进行推广覆盖。集团化办学对优质教育资源相对集中而教育体量相对较小的青海省来说具有很强的实践应用意义，尤其对于学校布点相对分散的农村和教育尚处于起步阶段的城市新区而言，集团化办学比各自为营的分散办学具有极强的相对优势，是缓解目前青海省以西宁、海东市为主的城市"大班额"和"择校热"问题的一剂良药。

加强课程管理，进一步优化课程结构，增强课程的选择性。督促各级各类学校开足开齐国家课程，满足学生不同的发展需求。关注非中、高考课程的开设状况，避免学校挤占挪用；向薄弱地区调配体育、艺术、信息技术等紧缺学科师资，确保课程的正常开设。对普通高中教育资源短缺地区，积极开展课程改革，促进普通高中多样化发展。在课程建设方面，依据学生发展核心素养体系和各学段、各学科的育人目标及任务，完善各学段、各学科的育人质量标准，按照上下衔接、横向配合的要求，完善国家、省、校三级课程体系，改革教材编写、审定、选用、发行机制，不断提高教材质量和水平。加强教学常规和内涵建设，注重教育观念的转变，着眼整体教育质量的提高。各级教育科研部门指导教师开好实验课，开展研究性学习，把社会调查等实践性活动纳入校本课程，注重知识形成过程的体验教学。在教学方法上，根据不同学科的不同特点，不断优化教学过程。针对青海省义务教育阶

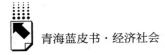
段学生学业负担重、学业水平低的现状，更新教学方式，合理布置学生作业，减轻学生课业负担。优化结构层次，优化专业课程，优化师资队伍，提高教师素养，把立德树人全面落实到日常教育教学活动中。探索激发校长和教师的积极性、责任感和创造性，增强教师和校长的责任感，提升教师的专业水平，保障各级各类教育质量得到提升。

B.11
用习近平讲话精神指导解决
青海就业发展不平衡不充分问题

青海省人力资源和社会保障厅课题组 *

摘　要：　准确把握习近平新时代对就业工作的新要求，解决好人们日
　　　　　益增长的美好生活需要和就业不平衡不充分的发展之间的矛
　　　　　盾，成为贯彻落实以人民为中心的发展思想的重要内容。

关键词：　青海　就业　大众创业

习近平总书记在党的十九大报告中提出"就业是最大的民生""要实现
更高质量和更充分就业"。这是新时代对就业工作的新要求和新的工作目
标，为我们今后进一步做好就业创业工作明确了发展方向。准确把握习近平
新时代中国特色社会主义思想对就业工作的新要求，解决好人们日益增长的
美好生活需要和就业不平衡不充分的发展之间的矛盾，成为贯彻落实以人民
为中心的发展思想的重要内容。

一　青海省就业工作现状和特点

党的十八大以来，省委、省政府认真贯彻落实党中央决策部署，实施积

---

* 课题组成员：李榆林，青海省人力资源和社会保障厅副厅长；潘立，青海省人力资源和社会
保障厅就业促进处处长；闫光明，青海省人力资源和社会保障厅办公室副主任；徐明，青海
省人力资源和社会保障厅就业促进处主任科员。

极的就业政策，广泛开展就业服务活动，千方百计促进就业创业，保持了全省就业形势的总体稳定。2013～2017年，全省城镇从业人员由132.9万增加到165.6万，城镇累计新增就业32.7万人，年均超过6万人；累计转移农牧区富余劳动力577万人次，年均超过115万人次，每年平均实现转移就业劳务收入超过67亿元，在转移就业人数较多的东部农业区，劳务收入已经占到农牧民收入的60%。在就业创业工作中，青海省突出帮扶重点群体，让更多的困难群众通过就业增强获得感幸福感，累计分流安置了4150名去产能企业职工，帮助6.94万名高校毕业生实现就业创业，帮扶零就业家庭成员、残疾人家庭等就业困难群体实现就业1.9万人，精准帮扶农牧区9.36万名建档立卡贫困劳动力实现转移就业，走上了增收脱贫的道路。

一是就业规模持续扩大。城镇从业人员从2013年底的132.9万人增加到2017年的165.6万人。二是就业结构不断优化。青海省第一产业从业人员由116.6万人下降到114.8万人，减少1.8万人；第二产业由72.8万人增加到73.3万人，增加0.5万人；第三产业由124.8万人增加到139万人，增加14.2万人。三是创业主体持续增长。市场主体总量从2013年到2017年达到37.6万户，增长8.7倍。四是居民工资性收入上涨明显。工资性收入从2013年到2017年达到11351元，涨幅达49%，居民劳动获得感持续增强。特别是十九大召开以后，省委、省政府一系列扩大就业创业的政策效应持续发挥，推动形成了凝心聚力、齐抓共管的强大合力，"放管服"改革激发了市场活力，创造了大量就业机会，就业优惠扶持政策稳步跟进，促进了就业创业的健康发展。

二　青海省就业存在的不平衡不充分问题

在不平衡方面：

（一）经济增长与拉动就业之间不平衡

2010年，青海省每1亿元地区生产总值、工业增加值、财政预算支出、固定资产投资、贷款余额，分别实现城乡就业人口 2278 人、5014 人、4139 人、2879 人和 1688 人。2016 年上述关系全面下降，分别为 1∶1260.6，下降 44.7%；1∶3561.1，下降 28.3%；1∶2129.98，下降 48.5%；1∶917.9，下降 68.1%；1∶581.2，下降 65.6%。其中，规模扩大、科技进步、通货上升，是单位产值拉动就业减弱的主要原因，也在一定程度上反映出青海省经济发展与就业之间缺乏有效联动，支出增加、投资扩大的同时，促进就业的边际效益在不断递减。

（二）劳动力供给与市场用工需求之间不平衡

青海省人力资源市场提供的用人岗位多年来持续大于劳动力求职人数，以 2018 年一季度青海省人力资源市场统计数据为例，进入各级人力资源市场的招聘单位 1629 家次、提供岗位 3 万多个，但同期在市场求职的只有 2 万多人次，实际达成上岗意向的只有 5577 人，占提供岗位数的 18.6%，岗位需求数远大于求职人员数，劳动力供给和市场用工岗位需求供需错位不平衡比较突出。究其原因，一是企业用工需求收集渠道畅通，收集数据较为充分，而求职者求职信息还不能及时有效地全面反馈；二是企业用工需求所需条件与求职者自身素质之间存在结构性差异，以"十二五"平均情况为例，青海省人力资源市场平均求人倍率接近于 1，但技能型劳动力求人倍率达到 1.8，高级技工则高达 2.5 以上；三是企业用工时间与求职者就业时间不一致导致的供需差异。

（三）就业岗位地域分布不平衡

西宁市、海西州由于城镇化程度高，二三产业比重较大，吸纳就业能力较强，提供就业岗位相对较多；海东市工业发展正在起步阶段，尚未形成规模，三产服务业也还需逐步扩大，二三产业对海东当地就业的拉动效应还有待显现；海南、海北、黄南、玉树、果洛等地以农牧业为主，产业单一，且相关产业链不健全，二三产业发展滞后，企业单位少，就业容量小，当地就业岗位相对较少。总体来看，青海省经济社会发展不平衡使得提供就业岗位区域上不平衡，且就业岗位主要集中在西宁、海西两地，海东正在逐步增加，其他地区岗位相对较少。

在不充分方面：

（一）经济社会发展需要的人才储备不充分

青海省经济社会发展任务艰巨，需要大量的技术型、技能型人才，而与之相对应的是，长期以来青海省劳动力就业技能水平相对低下，传统产业工人职业技能转换能力比较差，短时间内难以适应技术更新及新产业发展的需要。2016 年，青海省劳动人口受教育程度与全国平均水平相比，小学及以下占 64.8%，高于全国 2%；初中高中占 25.6%，高于全国 2.1%；中职大专及以上占 9.6%，低于全国 4.1%。取得职业技能资格人员占劳动力人口的 4.6%，列各省区市第 30 位。恩格斯指出，"劳动和自然界在一起，它才是一切财富的源泉"。青海省自然资源富集，但专技人才、技能人才匮乏，靠自身力量实现自然资源与劳动资源结合形成社会财富的能力严重不足。主要原因：一是青海省工业发展时间短，积累不足，基础十分薄弱，适应工业生产的各类技术和技能型人才总量少、基础差；二是青海省自然条件严酷，经济发展不足，与内地相比缺乏"引才留才"的外部条件；三是青海省高校和职业教育专业设置还不能完全适应经济社会发展需要，人才培养与经济社会发展的需求还没有实现有效的紧密互动；四是青海省很多行业发展相对滞后，还需要加强留住人才干事业平台的建设。

（二）人力资源市场发育不充分

由于人力资源市场发育不充分，未能充分发挥其在配置劳动力资源中的基础性作用。主要原因：一是服务力量弱。青海省现有人力资源服务机构 110 个，从业人员 977 人，无法满足青海省劳动力的服务需求。二是就业导向作用发挥不充分。青海省公共就业人才服务机构仍通过就业政策宣讲、岗位发布、开招聘会等传统的就业服务模式开展工作；民办服务机构主要开展劳务派遣服务。人力资源服务机构围绕青海省经济转型期的人才需求，对求职人员开展职业指导、规划少，相关就业岗位信息发布频率低，承载平台少，导向作用发挥不充分。三是专业化水平低。据调查，青海省人力资源从业人员具备专业知识的十分稀缺，取得执业资格的只有187人，占从业人员的18.7%，与市场需要还有很大的差距。

（三）职业培训不充分

青海省职业教育和技能培训不能适应经济社会发展的需要，存在布局结构不合理、专业不精准、师资不充裕、供需不接轨等问题。主要原因：一是培训的针对性还不强。劳动者选择参加培训项目随意性强，与市场需求衔接不紧密。二是培训资源缺乏整合。青海省各类短期培训机构、职业院校，以及企业等各类职业培训资源还没有得到合理整合，利用率较低。三是培训机构的师资水平不高，培训能力不足。四是培训监管不到位。城乡劳动力参加培训随意性强，部分培训机构存在不规范等问题，缺乏有效监管。五是高技能人才培训仍然是短板。高技能人才培养仍然依靠职业类院校和高校培养为主，企业的主体作用和人才培养优势发挥不充分。

（四）就业政策措施及细化操作不充分

部分就业工作在推进过程中，逐步显现出不适应青海省实际的一些具体问题，影响了就业政策的全面落实，降低了就业服务的针对性、实效性。具体包括：一是现行的公益性岗位开发管理制度在调整安置就业困难人员，特别是对城镇零就业家庭成员"兜底"援助中，规定措施还不完善，需进一步进行修订。二是鼓励和支持各地加大就业创业力度，引导各地做好就业政策的落实和创新，还需要相应的奖励考核机制促进政策的落实。三是就业失业登记管理制度不健全，影响了就业服务针对性的提升。四是通过劳务经纪人带领农牧区富余劳动力转移就业，提高劳务输出组织化程度，还需加强对劳务经纪人队伍管理制度的建设。五是就业资金的使用管理还需要进一步进行规范，细化操作流程。六是引导劳动力积极投入职业技能学习，提升就业质量、缓解就业结构性矛盾，需要进一步充实完善青海省技术工人激励培养办法。

（五）公共就业服务发展不充分

青海省公共就业服务水平还比较落后，与广大劳动者就业意愿不匹配，不能满足劳动者和用工企业的需求。主要原因：一是基层公共就业服务能力不足。青海省现有县级以上公共就业服务机构54个，青海省2市6州46个县（区、市、行委）到目前还有玉树州囊谦县未设立县级就业服务机构。在人员设置上也普遍不能适应工作需要，如玉树州全州从事公共就业服务的在编人员只有24人，海北州海晏县从事公共就业服务的在编人员只有3人。而青海省乡镇以下从事就业服务专职人员仅有180人。二是信息收集发布不到位。当前服务机构与用人单位之间互动机制尚未建立，服务机构不能及时准确掌握用人单位岗位信息。相关用工信息发布仍以服务机构场内发布、纸质媒体和门户网站发布为主，群众接受不方便，方式单一，效果不充分。三是信息对接不及时。目前公共就业服务大多还停留在现场看、现场问的阶段，信息不能实现求职人员和用人单位及时全面检索，更不能实现根据双方需求自动推荐，大大降低了就业信息的使用效率。

三 青海省就业面临的新形势新问题

习近平总书记指出，当前形势下，一方面劳动年龄人口减少，就业总量矛盾有所缓解；另一方面结构性就业矛盾进一步凸显。对照习总书记对就业形势的研判，结合青海省实际，青海省当前就业工作既面临一些挑战，也有很多发展机遇。

挑战方面，一是总量压力依然存在。"十三五"期间，每年青海省城镇就业劳动力供给9万人左右，农村牧区约有80万人要向非农领域转移，应届高校毕业生1.76万人，青海省就业压力始终处于高位运行。二是结构性矛盾更加凸显。一方面，部分劳动者技能素质不能适应就业需求，产业转型升级、技术进步所需的高层次和技能人才不足；另一方面，部分劳动者受择业观念影响不能适应就业需求。供给与需求结构不匹配，"有人没事干、有事没人干"的现象在一些领域表现比较明显，"就业难"与"招工难"并存。三是去产能企业吸纳就业能力降低。2016 年以来，青海省 6 户去产能企业共分流职工 4150 人，除符合退休、内部退养条件之外的人员，基本都由原企业吸纳安置，这些企业吸纳就业的能力减弱。四是企业用工需求不足。统计分析，各类企业用工占青海省城镇新增就业 70% 以上。2017 年对西宁、海东、海西调查，企业用工与上年同期相比下降 2.96%，用工减少成因多样，其中员工个人辞职占 75%，企业辞退的占 25%。五是高校毕业生就业压力持续增加。2018 年，青海省高校毕业生将达到 1.9 万人，比上年增加近 3000 人，高校毕业生的就业压力依然较大。六是当前国际贸易保护主义抬头，中美贸易摩擦可能会对我国部分行业出口造成影响，需要我们密切关注青海省就业工作可能受到的冲击，充分预判风险。

当前和今后一个时期，就业总量压力、结构性矛盾仍将是青海省就业形势的基本特征。就业工作既要面对初级阶段所呈现的老问题，又要应对转型时期产生的新问题。新旧矛盾的交织，使得青海省就业形势更加复杂。"十三五"期间，青海省要持续完成每年城镇新增就业 6 万人目标任务，压力大、任务艰巨。

机遇方面，一是党中央高度重视就业工作，党的十九大报告提出"就业是最大的民生"，明确提出实现更高质量和更充分就业的新目标和新要求，为就业工作指明了方向。二是当前我国经济发展形势持续向好。当前呈现总体平稳、稳中有进、进中育新的良好态势，同时青海省城镇化进程不断加快和乡村镇振兴战略大力推进，都为扩大就业提供了广阔的市场空间。三是省委省政府深入贯彻落实党中央的决策部署，提出了"五四"发展战略，为促进青海省就业工作描绘了蓝图、统一了思想、明确了目标、鼓舞了干劲。四是随着新技术在生产生活各个领域广泛应用和渗透，新产业、新业态、新模式正在孕育形成，多元化就业形态大量涌现，为拓展就业新空间、提升就业质量开辟了广阔前景。五是青海省正在建设"互联网＋就业"公共服务平台，全面推进公共就业创业服务信息系统应用。

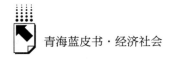
四　解决青海省就业不平衡不充分问题的思路

习近平总书记指出，"就业是最大的民生工程、民心工程、根基工程，必须抓紧抓实抓好。""解决好就业问题，是党和政府义不容辞的责任。""要从全局高度重视就业问题，把就业工作摆到突出位置，切实把民生头等大事做好。"习近平总书记这些重要论述，从经济、社会、政治多个维度，深刻阐述了就业工作在党和国家事业全局中的基础性、战略性地位和作用，体现了以人民为中心的发展思想，体现了深厚的为民情怀和强烈的使命担当，对于引领我们做好就业工作具有重要的指导意义。

深入贯彻落实习近平新时代中国特色社会主义思想，必须结合青海省就业工作中存在的不平衡不充分的种种表现，坚持问题导向，坚持目标导向，坚持劳动者自主就业、市场调节就业、政府促进就业和鼓励创业方针，进一步理清工作思路，明确促进就业创业工作的措施。

（一）强化领导体系，在发展中深入实施就业优先战略

一是推进特色优势产业、循环经济主导产业、重点企业和重点项目发展，巩固提高骨干产业和大中企业促就业的传统优势；二是发展壮大市场主体，特别是加快民营企业、中小微企业发展，发挥就业主渠道作用；三是大力发展新能源、新材料、特色生物制药、高端装备制造等战略新兴产业，不断拓展新兴就业领域；四是推动高原特色生态农牧业与工业、服务业深度融合，拓展农牧产业链，尤其是乡村旅游、农村电商等新业态，稳步扩大农牧民就业空间；五是大力发展吸纳就业能力强的产业，特别是就业容量大、门槛低的家政护理等家庭服务业，努力创造更多就业机会；六是通过化解过剩产能、落实减税降费政策等，推动钢铁、煤炭等传统行业转型发展，稳定用工需求。

（二）健全政策体系，落实完善积极就业政策

当前和今后一段时间，需完善以下政策措施。一是强化就业困难对象就

业援助政策的落地，尽快研究修订《青海省公益性岗位开发管理办法》，帮助零就业家庭等就业困难群体通过公益性岗位安置得到就业援助；二是结合工作落实情况，尽快制定《青海省就业工作绩效考核办法》，量化指标，细化操作，引导各地做好就业政策的落实和创新；三是研究制定《青海省就业失业登记管理办法》，进一步规范就业失业登记信息管理，为实现就业服务精细化、科学化打好基础；四是积极提升劳务输出组织化程度，研究制定《青海省劳务经纪人管理办法》；五是规范就业资金的使用管理，研究拟订《青海省就业补助资金管理办法》；六是拟定《青海省技术工人激励办法》，支持引导全社会积极学习职业技能。

（三）完善培训体系，大力提高劳动者就业技能

加强职业技能培训，提升城乡劳动力就业能力，是解决就业结构性矛盾、促进就业创业、实现更高质量更充分就业的重要措施。当前和今后一个时期，青海省要把保持培训总体规模、提高培训质量效益作为首要任务，抓好落实。

面向就业市场，注重培训需求收集使用。继续坚持以就业市场为导向开展职业培训，逐户、逐人了解培训需求，收集整理各类企业用工情况，向未就业城乡劳动力进行宣传推荐，引导群众参加企业需求工种的培训，使培训和就业衔接更加紧密。

整合培训资源，注重努力拓展培训能力。严格推行政府购买培训成果的办法，通过市场整合培训资源，满足培训的需求。同时，广泛开展企业直接培训，利用企业的生产设备、技术人员充实培训力量，实现培训与使用的无缝对接。

提升培训质量，注重大力增强培训效益。全面落实各项培训扶持政策，加强实训基地建设，强化对培训对象、培训过程、培训效益、资金使用的动态监管，努力提高职业技能培训的针对性和实效性。

适应产业转型，注重培养技术技能人才。积极适应产业转型升级，加强职业教育，进一步调整教育结构和布局，建立学科专业评估、预警、退出和

动态调整机制，强化工学结合培养模式，构建以就业为导向、体现终身教育理念、面向人人的现代职业教育体系，促进职业教育与其他类型教育有机衔接，加快培育大批具有专业技能与工匠精神的高素质劳动者。

（四）创新服务体系，提供全方位公共就业服务

公共就业服务是政府调节、干预劳动力市场和促进劳动力市场公正的主要手段，可以提高劳动力市场运作的效率，提高劳动力市场信息的透明度，保护可能处于弱势的群体，有利于促进就业，有助于抵消结构调整对劳动力市场带来的负面作用。

建立健全服务机构。各级政府加强公共就业服务平台建设，建立健全各级公共就业服务工作机构，充实工作人员，解决工作经费和办公场地及所需的工作设施，明确工作职能，强化工作责任。进一步加强就业服务平台建设，在巩固市（州）、县（区）两级的基础上，把机构建设重点向乡镇（街道）、社区和村延伸，建立健全省、市、县、乡、村五级就业服务网络，搭建起功能齐备、时效性强的基层劳动保障服务平台，让青海省居民和所有求职人员在家门口就能享受到全面的公共就业服务，推进城乡公共就业服务均等化发展。

充实完善服务功能。切合市场实际，注重职介与培训衔接，使就业服务的实效性得到增强；加强与企业间的互联互通，在劳动力供给和需求上做到信息对称、共享；积极探索移动终端服务平台建设，通过群众喜闻乐见和广泛使用的媒体终端，发挥信息发布的最大效益；对一些省内急需、需求量大或长期有需求的岗位，要加大发布力度，持续不断发布，形成导向，引导劳动力及时进行技能转换。

积极推进信息化建设。积极推进"互联网＋就业"建设，依托"线上线下"的全方位公共就业服务，解决就业领域结构性、摩擦性失业问题。一是依托"金保工程"就业系统建设进程，对"青海省人力资源市场信息管理系统"全面升级、改造。以就业创业资金流向监管、就业创业服务信息管理为建设重点，利用网络大数据协同技术，建设全省统一的公共就业创

业服务平台系统，规范资金使用流程，创新资金监管模式，切实提升公共就业创业服务信息化应用水平。二是建立"互联网＋"公共就业服务平台，推进基层公共就业服务平台向移动端、自助终端、热线电话延伸。为用工企业和求职者搭建动态信息平台，切实提升就业供需市场的服务效能和就业服务的针对性。三是推进部门间信息互联互通，实现高校毕业生、享受政策人员、就业失业登记人员、用工备案和工商登记人员实名制信息共享，及时准确动态掌握劳动者就业状况，详细了解劳动者享受政策情况，为有需要的劳动者提供针对性帮扶援助。

（五）鼓励大众创业，催生更多新的就业增长点

贯彻落实习近平总书记讲话精神，不断完善体制机制、健全普惠性政策措施，加大统筹协调，构建有利于创业创新发展的政策环境、公共服务体系和良好社会氛围。

积极落实创业促进就业政策。创业促就业政策效益的显现，需要社会、劳动者个人多方面的配合和努力，青海省出台了一系列的创业促就业政策，关键是现阶段要把全面落实现有政策作为首要任务，根据政策落实情况，各地区要及时评估各项政策的实效性，使那些行之有效的政策措施与各地的实际更加充分地结合起来。

持续推进政府服务改革。深化"放管服"和商事制度改革，大力减少审批事项，落实政府审批"清单"公示制度，降低市场准入门槛和制度性交易成本，打造青海"创新创业"的最优环境，培育更多市场经济主体。着力加强师资力量和教学管理，完善培训质量控制；有针对性地开展农家乐、青海拉面等特色"专项式"培训，不断创新培训模式。

不断拓展创业服务领域。加大创业孵化基地（园区）建设力度，加强创业服务平台建设，提升建设层次，完善认定和奖补机制，提供项目开发、开业指导、融资等一条龙服务，支持劳动者成功创业。同时，完善创业咨询服务专家队伍，根据创业主体的不同阶段、不同需求，提供有针对性的专业化、差别化、定制化指导服务，促进创业企业加快发展。

（六）突出重点群体，以精准服务优化就业援助

继续把高校毕业生就业作为重中之重。深入实施就业创业促进计划，集中开展高校毕业生就业创业服务，依托国家经济技术开发区、高新技术开发区、农业科技园区和重大工程等产业发展及科技型、创新型企业和科研项目的吸纳作用，引导毕业生到新兴产业、先进制造业、现代服务业等领域就业创业，到中小微企业就业。进一步引导和鼓励高校毕业生到基层工作，统筹实施三支一扶计划、西部计划、青南计划基层专项行动，启动高校毕业生基层成长计划，使高校毕业生"下得去、留得住、干得好、流得动"。建设一批高校毕业生见习基地，推进高校毕业生就业见习。推进公共就业服务职能向校园延伸，广泛运用新媒体、新技术点对点推送信息，实现公共就业服务平台与高校校园网互联互通、与毕业生实时共享。加强藏区六州与对口援青省（市）沟通联系，鼓励和引导高校毕业生走出去就业。

精准帮助贫困劳动力转移就业。按照精准扶贫、精准脱贫基本方略，多措并举，精准施策，促进贫困劳动力转移就业脱贫。一是围绕落实就业脱贫行动计划，大力发展"青海拉面"和"海西枸杞采摘"等劳务品牌，因人因需精准提供就业援助服务，通过鼓励劳务经纪人带领提高组织化程度等方式促进贫困劳动力转移就业。二是扶持省内经济效益好、社会信誉度高、吸纳就业人员多的企业，将其纳入就业扶贫基地，鼓励支持企业在乡镇（村）创建扶贫代工点，发展"企业（公司）＋农户＋车间"的产业扶贫模式，不断满足贫困劳动力在家门口实现就业的需求。三是开展有针对性的技能培训，提升贫困劳动力就业能力。四是借助信息化手段，将就业服务和就业扶贫信息及时推送到贫困劳动力身边，方便群众就业创业，提升公共就业服务的时效性、便捷性。

稳妥推进去产能分流职工安置。积极跟进落实国家政策，按照化解过剩产能职工安置工作的《实施意见》和《工作方案》，通过"四个一批"方式，积极稳妥、有序有效做好职工安置工作。一是支持企业内部分流。二是支持企业做好职工转业转岗和技能提升培训。三是促进转岗就业创业。四是

运用公益性岗位托底帮扶。同时，加强对就业困难人员进行实名制动态管理和分类帮扶，鼓励就业困难人员到企业就业、自主创业或灵活就业，确保零就业家庭至少一人就业。

（七）优化就业环境，维护企业和劳动者合法权益

一是不断健全劳动关系协商协调机制，推进集体协商和集体合同制度建设，完善协调劳动关系三方机制；二是深入开展和谐劳动关系创建工作；三是加强劳动人事争议处理效能建设，提高调解仲裁工作质量和效率，依法公正及时处理争议、化解风险；四是完善劳动保障监察制度，推进落实企业守法诚信等级评价和失信惩戒制度；五是大力推进工资集体协商制度，让劳动者的收入与企业利润同步增长，确保劳动者共享改革发展成果；六是大力推进社会保险公共服务平台建设，方便职工参加社保和享受社保待遇，创造良好的务工用工环境。

（八）加大宣传力度，营造劳动光荣的良好氛围

注重通过宣传，扩大政策的知晓率，加强舆论引导，促进就业创业政策的落实。一是拓展宣传载体。充分利用报刊、电视、网络、移动客户端等各类媒体和信息传播渠道，以群众喜闻乐见的方式将政策讲清讲透，对重点群体进行政策精准推送，使劳动者和用人单位对就业创业政策应享尽知。二是实地开展宣讲。用通俗易懂的语言集中编印政策宣传材料，组织公共就业创业服务机构和基层服务平台人员，主动进校园、进企业、进街道宣传政策，利用服务窗口、服务热线等渠道，做好就业创业政策咨询解答。持续开展"筑梦未来，与你同行"高校毕业生就业创业政策宣传推介活动、"换脑筋、闯市场"主题宣教活动，帮助高校毕业生熟知政策、转变观念，做好就业创业准备。三是树立就业创业典型。大力宣传劳动模范和劳动者运用政策就业创业的典型事迹，特别是大学生、建档立卡贫困劳动力等重点群体中出现的典型实际，加强舆论引导和舆情监测应对，帮助劳动者树立正确的就业择业观念。四是定期组织开展创业大赛和各类就业创业援助活动。依托在青海

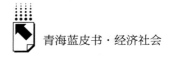
省开展创业大赛、创业成果展、就业援助月、春风行动、民营企业招聘周等各类就业创业活动，大力开展政策宣传，营造良好的就业创业氛围。

参考文献

《党的十九大报告》。

《习近平总书记在天津考察时的讲话》，2013 年 5 月 14 日、15 日。

《习近平总书记在中央经济工作会议上的讲话》，2014 年 12 月 9 日。

《习近平总书记在知识分子、劳动模范、青年代表座谈会上的讲话》，2016 年 4 月 26 日，《人民日报》社单行本。

《习近平总书记在省部级主要领导干部学习习近平总书记重要讲话精神，迎接党的"十九大"专题研讨班开班式上的讲话》，2017 年 7 月 26 日。

2012 年以来《青海统计年鉴》。

B.12
青海省基层综合性文化服务中心
建设现状及政策建议

青海省文化和旅游厅及青海省社科院课题组 *

摘　要： 推进基层综合性文化服务中心建设是构建农牧区公共文化服务体系的重要抓手，是实施乡村振兴战略的迫切需要，是加强意识形态工作的重要举措，也是文化扶贫工作的重要内容。本文梳理了政策施行过程中出现的新问题、新困难，并结合基层综合性文化服务中心建设的新形势、新情况，剖析原因，进而提出了相关对策建议。

关键词： 基层　文化　服务中心

　　自 2016 年 7 月《青海省人民政府办公厅关于推进基层综合性文化服务中心建设的实施意见》（以下简称《实施意见》）印发以来，青海省上下高度重视，紧紧围绕《实施意见》精神，在藏区村级文化活动室和"高原美丽乡村"建设项目的基础上，结合中宣部贫困地区百县万村基层综合性文化服务中心示范工程、贫困地区民族自治县村级综合性文化服务中心覆盖工程，以西宁市、海东市为重点，以村级综合性文化服务中心为主体，在青海

---

　　* 邓福林，青海省文化和旅游厅公共文化处处长；尚军邦，青海省文化和旅游厅公共文化处副处长；鄂崇荣，青海省社会科学院民族宗教所所长，研究方向为民族文化；杨军，青海省社会科学院经济研究所副研究员，研究方向为经济史、区域经济；甘晓莹，青海省社会科学院经济研究所助理研究员，研究方向为区域经济。

省实施了村级综合性文化服务中心建设项目。两年来，在各级财政的大力支持和各级文化部门的努力下，严格按照标准，分类推进，着力推动资源整合和功能完善，青海省基层综合性文化服务中心建设工作得到有效推进。

一 青海省基层综合性文化服务中心建设情况

（一）强化资金保障，增加投入力度

青海省根据实际需要和相关标准将基层综合性文化服务中心建设所需资金纳入财政预算，增加投入力度，同时对各类面向基层的公共服务和公益事业发展资金进行整合，并积极争取获得中央的项目补贴和资金支持。其中，对六州藏区在建设资金上给予全额补助。当前，每个村级综合性文化服务中心建设资金标准为：功能资源整合为 5 万元、改造提升为 8 万元、新建投入为 30 万元。2016 年以来，青海省投资 4.13 亿元，全力推进村级综合性文化服务中心建设工作。其中，2016 年试点建设实际投入 0.45 亿元，另外，新建、改造提升和功能资源整合实际投入 0.71 亿元；2017 年新建、改造提升和功能资源整合两次分别投入 1.28 亿元和 7000 万元；2018 年青海省建设村级综合性文化服务中心已投入 0.99 亿元。为保障基层综合性文化服务中心管理运行经费，对乡镇综合文化站、村级综合性文化服务中心每年继续根据现行 5 万元和 1 万元的标准进行运营经费资助。在"十三五"期间，按照青海省经济社会发展和实际财力情况还将进行适度调整提高。同时，中宣部"百县万村"村级综合文化服务中心示范工程、贫困地区民族自治县村综合文化服务中心"覆盖工程"与村级综合性文化服务中心建设项目整合资金捆绑实施。

（二）注重分类推进，优化资源配置

根据青海省农牧区实际情况，坚持因地制宜、分类指导，制定建设标准，包括"农区村级综合性文化服务中心""藏区村级综合性文化服务中心"。村级综合性文化服务中心建设按照合理布局、整合资源、规模适当、均衡配置的原则，在已建设1925个村的基础上，分年度进行建设。主要依托现有党组织活动场所、村综合服务设施、文化活动室、闲置中小学校等综合公共服务设施，在明确产权归属、保证服务接续的基础上，重点以功能资源整合、改造提升、新建和配备文化广播体育设备等方式，通过舞台戏台、阅报栏建设，增强综合文化服务功能，实现资源共享。农区达到"十个一标准"，即一个文化活动室、一个文体活动广场、一座乡村小舞台、一个书屋、一个广播室、一个宣传栏、一套文化器材、一套体育器材、一名文化管理员、一支文体活动团队。藏区村级综合性文化服务中心建设按照青海省六州藏区的实际情况，重点在农牧民定居点建设基层综合性文化服务中心，以阵地服务与流动服务相结合方式，达到"8＋2"标准，即一个文化活动室、一个文体活动广场、一个书屋、一个广播室、一个宣传栏、一套文化器材、一套体育器材、一名文化管理员，增加每月一次流动电影放映、每季度一次综合流动文化服务。基层群众有了活动的基本场地和设施。

（三）扎实稳步提升，完成年度目标

自基层综合性文化服务中心建设工作启动以来，围绕打通公共文化服务"最后一公里"的建设目标，把推进基层综合性文化服务中心建设作为加快构建现代公共文化服务体系的重要抓手，根据年度实施方案分类、分批稳步推进，圆满完成各年度建设任务。《实施意见》中对2016年到2020年计划完成工作目标做了详细的阐述，2016年完成151个村试点建设任务，其中功能资源整合39个，改造提升50个，新建62个；2017年功能资源整合174个村，改造提升204个村，新建329个村；2018年功能资源整合172个村，改造提升205个村，新建324村；2019年功能资源整合174个村，改造提升201个村，新建315个村；2020年重点做好巩固提高、查漏补缺工作。实际完成情况如下：2016年，在西宁、海东及六州藏区的151个村开展了基层综合性文化服务中心试点建设工作，全年共投

入资金 4530 万元，全部按期高质量完成计划目标。2017 年，将村综合文化服务中心建设与中宣部"贫困地区民族自治县村文化服务中心覆盖工程"相结合，整合资源，合力推进，全年共投资 19768 万元，完成了 1265 个基层综合性文化服务中心建设，其中新建 618 个、改造提升 361 个、功能资源整合 286 个，超出计划目标数量约 1.8 倍。2018 年，青海省共投资 9869.88 万元，计划完成 540 个村级综合性文化服务中心建设。按照目前的建设进度，青海省将有望提前一年，即 2019 年实现村级综合性文化服务中心全覆盖的目标。

（四）着力整合资源，坚持盘活存量

青海省基层综合性文化服务中心建设工作在全面掌握基层公共文化服务设施存量和使用状况的基础上，主要依托现有党组织活动场所、村综合服务设施、文化活动室、闲置中小学等综合公共服务设施，在明确产权属性、保证服务接续的前提下，各级文化部门坚持"一堂多能、一室多用"原则，通过盘活存量、调整置换、集中利用等方式加大对现有资源的整合力度。严格按照标准，重点以功能资源整合、改造提升、新建和配备包括文化广场、宣传标识、文化走廊、文体器材等在内的设施设备等方式实施了村级综合性文化服务中心建设，使基层现有的党员教育、科学普及、农技推广、农村信息化、普法教育等公共服务资源得到有效统筹利用。同时，整合宣传、文化、广电、体育等部门面向基层的各类公共文化建设项目，充分利用省、市、县三级政府及相关部门资金支持，加强设施配备，统一形成合力，以整合基础公共资源为抓手盘活现有存量，进一步提升和完善了基层综合性文化服务中心的服务功能。

二　政策实施成效综合评价

课题组通过发放调查问卷的形式就基层民众对《实施意见》政策的熟识度、对基层综合性文化服务中心的需求度和满意度进行了调查。调查对象

涉及青海省两市六州农牧民群众以及基层文化部门的工作人员。共发放调查问卷600份，收回有效问卷586份，有效率为97.6%。

（一）社会满意度评价

1.《实施意见》政策熟识度调查

由图1可以看出，46.7%的受访群众对《实施意见》有一些了解。但从身份及工作来看，这部分受访群众多为企事业单位工作人员和公务员身份。33.2%的受访群众对该文件有所了解，10.2%的受访群众对该文件详细了解过，还有9.8%的受访群众对该文件完全不清楚。总之，在广大基层地区，社会普通民众对《实施意见》的政策知悉度仍较低。

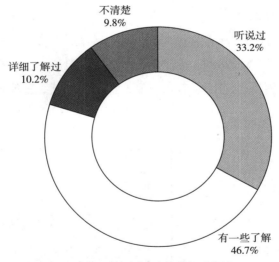

图1　《实施意见》政策熟识度调查

2.供需契合度差异性调查

由图2可以看出，受访对象普遍认为当前青海省农牧区基层文化活动室、文化活动广场、书屋、体育器材、文化器材的供给度较高，满足了广大基层民众的文化生活需求。而且各地基层文化活动广场、文化活动室、体育器材、文化器材的利用率相对较高。而农家书屋、广播室、综合性服务窗口供需契合度低，说明这些文化设施的利用率低。

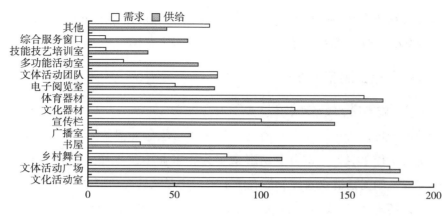

图2 供需契合度差异性调查

3. 文化服务活动调查

由图3可以看出，从青海省来看，农牧区基层综合性文化服务中心组织开展群众性的文化体育活动、流动电影放映、展览展示、政策解读、专题报告、科学普及等宣传教育活动较为丰富，而数字阅读、技能培训等活动相对较少。

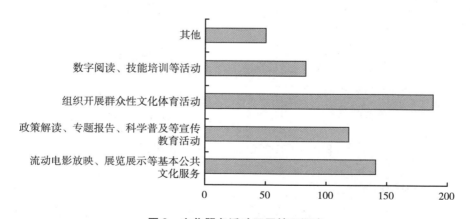

图3 文化服务活动开展情况调查

4. 群众满意度调查

由图4可以看出，受访对象对村级综合性文化服务中心提供的设施设备和服务的满意度较高，95.5%的受访对象持满意态度。其中，非常满意占

23.4%，比较满意占42.6%，认为一般的占29.5%。2.5%的受访对象持非常不满意的态度，2%的受访对象持比较不满意态度。

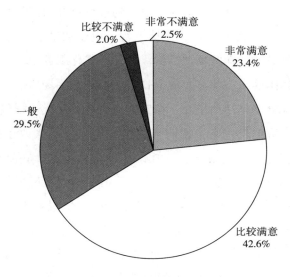

图4 群众满意度调查

（二）效益分析

自《实施意见》颁布实施以来，青海各地紧紧围绕党的十九大精神和习近平新时代中国特色社会主义思想，加快推进村级综合性文化服务中心建设工作，村级综合性文化中心建设成为向广大基层民众提供优质文化服务、打赢脱贫攻坚战役和建设社会主义核心价值观的主阵地。通过实施这一惠民工程，打通了青海省公共文化服务的"最后一公里"，建立完善了省、州、县、乡、村五级公共文化服务网络体系，促进了青海省基层公共文化服务设施网络的改善，农牧民群众的基本文化权益得到保障，精神文化需求得到满足，筑牢了青海省基层公共文化服务的基础，并使其均衡发展，在广大基层地区产生了良好的社会效益。

1. 为开展日常各类文体活动提供了场所

作为建在基层群众身边的公共文化设施，村级综合性文化服务中心最大特点就是具有强调统筹和综合的职能定位。青海省村级综合性文化服务中心建设工作充分发挥了基层终端平台优势，整合了过去分布在不同部门、孤立分散和单一的公共文化资源，对人、财、物进行更好的统筹和使用。基层群众获得了文艺演出、读书看报、广播电视、电影放映、文体活动、展览展示、教育培训等日常活动的场地，村级综合性文化服务中心已经成为农牧民群众农闲季节休闲娱乐、学习交流等日常活动的重要场所。

一是依托综合文化活动中心，在农村党员干部现代远程教育平台和文化信息资源共享工程的辅助下，按照当前党和国家的重大改革措施及惠民政策，通过政策解读、专题报告、百姓论坛等多种形式，在基层进行宣传教育，让群众了解与自身息息相关的信息，有利于群众更好地了解党的方针政策。例如，互助县小庄村整合建设村级综合性文化服务中心建设和最美乡村，建成了集党员活动室、老年活动室、图书阅览室、民俗文化展览室、土族毡帽形象展示的文化广场于一体的综合性文化服务中心，使得村民享受的公共文化服务与城市社区接轨，全面实现了公共文化服务设施城镇化。

二是利用农闲时节积极开展法制宣传、科普教育、技能培训、扶贫政策解读、就业社保、养老助残、妇儿关爱、人口管理等其他公共服务，为基层群众打造了便捷高效的一站式、窗口式、网络式综合性公共服务平台，有助于加强技能培训、传播科学文化知识，提高群众综合素质，从而推动青海省农牧区脱贫攻坚工作。如湟中县鲁沙尔镇阳坡、共和新庄等8个村举办银铜器、河湟皮影、农民画、堆绣等八期培训班，培训人数达到468人次。

三是为群众日常文化、体育、娱乐等活动提供了场地。如互助县丹麻镇东家村利用文化活动中心场地，连续举办36届农民文化艺术节，成为青海省示范村，通过乡土文化形式传播社会正能量。湟中县田家寨镇黄蒿台村在建成村级综合性文化活动中心后，改变了一支秦腔业余剧团十几年无场地的历史，使他们有了属于自己的表演舞台。海南州在全州范围内实施了乡镇、村级公共文化体育工程，体育组织覆盖率分别为72%和55%，通过加大基层文化体育基础设施覆盖度，为全民健身向纵深推进、满足各族群众精神文化需求发挥了重要作用。

2. 为丰富群众文化生活提供了舞台

青海省各地充分利用乡、村文化活动室、文化广场、乡村舞台等文化设施，在春节、三八妇女节、"六月六"、七一、国庆等节假日，积极开展社火表演、"非遗"展示、民歌比赛、文艺汇演、篮球赛、射箭等富有民族民间特色的群众文体活动，极大地丰富了群众文化生活。如民和县官亭镇在乡镇文化站专门设置展厅，展出当地历史文化、"非遗项目"、民族刺绣，并常年举办刺绣培训班，不仅丰富了当地群众的精神文化生活，也为农村妇女增收致富创造了条件。湟中县土门关乡针对皮影戏在群众中受欢迎程度高的实际，依托村级综合性文化活动中心，专门建设了皮影人展厅和排练厅，并邀请省级"非遗"项目河湟皮影制作技艺传承人现场制作皮影雕刻，组织群众培训排练，该乡红岭村带动全乡成立皮影演出队伍 7 支，演出人员达 65 人，每逢农闲节假日开展皮影戏演出，每年演出场次达 300 场次以上。互助县东沟乡大庄村、松多乡松多村利用村级综合性文化中心设施设备，在文化广场举办土族安召舞表演、迎新春文艺演出及农牧民运动会等大型文化活动，吸引周边各村群众积极参与其中，每项活动参与群众达 1000 人以上。尖扎县康杨镇城上村通过村级综合性文化服务中心解决场地问题，培训和挖掘民间艺人，农闲季节群众演艺人员达 120 人，经常性弹奏二胡、板胡的艺人达十余名。德令哈市东山村综合性文化服务中心为组织农村劳动妇女进行德都蒙古族手工艺制作、唐卡绘画及玛尼石加工等培训提供了场地，不仅丰富了农牧区妇女的闲暇生活，也有效增加了农牧民人均收入。

3. 为优秀传统文化传承发扬提供了载体

传承发扬中华优秀传统文化，就必须通过当地特色历史文化资源，开展非物质文化遗产展示、民族歌舞、传统体育比赛等民族民俗活动来打造基层特色文化品牌，这就需要一个具有非排他属性的公共物品或者服务，作为载体来展示这些优秀的非物质文化遗产。青海省非物质文化遗产众多，同时也各具特色，由此各地注重将村级文化中心建设成为非物质文化展示和传承阵地，通过组织各类传承培训班、开展各类民俗活动，提高群众对传统文化、非物质文化遗产的传承与保护意识。自实施村级综合性文化服务中心建设项目以来，青海省许多村庄新建了文化活动广场、文化舞台项目，解决了各类文化民俗活动无场地的问题，充分调动了基层群众参与传统文化活动的积极性。尤其是在各民族传统节日、节点，如春节期间，各村庄以文化中心为平台，依托本地传统特色文化资源，广泛开展了传统戏剧、社火、民族歌舞演出等活动。如湟中县共和镇新庄村、田家寨镇下洛麻村新建的文化活动广场、文化舞台项目，解决了"却西德哇古老游戏""下洛麻出阁王"等民俗活动无场地的问题，充分调动了群众参与传统文化活动的积极性，参与人数达4万余人次；循化县道帷乡宁巴村利用修建的文化广场进行了国家级"非遗"项目"螭鼓"舞的排练和演出，国家级代表性传承人给年青艺人亲自示范，手把手传授表演技巧、要领，吸引更多的传承人参与民族文化的传承中来；同仁县江什加村藏剧团每年春节期间利用新修建的舞台进行国家级"非遗"项目"藏戏"演出，在村民中营造了人人关注藏戏、参与藏戏、传承藏戏的良好氛围；乐都区高庙镇老鸦村文化广场春节期间也是异常繁忙，全村男女老少齐出动，聚集在广场一起排练、演出社火，成为全村节日文化生活的亮点。

4. 为弘扬文明乡风提供了平台

村级综合性文化服务中心的建设为文明村镇、文明社区创建和乡贤文化建设活动构筑了平台。基层各地利用宣传栏、展示墙、文化课堂、道德讲堂以及最新的网络平台和高科技等设施设备，大力开展中华优秀传统文化的普及宣传活动，使得群众的生活方式更健康、道德情操更高尚，引领社会风尚，对促进民族地区社会进步起到了积极的助推作用。依托场地，提供丰富的文化内容，为基层树立文明乡风、推动移风易俗起到积极作用，农牧区邻里关系和睦融洽，酗酒赌博的越来越少，早晚在文化广场锻炼身体、跳舞的人越来越多，群众参加集体文化娱乐活动的积极性越来越高。例如，乐都区瞿昙镇隆国村的村级综合性文化服务中心建成后，村里专门成立了一支文艺团队，茶余饭后经常性开展文化活动，尤其是通过传唱红歌，用最朴素的语言唱出了共同的心声"共产党好"，形成了人人感恩党的良好氛围，也形成了"知党恩、讲党恩、感党恩"的乡风文明。同时，该村借助"乡村大舞台"、文艺下乡、免费送图书、优秀电影展播等活动,不仅为贫困村送去了精神食粮,而且在丰富群众文化生活的同时传播了正能量,为创建民族团结进步先进乡镇打下了坚实的基础。海北州门源县西滩乡边麻掌村眉户戏业余剧团利用村级综合性文化活动中心,紧跟新时代步伐,编排新的眉户戏,尤其是在"推动移风易俗、树立文明乡风"主题活动中,针对结婚索要彩礼数目一路飙升、攀比现象日益严重的情况,以政府购买文化服务的方式,安排编写通俗易懂、结合实际的唱词融入戏曲,并在各乡镇综合文化站进行巡演,收到良好效果及群众的高度好评。

三 政策实施的经验总结

基层综合性文化服务中心是传播主流价值观的阵地,是建设公共文化体系的重要组成部分。在基层综合性文化服务中心建设工作中,各级政府不断创新建设方式,完善政策实施的组织管理流程,为文化服务中心的建设提供了强有力的支持和保障,形成了具有青海特色的基层综合性文化服务中心建设经验和智慧方案。

(一)创新管理体制,完善组织流程

各地在推进村级综合性文化服务中心建设过程中,由县级政府承担主体责任,形成职能部门主抓、相关部门配合、乡村两级自主、群众积极参与的管理体制。项目选址等具体沟通协调事宜是由职能部门和乡村级负责人共同协商实施。建设程序方面,各县按照工程建设的有关规定,加强项目建设的规划、设计、地勘、造价和招投标。建设过程中,委托专业监理公司,做好工程质量的查验,同时加强廉政建设,各乡镇和项目村具体实施,上下联动,分级负责。资金投入方面,按照因地制宜、整合为先的原则,基本由各县统一调配安排。即使没有专职文化管理员,村级综合性文化服务中心都保证有兼职人员,加强设施设备的管理应用及保证基本服务项目的免费开放。

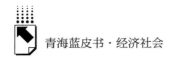

（二）加强联动统筹，强化资源整合

在项目实施过程中，各级文化部门将村级综合性文化服务中心建设工作与青海省"十三五"文化发展规划紧密结合，与党建、科技、民政、卫生、广电、体育等部门实施的村级惠民便民服务项目有机整合，实现了各类面向农村牧区的公共资源和文化服务的高度整合。科学规划，优化资源配置，合理布局建设项目，着力打造了一批集各类公共服务于一体的综合性服务中心。明确了县、乡（镇）两级政府在村综合文化服务中心建设、管理和使用过程中的责任。建立了科学的运行机制，做到了建、管、用并重，确保了村综合文化服务中心在宣传教育群众、丰富文化生活方面发挥实际作用。

（三）因地制宜规划，力求发挥实效

从各地实际出发，着眼于保障人民群众的基本文化权益，在满足基本使用功能的前提下，按照缺什么补什么的原则，因地制宜，合理确定建设项目和建设标准，不搞整齐划一，不搞"一刀切"，切实发挥了建设资金的最大效应。比如湟源县在人口集中、文化基础较好的村加大投资力度，在申中乡庙沟村、莫布拉新村、日月乡兔儿干村建设框架结构文化舞台，并配备化妆间；人口数量一般、活动较丰富的村修建钢架舞台；在人口数量较少、开展活动较少的村修建露天舞台等。

（四）细化分解任务，加强后期监督

青海省大部分县级文化部门在政策落实及项目实施中都制定了实施方案，将任务细化分解。强化责任落实，与各乡镇签订了责任书，将职责真正落实到各部门、各乡镇政府和文化主管部门，形成了县、乡、村三级联动的工作格局。建立起一级抓一级、层层抓落实的督查督办机制，确保人人肩上有工作、项项任务有着落、件件事情有结果，从而增强了项目建设的工作合力。尤其在经济发展条件较好的东部地区，积极发挥村委会的群众自治组织作用，不断提升自我管理和自我服务能力，从而形成了从县级到乡村层层落实责任、层层传导压力的工作格局。

四 尚待解决的几个问题

通过调研，课题组发现在青海省基层综合性文化服务中心建设中仍存在资源整合优化力度仍需加大、农牧区建设不平衡、后续管理及群众自发性活动内生动力不足等问题和困难。这些问题与困难在一定程度上影响了基层综合性文化服务中心建设工作的整体推进。

（一）资源整合力度仍需加大

由于村级综合性文化服务中心涉及的工作条线较多，一些部门的基层设施有专门的规划建设标准，例如民政、行政服务中心等部门。在项目实施过程中，有的地区统筹协调力度不够，政府的主体作用发挥不足，存在文化部门单打独斗的现象，未能形成合力推动村级综合性文化服务中心建设的工作机制，使得文化中心的"综合性"功能发挥不够充分。

（二）农牧区覆盖不够平衡

受区位地理、交通条件、经济发展、人口分布、传统生产方式等因素限制，青海省基层综合性文化服务中心建设在农村牧区呈现发展不平衡的态势。农区有些村庄距离较远、人口居住分散，而牧区牧民放牧转场，流动性较大，导致部分地区村级综合性文化服务中心只能为定居点及周边一些群众提供文化设施和服务，对居住较远、流动频繁的群众无法提供文化服务。

（三）后续管理面临一定困难

目前，大多数村文化中心由村委会集体管理，有些由县文化局选派的"三区"人才协助管理，有些由当地退休老同志临时负责。因为基层文化管理岗位吸引力不足，使得基层文化管理人员的专业能力和整体素质无法得到保障，导致有些村级综合性文化服务中心无固定人员管理设备设施、利用率不高。因此，人员不稳定、无劳动报酬、管理人员缺失等问题已成为当前制约村级综合性文化服务中心发挥功能作用的主要瓶颈。

（四）文化内生动力有待提升

随着社会经济的快速发展，人民群众精神文化生活呈现多元化，因而对于先进文化的创作和追求缺乏主动性。加之受季节因素影响，农忙时节大部分农牧区只有留守老人和儿童的现象普遍，因此在一定时间内开展文化活动场次少、内容单一，特别是面向不同受众群体的优秀公共文化产品供给不足，对群众的吸引力不足，群众自发性组织的文化活动较少。村级综合性文化服务中心自我管理、自发组织的能力还有待提升。

五 关于加快村级综合性文化服务中心建设的对策和建议

为了加快推进青海省村级综合性文化服务中心建设工作，仍然需要从提升服务效能、有效整合资源、完善体制机制、加强人才队伍建设、强化监督管理、创新服务手段等方面入手，在进一步提升服务水平等方面下功夫，确保为广大基层人民群众提供优质的公共文化服务。

（一）强化监督管理，提升服务效能

一是建议文化主管部门出台青海省村级综合性文化服务中心管理办法，制定服务规范、设施维护、活动开展、安全管理等规章制度，形成服务管理长效机制。在深入调研基础上制定出台《村级综合性文化服务中心管理办法》，明确村级综合性文化服务中心的工作职能、服务内容、人员和经费保障、检查考核等，逐步将其纳入规范化、制度化管理轨道，确保中心有效运转、发挥应有的社会效益。二是把村级综合性文化服务中心建设纳入公共文化服务考核指标。建立科学、公正、客观的动态监测和绩效评价机制，将文化投入、设施建设、活动开展、文化惠民及文化遗产保护、队伍建设等具体

指标列入政府考核问责内容，有效引导村级综合性文化服务中心各类设施设备的利用率，严明奖罚，定期考核，强化督查。三是适当引入第三方机构参与评估机制，对公共文化服务工作进行权威、公正的评估，避免公共文化服务和政策出台的"自娱自乐"，起到监督提升的重要作用。四是鼓励群众积极参与文化建设监督管理，加强群众自主管理和自我服务。完善民意表达机制，依托各基层代表会议开展民主协商，对综合性文化服务中心建设发展的重要事项充分听取群众意见，保证过程公开透明，并勇于接受群众监督。

（二）有效整合资源，扩大服务半径

一是发挥地方政府的主导作用，加强统筹协调，有效把宣传、文化、广电、体育等系统内分散单一的公共文化资源和项目资金整合到村级综合性文化服务中心，促进文化资源优化配置和共建共享，实现人、财、物统筹使用，未来村级综合性文化服务中心除了在基础设施方面查漏补缺、巩固提高，解决农牧区资源分布不均等问题，更要在服务方面缩小农牧区差距。二是统筹整合党员教育、科学普及、普法教育、卫生计生、妇儿关爱等系统外的公共服务资源，形成合力，把基层综合性文化服务中心综合服务功能做实做强，聚集人气、优势互补，方便群众办事，带动文化中心服务功能的高效利用。三是加快推进村级综合性文化服务中心达标提优工程，确保在2019年底完成行政村（社区）综合性文化服务中心全部达标任务，最终实现基层综合性文化中心服务功能的一体化、标准化、人性化、地域化和特色化，使其成为展现乡景、进化乡风、记忆乡愁、汇聚人心、扶智扶志、提升乡风文明的重要阵地。四是促进上层文化体育等相关机构与基层综合性文化服务中心对口交流和帮扶，推动国家及省级骨干文艺团体与村级综合性文化服务中心"结对子"。

（三）创新体制机制，加强队伍建设

公共文化人才是确保公共文化服务健康持续运行的中坚力量，因此要加大人才培养和引进力度，储备一批基层文化人才。一是不断适应群众文化需

求多元化、专业化的趋势，推动公共文化人才的业务培训与时俱进。各级文化行政主管部门定期采取示范服务、业务培训、现场观摩、交流学习等培训形式，加大对村级综合性文化服务中心管理人员的培训力度，实现人才队伍的业务培训工作专业化与常态化，不断提升文艺创作、文化活动策划以及文艺团队指导等多重复合能力。二是设立公共文化服务岗位，提升自我管理水平。鼓励大学毕业生、高学历村干部、志愿者等以专职或兼职的方式参与村级综合性文化服务中心的管理和服务工作。按照省财政补助、县级财政配套，农业区和牧业区有所区别的原则，逐步配齐村级综合性文化服务中心的管理人员，增加活动经费。三是发挥群众自治组织作用，加强群众自主管理和自我服务能力，激发群众的积极性和兴趣，扶持农牧区业余剧团、文艺队、农牧民书社等群众文化组织建设，鼓励企事业单位组织和其他各界社会力量以直接投资、赞助和捐赠等方式参与村综合文化服务中心管理和运营。四是重视基层文化骨干的培养，挖掘和发挥本区域内"文化名人"和"乡土文化人"的重要作用，通过选送吸收基层文化骨干参加省内外高校相关培训、重大节庆活动和对外文化交流活动，为优秀人才提供良好的发展空间和交流平台。五是依托国家实施"三区"人才支持计划文化专项平台，努力吸纳和培养更多有奉献精神和文体专业技能和爱好的普通群众成为志愿者，在城乡社区就近开展志愿服务活动。

（四）开展示范点创建，拓宽服务渠道

一是积极树立示范典型，发掘培养宣传一批服务功能好、群众公认的村级综合性文化服务中心，总结可复制、能推广运行的管理经验，进一步引领提升青海省基层公共文化服务效能。二是进一步推动政府购买服务工作和培育扶持社会组织发展相互促进联动，促进服务提供方主体的有效形成，让更多的社会组织有实力来承接公共文化服务，转变服务方式，拓宽服务半径。三是针对部分地区群众居住分散、流动性大的实际情况，重点结合传统节庆、民俗文化活动等开展文化服务。以政府购买公共文化服务方式，开展送戏下乡、文艺小分队赴基层演出、送图书下乡等活动。同时，以流动文化服

务车为载体，开展流动文化、政策宣传等，以点带面不断拓宽公共文化服务渠道，满足更多群众精神文化需求。四是弘扬中华优秀传统文化，推动乡土文化资源和非物质文化遗产的传承和保护，将传统手工艺品的设计与流行文化和实用相结合，积极开展民族音乐歌舞、传统竞技比赛等民族民俗活动，加强传统文化的创造和创新。五是综合运用项目资助或以奖代补的形式等多种政策工具推动社会组织参与提供公共文化服务，为社会组织承接公共服务创造良好的平台和宽松的政策环境。

（五）增强内生动力，创新服务方式

一是通过村级综合性文化服务中心，教育引导干部群众进一步弘扬社会主义核心价值观，引导广大群众移风易俗、倡树文明新风，助推农牧区精神文明建设和群众文化工作再上新台阶，通过文化事业和产业结合发展的方式，弥补基层综合性文化服务中心内生动力不足的问题，融合发展，让村里人主动回归到村里，有了人气就有增强内生动力的基础。二是充分发挥村级综合性文化服务中心的桥梁纽带作用，在做好传统服务方式的基础上，创新服务方式和手段，加强基层数字能力建设，接通省数字农家书屋、文化信息资源共享工程等网络资源，建立村级文化信息资源共享平台，实现行政村农家书屋与省、州、县图书馆"一卡通"通借通还全覆盖。三是结合青海省开展的县级文化馆、图书馆总分馆制建设，因地制宜，在村级综合性文化服务中心设置服务点，建立上下联通、服务优质有效的基本公共文化服务体系。充分发挥互联网和公共数字文化资源优势，为基层群众提供数字图书阅读终端、电子借阅机等服务，同时开展"订单式"服务，实现供需对接，提升服务效能。四是依托各级文化馆成立"公共文化产品和服务配送中心"，推动公共文化服务社会化发展。根据基层群众的实际需求，建立健全群众需求反馈机制，实现供需有效对接。将基层综合性文化服务中心建成文化流动服务点，实现公共文化服务与基层群众实际需求的无缝对接。

B.13
鼓励引导人才向艰苦边远地区
和基层一线流动研究

陈玮　张生寅　张筠*

摘　要： 党的十九大提出，"鼓励引导人才向边远贫困地区、边疆民族地区、革命老区和基层一线流动"，这是在全面深化改革开放的关键时期党中央进一步实施人才强国战略的重要举措，明确了新时代人才流动的新导向。青海省通过大力实施人才强省战略，鼓励引导人才向艰苦边远地区和基层一线流动，吸引了一批有志之士和本土人才扎根青海、创业奉献，在实现自身价值的同时，为青海建设注入了强大动力。

关键词： 青海　人才　基层

青海全省属于国家划定的艰苦边远地区，本文在调研中选取了具有代表性和典型意义的地区，包括西宁市城北区、海东市化隆回族自治县、玉树藏族自治州称多县和玉树市、海西蒙古族藏族自治州德令哈市和格尔木市等，通过实地调研、座谈会、个案访谈、查阅文献、发放调查问卷等方式，对青海省艰苦边远地区和基层一线人才队伍现状有了一个比较全面的了解。在此基础上，本文就青海省近年来鼓励引导人才向艰苦边远地区和基层一线流动

---

* 陈玮，青海省社会科学院院长、教授、博士，研究方向为民族宗教学、藏学、社会学；张生寅，青海省社会科学院文史研究所所长、研究员，研究方向为青海区域史；张筠，青海省社会科学院文史研究所助理研究员，研究方向为民俗学、地方文化。

的主要做法、取得的成效进行了梳理，对存在的问题和困难做了比较深入的分析，并提出了对策思路。

一 青海省艰苦边远地区和基层一线人才队伍现状

改革开放以来，省委省政府高度重视人才工作，特别是进入 21 世纪后，青海省各级组织人事部门认真贯彻落实中央关于人才工作的各项方针政策，积极实施科教兴省和人才强省战略，全力加强基层人才队伍建设，积极鼓励引导人才向艰苦边远地区和基层一线流动，基层人才队伍整体素质逐步提升、结构不断优化，为促进地方经济社会全面发展发挥了重要的人才支撑作用。

（一）艰苦边远地区和基层一线人才队伍结构

据有关部门统计，截至 2017 年底，青海全省国有企业、事业单位各类专业技术人员高级职称从业人员 20452 人、中级职称从业人员 47112 人、初级职称从业人员 65112 人；全省 R&D 人员①数量达到 9675 人，其中博士毕业生 603 人、硕士毕业生 1470 人，按国际可比的全时当量计算，2017 年全省 R&D 人员折合全时当量为 5656 人，比上年增加 1490 人，年增长 16.51%，其中大中型企业 R&D 人员有 3837 人，占全省 R&D 人员总量的 39.65%。基层一线人才队伍构成和全省人才队伍构成大体一致，例如，格尔木市截至 2018 年 6 月，行政机关公务员有 856 人，其中研究生学历 47 人、本科学历 611 人、大专学历 186 人、中专及以下学历 12 人；事业单位公务员有 77 人，其中研究生学历 5 人、本科学历 48 人、大专学历 23 人、中专及以下学历 1 人；事业单位工作人员有 3677 人，其中研究生学历 60 人、本科学历 2368 人、大专学历 1075 人、中专及以下学历 174 人；政府雇

---

① R&D 人员：单位内部从事基础研究、应用研究和试验发展三类活动的人员，包括直接参加上述三类项目活动的人员以及这三类项目的管理人员和直接服务人员，为研发活动提供直接服务的人员包括直接为研发活动提供资料文献、材料供应、设备维护等服务人员。

员有 44 人，其中本科学历 31 人、大专学历 13 人；"三支一扶"人员在岗 26 人，其中研究生学历 1 人、本科学历 25 人。

1999 年至今，由中组部、团中央组织的 18 批博士服务团 2852 名博士先后赴青服务锻炼，通过传、帮、带、培，有力提升了高原的科研水平和技术水准，为青海省各项事业的发展提供了强有力的人才支撑和智力保障。2012 年中央组织部、人力资源社会保障部等部门启动实施"国家'万人计划'"以来，青海省先后有 11 位入选者，行业涵盖高校、科研院所、大中型企业。2016 年青海省启动实施"高端创新人才千人计划"至今，共入选 669 人，入选团队 29 个，专业涵盖传统优势产业、战略性新兴产业以及现代服务产业，涉及政治建设、社会建设、文化建设和生态文明建设等领域。2017 年青海省先后协调邀请中国科学院院士陈孝平、石钟慈、葛均波、王光谦、何雅玲、武维华，中国工程院院士郑绵平、王浩、何继善、王复明、邱定蕃、康邵忠、王静康、曹福亮、刘昌孝、王学浩等，在全省范围内建立了 16 个院士工作站和 8 个专家工作站。

（二）艰苦边远地区和基层一线人才生活状况

1. 工作生活环境十分艰苦

就客观环境而言，青藏地区自然条件相对恶劣，海拔 4000 米以上地区的空气中，含氧量仅为海平面的 60%，而且，海拔每升高 1000 米，人体的劳动能力因为缺氧会下降大约 10%。正常人在海拔 4000 米以上的地区工作、劳动时，其劳动能力较近海平原地区下降 39.7%。与此同时，城镇建设落后，基础设施不健全，生活工作条件十分艰苦。有鉴于此，艰苦边远地区和基层一线党委政府努力克服种种困难，积极争取资金，为各类人才不断解决生活工作中出现的困难，创造更好的生活工作条件。例如，全省对签约五类及以上地区、八年及以上年限、非省内定向公费师范生的新任教师，依据服务年限给予特殊分层奖补，按普通专科生每年 8000 元/人，本科生及音乐、美术专科生每年 10000 元/人，硕士研究生及音乐、美术本科生每年 12000 元/人，博士研究生每年 15000 元/人的标准，连续奖补 6 年；海西州

35 个乡镇落实了高海拔地区工龄折算补贴政策。由于采取了上述特殊措施，对于稳定人才队伍起到了一定作用。

2. 健康状况总体不容乐观

高海拔的高寒缺氧环境使人们在生理、心理上都会发生一系列变化。如缺氧可能会引起心肺功能、脑神经功能、胃肠功能紊乱，出现体液、血液、内分泌系统等失调的状况，从而引发各种高原性疾病。又因为缺氧、紫外线照射强度大，加之气候环境恶劣、人畜共处的生存现状影响，更易产生皮肤老化、高原红腮病（俗称"红脸蛋"）和皮肤癌等一些皮肤疾病。对于初入高原者和外来常驻者，高原反应性症状相对明显，继发性疾病来势凶猛、危险性更大，在人的心理和精神上都造成了浓重的阴影。在高原工作生活过的人，或多或少、或轻或重都会患有一定程度的高原疾病。根据课题组在玉树州称多县进行的问卷调查结果看，受访的 164 名基层人才中，身患疾病的 17 人，占 10.4%；身体较差的 22 人，占 13.4%；身体一般的 88 人，占 53.6%；身体较好的 30 人，占 18.3%；身体很好的 7 人，占 4.3%；身体较差和身患疾病的占 23.8%，基层人才队伍的健康状况总体不容乐观。

3. 业余生活相对单调

艰苦边远地区和基层一线人才的业余文化生活相对单调。根据课题组调查统计，主要表现为：一是参与主体缺乏活力，50 岁以上的基层工作人员，文化水平普遍不高，生活工作中常抱有"满足现状"的心态，对业余文化生活没有过高要求；40～50 岁的基层工作人员，家庭结构稳定、职务职级固定、位居中层，没有实现自身价值的强烈愿望，缺乏活力，业余文化生活方面常常心有余而力不足；25～35 岁的基层工作人员，因客观条件受限，放弃了原有的文化生活需求，转而在适应现有的生活状态，他们的业余文化生活也逐渐趋于无趣、乏味。二是活动内容缺乏创新。一些单位在组织员工开展文体活动时，常局限在棋牌、拔河、篮球等"老三样"上，诸如团队合作、拓展训练等培养团队精神、凝聚团队意志方面的活动开展得较少。三是活动形式流于表面。比如"读书会""朗诵会"或节庆举办活动时，常采取挂横幅、拍照片、写简报的形式，缺乏对员工业余文化生活的整体规划，也没有把员工业余文化生活建设放在工作日程中。

（三）艰苦边远地区和基层一线人才流动状况

青海省始终坚持以重大人才工程项目引领和带动各类人才向基层一线流动，在省、市、县三级层面上确立和实施了 400 多项人才工程项目，聚集了 20 多万名各级各类人才充实在经济建设第一线，打造了"高层次创新创业人才引进""人才服务国企改制""人才服务农村发展""一村一名大学生"等特色鲜明、成效显著的品牌项目，推动了人才向艰苦边远地区和基层一线的流动。如海西州 2012~2018 年公开招聘中小学教师 800 名，接收免费师范生 124 名、特岗教师 503 名、顶岗实习生 783 名。充分利用浙江省对口支援的优质教育资源，每年选派骨干教师和专家名师到海西州支教，选派学科专家和学科带头人到海西州开展教育培训工作。又如格尔木市政府各部门自 2016 年以来公开考录主任科员以下公务员 110 人，招录事业单位工作人员 229 人、政府雇员 35 人，接收"三支一扶"人员 37 人。引进省州"高端创新人才千人计划""高端创新人才百人计划"项目的领军和拔尖人才 6 名，培养领军和拔尖人才 25 名。经过种种努力，在鼓励引导人才向艰苦边远地区和基层一线方面取得了一些成绩，但总体而言，由于青海省地处青藏高原，受气候、海拔等自然因素的制约，工作生活环境条件受限，加之地方经济发展水平滞后，对海外、省外院校高层次人才的吸引力不足，高层次人才的引进存在困难。目前企事业单位、高校和科研院所通过柔性引进的方式建立了院士、博士工作站，引进了一批高学历高素质的专业领军人物，但具有海外院校高学历学位的比例明显偏低，国际交流合作未形成规模，人才队伍的国际化水平有待提高。

二 鼓励引导人才向艰苦边远地区和基层一线流动的主要做法及成效

党的十八大以来，青海省各级组织人事部门围绕"三区"建设、"五四战略"和"一优两高"战略部署，积极探索，多措并举，鼓励引导人才向艰苦边远地区和基层一线流动，取得了显著成效。

（一）注重政策和制度创新，吸引人才聚集艰苦一线

2016年中央印发《关于深化人才发展体制机制改革的意见》后，省委省政府高度重视、积极贯彻，先后出台了《青海省关于深化人才发展体制机制改革的实施意见》《青海省引进人才智力实施办法》《青海省关于促进人才柔性流动的实施意见》《青海省引进海外高层次人才暂行办法》等文件，进一步加大了人才工作力度，不断深化改革、破除思想观念和体制机制障碍，积极构建了开放包容、科学规范、运行高效的人才发展治理体系，鼓励和吸引人才向艰苦边远地区和基层一线流动，充分发挥人才在基层科技创新、产业发展、企业管理等方面的引领作用，最大限度激发了基层人才创新创造活力。各市（州）县结合自身人才发展实际情况，制定人才发展规划、出台评选激励办法等，不断提高基层班子的领导能力、专业技术人员的业务能力、技能操作人员的岗位技能，为充分发挥人才价值和引才留才奠定了坚实的基础。例如，海西州制定出台了《海西州优秀人才和先进典型评选激励办法（试行）》《海西州专业技术人员职称评聘办法》《机关事业单位工作人员转任流动管理办法（试行）》等制度，明确规定公务员转任和事业单位工作人员流动的工作年限为5年，严格执行《关于县以下机关建立公务员职务与职级并行制度的意见》，在职务之外开辟职级晋升通道；青海大学制定出台了《关于引进、培养高层次人才待遇的暂行规定》《青海大学关于"123高层次人才培养工程"》等政策，旨在加大人才的引进和培养力度；青海盐湖工业股份有限公司先后出台《关于员工和新进员工内部流动补充管理办法》《关于下发机关管理岗位招聘和专业技术人员招聘有关管理规定的通知》等制度，为盐湖股份吸引了全国范围内的专业技术人才。

（二）整合优势资源，集聚人才扎根艰苦一线

为了加强人才队伍建设，青海省启动实施了"双百千万"人才计划，

计划利用三年，引进100名掌握关键技术且拥有自主知识产权的高层次创新创业人才，培养引进100名现代服务业发展高端人才，支持1000名创新人才开展科技成果转化和产业化，打造1000名技艺精湛而且善于解决难题的首席技师，培养1万名农村创业致富带头人，培训1万名具有较完备社会工作专业知识和技能的社会管理服务人才。目前，青海省各企事业单位、高校、科研院所充分发挥引进人才、培养人才的优势，强化"千人计划""555计划""人才高地""院士专家工作站"等项目的申报实施工作，特别是引进中高端人才，充分发挥战略咨询、技术研发、人才培养、成果转化和攻克产业核心关键技术等方面"智慧引擎"和"智囊团"作用。例如，海西蒙古族藏族自治州2017年引进培养青海省"高端创新人才千人计划"的高端人才12人，实施海西州"高端创新人才百人计划"，引进高端人才86人，培养高端人才53人；建成院士专家工作站7个，拥有行业领军人物和核心专家46人；选派45批420名专家名师赴海西指导职业教育和学科培训；选派23名专家赴海西各级医院进行帮扶；浙江省45名党政干部赴海西挂职锻炼，海西州22名党政干部赴浙江挂职锻炼。青海大学先后引进院士7人、"双聘"学科带头人1人，引进"长江学者计划"特聘教授4人、国家杰出青年科学基金获得者2人、国家"外专千人计划"1人、"昆仑学者"46人，聘任"三江源学者"32人。

（三）合理有效激励，鼓励人才坚守艰苦一线

利用合理有效的激励机制吸引人才、鼓励人才、留住人才，确保现有人才队伍的稳定和良性循环的发展机制，更好地推动艰苦边远地区的人才队伍建设，推动基层一线的工作创新。一是政治层面上的鼓励。善于发现工作中成绩突出的优秀人才、拥有良好群众基础的优秀人才，及时提拔、重用，充分发挥他们的示范带头作用。二是物质层面上的鼓励。对在工作中取得重大突破、做出突出贡献，在系统内外拥有重大影响力的优秀人才进行奖励。三是精神层面上的鼓励。大力宣传优秀人才的创新成果和敬业精神，提高他们在全社会的知名度。激励艰苦边远地区和基层一线成绩突出的人才，在

激发全社会对艰苦边远地区人才的认同感的同时，激发了各级各类人才服务艰苦边远地区和基层一线的荣誉感。省人力资源和社会保障厅完善了全省中小学教师职业特点的人才评价激励机制，优化了评价标准，着重突出不同学段、不同岗位的教学特点和实绩，对论文不做硬性要求；适当提高中高级岗位比例，始终坚持向基层一线倾斜的原则，乡村教师申报职称不受岗位设置比例限制，改革后的首次评审中，11429 名教师取得职称，其中乡村教师 5862 人，占 51%；出台《关于支持和鼓励事业单位专业技术人员创新创业的实施意见》，明确离岗创业的具体方式、范围及待遇保障等政策措施。

（四）优化生存环境，留住人才奉献艰苦一线

近年来，青海省加快文化、教育、卫生、信息、交通等基础设施的建设步伐，同时做好生态修复工作，不断改善人居环境。一是实施人才安居工程，重点加大职工周转房建设力度，将其纳入各级政府保障性安居工程建设范围，确保艰苦边远地区人才住有所居。例如，格尔木市人力资源和社会保障局落实了 48 套公租房作为人才公寓，先后下达资金 100 万元，通过政府采购的方式为人才公寓购置了家用电器、家具和生活必需品。人才公寓运营产生的水电暖、网络、物业等各项费用均由市财政承担，引进人才免费"拎包入住"。现有符合条件的 3 名水利水电科学院院士工作站院士、4 名省人民医院特聘专家、1 名海西州高端创新人才"百人计划"拔尖人才、9 名名校选调生入住人才公寓。又如，青海大学出台了《关于引进、培养高层次人才待遇的暂行规定》，将每位引进博士安家费从 12 万元提升到 22 万元，并给予每人 4 万元的科研启动经费，同时解决了 20 余名引进人才配偶的工作。在经费紧张的情况下，积极筹措资金，将学校现有的三栋楼改造成为高层次人才公寓，并租赁了 108 套社会公房，配备基本生活用品和家电设备，努力改善引进人才的生活条件。二是完善人才服务体系，鼓励和支持人才中介机构的发展，不断提高人才市场的成熟度，为艰苦边远地区和基层一线人才提供全方位服务。同时健全人才公共服务机构，为高层次人才、创业型人

才向艰苦边远地区和基层一线流动、服务艰苦边远地区和基层一线设立"一站式"服务专门窗口，打造"专窗受理、专人转送、专人跟踪、专人反馈"的服务模式，提供政策咨询、工商注册、税费减免、项目资助等服务。全省范围内培育孵化、注册登记了50多家社会工作服务机构，培养了社会工作专业人才1500余名，为社会工作人才发挥专业特长搭建了平台。西宁市城北区充分发挥科研院校相对集中、创业平台和孵化器发展快速的优势，以打造全省创业创新聚集区为契机，初步形成了"一核三片"的"双创"聚集区总格局，为人才的创新发展打造了一条"政府支持、企业参与、学研指导、金融助力、中介服务"的北区特色发展之路。青海师范大学完善少数民族学生基层就业工作体系，通过《职业生涯辅导》《形势与政策》等职业指导课程，使其明确自身发展优势和定位，并分班级、分层次、分阶段开展就业指导讲座，使其充分认识到当前社会就业形势以及针对少数民族大学生的就业扶持政策，引导其树立正确的择业观，鼓励大学毕业生积极到艰苦边远地区和基层一线就业。三是改革和完善社会保障体系，解决好现有社会保障制度中因地域身份、单位不同造成的人才待遇出现差别的问题。与此同时，制定出完善的、人才流动中产生的地区间和单位间社保关系的转接办法，解决人才因跨行业、跨地区、跨所有制流动时出现的各种问题。四是加大宣传推介和表彰奖励，加大对艰苦边远地区和基层一线人才相关政策的宣传力度，营造出全社会关注、重视、帮助艰苦边远地区的良好氛围。同时设立人才引导奖励项目，对艰苦边远地区政府、基层一线用人单位的引才引智工作成果进行特别奖励。如海西州卫计委利用各类宣传媒体，大力宣传卫生人才政策，努力形成尊重劳动、尊重知识、尊重人才、尊重创造的良好风气，不断优化医务人员的执业环境和条件，保护医务人员的合法权益，从而调动了医务人员的工作积极性。格尔木市教育局建立了乡村教师荣誉制度，分别对在乡村学校从教30年以上的32人、从教20年以上的50人、从教15年以上的47人和从教10年以上的101人给予了乡村教师的荣誉表彰。同时，在评选先进集体和先进个人方面向乡村学校和教师倾斜，截至2018年，共评选出40名市级优秀乡村教师。

（五）强化基层导向，巩固人才充实艰苦一线

青海省在实施人才强省战略的过程中，十分注重基层人才队伍建设，建立了人才向青南地区和基层一线流动的导向机制，不断完善人才基层锻炼、服务、兼职、轮岗等制度，加大项目资金向基层一线倾斜力度和基层人才保障激励力度。例如，教育系统优化基层边远地区教师职称评价标准，不片面强调学历、资历，对论文不做硬性要求，乡村教师职称申报不受岗位设置结构比例限制，鼓励教师向基层一线流动。同时，提高基层和艰苦边远地区教师履行岗位职责的实践能力、工作业绩、工作年限等权重，提高岗位结构比例控制标准，充分调动了基层教师队伍的工作积极性。

三 鼓励引导人才向艰苦边远地区和基层一线流动面临的主要问题和困难

当前，青海省鼓励引导人才向艰苦边远地区和基层一线流动，仍然存在着多方面的制约因素和实际困难，各类人才下不去、引不进、留不住、用不好的现象还比较突出和普遍，严重制约了艰苦边远地区和基层经济社会发展。

（一）现有政策缺乏顶层设计和统筹协调，各类人才下不去

近年来，省直各部门虽出台了一些鼓励引导政策，但缺乏完善的顶层设计和统筹协调，存在"碎片化"现象，无法形成鼓励引导各类人才下得去的强大政策合力。一是现有政策出台时缺乏整体规划，既对艰苦边远地区和基层一线人才的供需状况缺乏准确认知和总体把握，又对鼓励引导政策与已有人才发展政策之间的关系缺乏明晰安排，导致不同部门或不同时期同类激励政策的协调性与相容性不足，不同部门同类项目的差异互补性不强。二是现有政策的导向、工具与覆盖面比较单一，实施效果不佳。例如，在政策导向上较多关注如何把人引下去，至于应该引哪些人、去后效果如何评价等关

注不够；在政策工具上多采用经济与行政工具，强调物质激励，弱化精神激励，对舆论宣传、法律法规、公共服务等工具较少运用；在政策覆盖对象上过多关注体制内人才，忽视了体制外人才。三是部分政策改革跟进滞后，鼓励引导的作用正趋于弱化。如 2001 年起实施的艰苦边远地区津贴制度，虽然有利于发挥工资的补偿性和导向性作用，鼓励引导人才到艰苦边远地区和基层一线工作，保持艰苦边远地区和基层一线人才队伍的稳定性，但随着东西部地区间发展差距的不断扩大，加之工资制度改革滞后，艰苦边远地区与发达地区津补贴水平倒挂比较严重，对各类人才的激励作用正在逐渐衰减。

（二）人才发展的资源要素投入不足，外部人才引不进

人才发展优先实质就是人才投入优先。当前，鼓励引导人才向艰苦边远地区和基层一线流动的资源要素投入不足，外部人才引进举步维艰。一是艰苦边远地区和基层单位自身的资源要素及投入严重不足。如在玉树藏族自治州称多县对 18 家单位负责人的问卷调查显示：近 3 年 18 家单位的人才培养经费合计仅 95 万元，其中 7 家没有人才培养经费，8 家的人才培养经费在 10 万元以下；近 3 年 18 家单位的人才引进经费合计仅有 63 万元，其中 8 家单位没有经费，9 家单位的经费不超过 10 万元。二是外部资源要素的输入依然不足。近年来，国家在鼓励引导人才向艰苦边远地区和基层一线流动的资源投入较之以前虽有很大提高，但投入不足的问题依然比较突出，需要国家继续动员和投入更多的资金、项目、政策等资源要素。三是投入的主体和渠道仍然比较单一。投入主体仍以各级政府为主，难觅企业和社会组织的身影。投入方式也以行政手段和行政推动为主，市场化原则难以发挥作用。

（三）人才成长环境不佳，优秀人才留不住

由于受各方面因素的制约，艰苦边远地区和基层一线人才成长环境不佳，不仅很难吸引外部优秀人才，现有优秀人才也难以留住。一是人才成长空间难拓展。由于受层级、职数等限制，基层人才的职业发展空间相对有限，而且基层人才的职务职级设计、能力绩效评价等都具有显著的上层设计

和评价取向，其贡献、能力与水平得不到有效认定。二是人才个人价值难实现。在调查中我们发现，青海基层一线人才普遍感觉工作压力大、情绪低落、工作倦怠、主观认同感差。在个别访谈中，也普遍认为人才在社会不受重视，社会地位较低。三是人才生活保障难提升。在访谈中我们发现，藏区基层人才中夫妻两地分居的比例比较高，由此带来的生活成本上升、子女养育困难等问题困扰着许多基层人才，使其不能专心于本职工作。此外，藏区外籍青年人才找对象难的现象比较突出，特别是学校、卫生院等人才比较集中的单位，对地区人才发展环境塑造有着一定影响。

（四）人才使用评价机制不活，现有人才用不好

人才使用评价机制改革创新和活力不足，是当前艰苦边远地区和基层一线人才发展中亟待解决的问题。一是人才评价机制亟须创新。基层人才的评价在初步体现能力、实绩和贡献原则的同时，还存在能力和业绩导向仍不突出、人才评价过程不太规范等不足。如在称多县对 164 名基层人才和 18 家单位负责人进行的问卷调查中，认为人才评价结果体现能力和业绩导向一般、不足和没有的比例分别 69% 和 72.3%，反映出基层人才评价中能力和业绩导向仍不够突出的问题。二是人才选拔机制还不完善。从基层调研的情况看，由于使用机制不完善，基层一线人才中人岗不匹配、学用不相适等现象屡见不鲜。在对称多县 164 名基层人才的问卷调查中，关于所从事工作与所受教育之间的匹配度，认为一般和较低的人占 54.3%，与个别访谈中很多人反映所学专业与目前所从事工作不匹配、专业不对口的情况也比较一致。三是人才激励仍不充分。对称多县 164 名基层人才的问卷调查中，关于收入分配是否体现了人才激励的问题，认为收入分配体现人才激励作用一般、较差和没有体现的占到 71.2%。此外，该县被调查的 18 家基层单位近 3 年的人才奖励经费合计仅有 191 万元，其中 7 家单位没有人才奖励经费，8 家单位的人才奖励经费在 10 万元及 10 万元以下。四是工学矛盾十分突出。在称多县 164 名基层人才中关于近 3 年参加学习培训班累计天数的调查显示：有 12.8% 的人近 3 年中没有参加学习培训的机会，80.5% 的人近三

年中接受学习培训的天数少于 30 天，只有 9.1％ 的人能有 30 天以上的学习培训。在个别访谈中，许多基层人才反映单位工作繁忙，没有办法参加学习培训提升自己的业务能力，特别是医院、学校等人才比较集中的单位，业务骨干大多是"一个萝卜一个坑"，很难离开自己的岗位参加学习培训，对自身的成长不利。而且，单位由于害怕业务工作受到影响，通过优化管理和制度设计鼓励人才尤其是骨干人才参加学习培训的积极性也不高，产生了"压尖"的现象。

四　鼓励引导人才向艰苦边远地区和基层一线流动的对策建议

新时代、新形势下，破解艰苦边远地区和基层一线存在的人才下不去、引不进、留不住、用不好的困境，必须加强顶层设计、强化资源投入、优化人才环境，鼓励更多优秀人才流向基层、流向一线。

（一）创新人才选拔交流机制，确保优秀人才下得去

1. 创新选聘录用机制

进一步完善基层公务员遴选制度，除特殊岗位外，省级及以上机关都采用公开遴选的方式招录基层公务员，并将公务员考录名额下移基层，形成基层"蓄水池"充盈、高层公务员都有基层经历，从而形成公务员队伍整体素质不断提升的良性循环局面。继续坚持和不断完善从高校优秀大学毕业生中选调公务员的做法，使更多优秀大学生到基层锻炼成长、贡献力量。

2. 创新基层锻炼机制

进一步完善党政干部到基层锻炼工作制度，在党政干部选拔任用中，设立一定年限的基层一线工作经历与业绩要求，使基层工作经历成为省市公务员遴选的一道"门槛"。进一步完善专业技术人员到艰苦边远地区服务制度，把服务基层作为职称评聘的前置条件，明确规定到基层锻炼和服务的时间要求，强化艰苦边远地区和基层一线工作经历的职业发展竞争优势。

3. 创新人才流动机制

进一步击破基层人才流动的体制性障碍，实行更为灵活的柔性引才政策、建立柔性引才补助基金，支持和鼓励艰苦边远地区和基层一线的柔性引才。建立完善的干部成长交流信息库，加大干部纵横双向交流力度，进一步加大基层干部的交流力度，提升干部队伍的新陈代谢。在挂职锻炼交流中增加基层人才"上挂"数量，进一步提高基层人才能力。

（二）完善人才流动保障制度，确保优秀人才引得进

1. 完善社会保障制度

进一步完善各类志愿服务人才的社会保障政策，基于现有的保障条件，通过办理人身意外伤害保险、服务时限视作社会保险缴费时间、服务期间的社会保险缴费年限可合并计算为工龄等措施，加大保障范围和力度。进一步完善各类志愿服务和组织委派人才享受各级医院"绿色通道"服务，真正在营造良好引才环境方面发挥作用。在农牧区开展基层健康关爱行动，通过为基层干部建立健康档案，开展高原病筛查、传授高原健康知识等，不断提高基层人才的健康保健水平。

2. 优化人才流动服务

加快身份管理、档案管理、社会保险及户籍制度等相关配套制度改革，建立"人才需求信息定期发布"制度，制定和实施各类社会保险关系的转移、接续办法，完善人事争议仲裁制度，减少和规范人才流动环节中形成的各项行政审批、收费事宜，提升人才服务水平，保证人才流动的有序性、开放性、规范性，使人才流动到基层时更加容易、更加安心。建立健全政府购买服务制度和公共服务补偿机制，鼓励市场服务机构开发相关服务、开展相关业务。

3. 加强政策宣传引导

充分利用传统媒体和新媒体，深入解读促进人才向艰苦边远地区和基层一线流动的各项优惠政策，及时向社会发布艰苦边远地区和基层一线的人才供需状况、工作动态、政策成效，多渠道宣传艰苦边远地区和基层一线岗位

工作的先进人物和事迹，积极营造关注、重视、帮助艰苦边远地区人才队伍建设的社会氛围。

（三）实施人才发展扶持政策，确保优秀人才留得住

1. 不断加大人才发展投入

建立国家人才发展调节基金，加大中央和上级政府对地方（下级）政府特别是艰苦地区人才工作投入的支持力度，对艰苦边远地区的重大人才发展项目和人才引导计划予以补贴，增强这些地区的人才引导能力。明确各级政府人才发展专项资金财政预算额度，并在其中设立艰苦边远地区和基层一线人才开发专项基金，对人才的引进、创新创业、奖励表彰、培训交流给予支持。加大政府支持力度，探索政府购买服务新形式，对在艰苦边远地区引才中具有显著成效的人才中介机构、行业、组织等给予相应的经费支持。

2. 切实提高人才薪酬待遇

建立健全艰苦边远地区薪酬补贴机制，积极稳妥推行艰苦边远地区工资制度改革，构建同发达地区平均工资挂钩的艰苦边远地区薪酬增长机制，大力提升艰苦边远地区人才的收入水平。尽快探索建立起规范统一的基层工作津贴制度，进一步提高乡镇工作津贴，改善基层人才的工作和生活条件。

3. 积极搭建人才成长平台

加快艰苦边远地区创新创业平台建设，结合艰苦边远地区资源优势和产业优势，优先建设一批重点学科、重点实验室、特色产业化示范基地、工程技术研究中心、成果转化基地等国字号或省字号创新创业平台。加大对艰苦边远地区申报各级各类科技项目的支持力度，支持县级以下生产力促进中心的建设和发展，鼓励建立科技企业孵化器，孵化和培育一批科技型中小微企业。全面落实有利于人才优先发展的税收支持政策，通过税收减免、贴息等手段鼓励引导各类优秀人才到艰苦边远地区创业。

（四）健全培养使用评价机制，确保现有人才干得好

1. 进一步完善教育培训机制

发挥继续教育对提升基层人才能力素质的主渠道作用。充分利用各类继续教育基地、教育培训机构、远程教育等资源，开展各类活动，不断提升基层人才适应岗位、职业发展和实践能力。突出基层经济社会发展需求导向，支持地方高等院校、职业学校根据地区特点、产业发展规划，动态调整学科专业设置，注重培养基层急需的高素质应用型人才。

2. 进一步完善基层人才评价机制

完善基层事业单位岗位管理制度，建立健全基层事业单位岗位动态调整管理办法，适当提高基层事业单位中高级专业技术岗位结构比例，探索在乡镇设立副高级专技岗位和技师岗位，并实行即评即聘。研究制定符合基层人才工作特点、成长规律的职称评聘政策和合理的评价体系，提高履行岗位职责的实践能力和工作实绩在职称评审中的权重，形成"重业绩、重能力、重基层"的导向。

3. 进一步加大人才激励力度

健全收入分配制度，建立健全与岗位职责、工作业绩、实际贡献等紧密联系，体现人才价值、激发人才活力、鼓励创新创造的分配激励机制。加大表彰奖励力度，建立以政府奖励为导向、单位奖励为主体、社会奖励为补充的基层人才奖励体系。在政府特殊津贴专家、优秀专业技术人才等选拔中，对基层人才实行计划单列。

4. 进一步改善工作生活条件

实施基层人才乐业工程，制定特惠政策保证优先投入，为到基层一线、艰苦地区和岗位工作或就业的人才解决配偶就业、子女入学、住房、医疗等问题。实施基层人才安居工程，重点加大藏区和基层一线职工周转房建设力度，将其纳入各级政府保障性安居工程建设范围，确保艰苦边远地区和基层一线人才住有所居。

（五）加强顶层设计和统筹协调，确保各类优惠政策发挥更大作用

1. 加强政策顶层设计

立足于统筹城乡发展、协调区域发展，把鼓励引导人才向艰苦边远地区和基层一线流动上升为国家战略，在国家层面系统谋划，强化顶层设计。加强基层人才开发立法，制定引导人才向艰苦边远地区流动的行政法规等规范性政策文件，为鼓励引导人才向艰苦边远地区和基层一线流动提供法制保障。根据区域经济社会发展总体规划，研究制定人才引导专项规划，在政策保障、资金投入、项目实施等各方面给予倾斜。

2. 强化政策统筹协调

建立健全各类激励政策之间、激励政策与其他政策之间、不同地区不同行业部门激励政策之间、普惠激励与特惠激励政策之间的融通机制，健全完善本土人才与引进人才之间、不同服务期限人才之间、不同服务形式人才之间的利益协同机制，持续提升鼓励引导政策的系统性和协调性。统筹实施"三支一扶"计划、政府购买基层公共管理和社会服务岗位吸纳高校毕业生就业等高校毕业生基层服务项目。

3. 加强统筹体制内外人才发展

对在艰苦边远地区企业就业的体制外人才，在评优评先、职称评审、考察交流、进修培训等方面与机关事业单位人才同等对待。

（六）树立人才发展优先理念，强化人才工作目标考核

1. 树立人才发展优先理念

加快人才工作理念的转变，是当前有效解决艰苦边远地区和基层一线人才发展困境的总开关。要在各级干部中进一步强化人才优先发展理念，真正认识"第一资源"的关键作用，在各项事业发展中做到人才资源优先开发、人才制度优先创新、人才投资优先保证、人才保障优先考虑，把更多优秀人才智力吸引凝聚到各项建设事业中来。

2. 强化目标责任制考核

建议参照青海省外和西宁市实施人才工作目标责任考核制的做法和经验，加快在全省推行各级党政领导班子和领导干部人才工作目标责任制，增加人才工作在各级党政班子和领导干部考核中的权重，将考核结果作为领导班子评优、干部评价的重要依据，切实落实"一把手"抓"第一资源"的硬要求。设立人才引导奖项，对艰苦边远地区和基层一线的引才引智成绩进行奖励。

B.14
做好新时代新社会阶层人士统战工作研究

——以青海省西宁市为例

李卫青*

摘　要： 新社会阶层是新时代统战工作新对象，该群体中汇聚着各个专业精英人才，所涉行业涵盖经济社会诸多方面，为中国特色社会主义事业建设发挥着积极参与和有效助推作用，具有一定社会影响力。新时代，新社会阶层是青海奋力推进"一优两高"战略落地生根的一支重要力量，是青海与全国同步全面建成小康社会、实现中华民族伟大复兴中国梦的重要组成部分。本文以西宁市新社会阶层为关注对象，在对部分新社会阶层人士进行摸底调查基础上，分析近年来西宁市新社会阶层人士存在现状，研判该群体在未来一段时期内的发展趋势和统战工作所面临的新挑战。同时，就新形势下如何通过做好统战工作，充分整合新社会阶层力量，发挥其优势特长，更好地服务于经济繁荣发展与和谐社会构建提出了若干思考建议。

关键词： 新社会阶层人士　统战　西宁市

改革开放以来，随着社会主义市场经济繁荣发展和整个社会组成深刻变化，新社会阶层以现代化建设者的身份出现，成为整个社会结构中不容忽视

---

* 李卫青，青海省社会科学院助理研究员，研究方向为民俗文化、非物质文化遗产保护。

也无可替代的有机部分。新社会阶层首次作为一个概念被提出，可以追溯到江泽民同志在 2001 年 7 月召开的庆祝中国共产党成立 80 周年大会上的讲话，自此这个不同于我国社会传统群体的阶层被纳入了国家视线。2002 年在党的第十六次代表大会上，对新社会阶层进行了更加深入的分析和阐释，指出："在社会变革中出现的民营科技企业的创始人和技术人员、受聘于外资企业的管理技术人员、个体户、私营企业主、中介组织的从业人员、自由职业人员等，都是中国特色社会主义的建设者①"。党的十八大以来，以习近平同志为核心的党中央在不断开拓党和国家统战工作新格局的同时，进一步高度关注新社会阶层在实现中华民族伟大复兴中国梦进程中的作用和意义，并为新时代包括新社会阶层在内的统战工作明确了方针导向，确定了基本遵循。

伴随经济社会发展而产生的新社会阶层，毫无疑问扮演着新时代中国特色社会主义事业建设者角色。其内部各类人士广泛分布于私营企业、法律咨询、新闻媒体、网络社交等诸多领域，充满着无与伦比的勃勃生机和强劲有力的持续活力。对保持经济社会健康科学发展、思想观念与时俱进转变、创新发展驱动稳步见效等发挥着重要推动作用。长期以来，党和国家从发展社会经济的宏观站位，对新社会阶层予以了充分关注。特别是党的十八大以来，国家从扩大和巩固统一战线对象与基础、夯实党的执政基础、凝聚实现中华民族伟大复兴中国梦的蓬勃力量等战略性考虑，进一步加大了对新社会阶层及其阶层内各群体和人士的关切关心力度。然而作为一个新事物，新社会阶层使我国统一战线工作也随之发生了深刻变化，自成为党和国家统战工作新对象以来，因其自身的时代性特点和特征，给统战工作提出了新的机遇和挑战。本文以西宁市新社会阶层为关注对象，通过发放调查表、走访、座谈、电话询问等形式，对部分新社会阶层人士进行了摸底调查，就新形势下如何通过统战工作，充分发挥新社会阶层人士力量，使其更好地服务于经济繁荣发展与和谐社会构建进行了分析，提出了若干思考建议。

---

① 《中国共产党第十六次代表大会上的讲话》，2002。

一 西宁市新社会阶层现状调研情况

西宁市历史文化源远流长，自然资源得天独厚，下辖四区三县。① 作为青海省省会和青藏高原东北部一颗璀璨绚丽的明珠，是青海省最大的商品集散和商业贸易中心，具有首位度、集中度和贡献度特征与优势。这里多民族聚集共生，多宗教和谐共荣。经济水平和人口基础在全省具有重要占比和权重，据统计2017年实现地区生产总值1284.91万元，截至2018年5月全市常住人口为235.50万人。整体而言，西宁市是青海省政治经济文化事业繁荣发展的核心腹地，是深化改革实现创新驱动发展的引擎地带，是奋力实现"五四战略"、扎实推进"一优两高"战略部署的中心辐射区域。近年来，西宁市产生并汇聚了一大批新社会阶层，在以生态保护优先理念为指导的经济社会创新发展中发挥着积极作用。

（一）依据抽样调查的新社会阶层内部组成

新社会阶层以概念形式得以确定，是在2006年召开的第20次全国统战工作会议，对新社会阶层人士的所指和范围做了明确界定。② 从此以后，新社会阶层作为社会主义建设的重要组成，与传统的工农阶层、知识分子、干部和军人一体，建构了新时期中国社会整体框架。据对西宁市2238名新社会阶层人士调查数据显示，其构成情况分析如下：从性别而言，男性684人，占30.6%；女性1554人，占69.4%。从民族构成看，汉族1729人，占77.3%；少数民族509人，占22.7%。根据年龄分析，平均年龄34.9岁。学历方面，大专及以上学历1423人（其中博士4人、硕士59人），占63.6%；中专及以下学历815人，占36.4%。政治面貌方面，民主党派64

---

① 西宁所辖四区：城东、城北、城中、城西；所辖三县：湟中县、大通县、湟源县。
② 中共中央统战部《关于巩固和壮大新世纪新阶段统一战线的意见》中明确规定，新社会阶层范围对象包括民营科技企业的创始人员和技术人员、受聘于外资企业的管理技术人员、个体户、私营企业主、中介组织的从业人员以及自由职业者。

人，占 2.9%；群众 1926 人，占 86%；团员 248 人，占 11.1%。就其特点而言，大致可以概括为三个方面：一是党外人士比例高，知识性特征明显；二是存在于方方面面，社会性特征显著；三是从属于市场经济，流动性特征突出。新时代，加强新社会阶层人士统战工作，对于全省更加坚定地以习近平新时代中国特色社会主义思想为指导，全面贯彻党的十九大精神和习近平总书记视察青海时提出的"四个扎扎实实"重大要求，扎实落实省第十三次党代会精神，始终坚持中央提出的新发展理念，始终坚持以生态文明理念作为经济社会发展全局的根本统领，坚定不移走高质量发展和高品质生活之路具有重要的现实意义。

（二）抽样数据框架内新社会阶层四类人士

1. 私营企业和外资企业管理人员

新社会阶层中的私营企业，是中国特色社会主义国民经济的重要组成，是改革开放以来随着经济多样性发展和个体经济急速上升到一定阶段后的产物，是新社会阶层中发展速度最快、成员人数最多、社会影响最大、从事行业最务实的新兴群体，在解放和发展生产力、创造就业机会、开辟经济新增长极、推动增加国家税收等方面发挥着积极作用。外资企业是伴随着对外开放政策，国外资金和技术投入国内，实际运营过程中更多参考和借鉴国外先进模式和方式，实现经济效益和就业机会的产物。在西宁市地区，私营企业占比较之外资企业在数量和人员上都具有绝对优势。在对西宁市 2238 名新社会阶层人士调查中，据数据显示其中有私营企业管理人员 267 人，占11.9%；私营企业技术人员 16 人，占 0.7%；外资企业管理人员 3 人，占0.1%；外资企业技术人员 2 人，占 0.1%。同时据调查内容分析，私营企业从业人员普遍具有良好的受教育程度，他们专业技术突出，业务能力较强，是实现整个经济社会创新发展的一支重要力量。外资企业中的工作人员，具有年龄和学历双重优势，其工作理念、生活方式、思想观念等也多受到外来文化熏染，对与其接触的其他社会阶层人士有一定的影响。

2. 中介组织和社会组织从业人员

新社会阶层里中介组织和社会组织群体中的从业人员，是按照市场经济发展过程中的现实需求，通过其自身的专业知识和业务技能接受委托，开展评估、鉴证和咨询等知识性服务或管理类工作，工作领域涉及律师、财会、税务等行业。在对西宁市 2238 名新社会阶层人士调查中，社会组织从业人员有 1856 人，占 82.9%，从业人员占新社会阶层人士比例最高；中介组织从业人员有 27 人，占 1.2%。另外，对中介组织专项调查显示，从业人员主要分布在社会团体和民办非企业中。以 2015 年为例，西宁市共计有中介组织 1018 家（社会团体 430 家、民办非企业单位 588 家），从业人员达 12000 人。其中，从性别结构来看，女性从业人员占多数，共有 7560 人，占从业人员总数的 63%。就年龄结构而言，35 岁以下的有 2640 人，占 22%；36~45 岁的有 3400 人，占 29%；46~55 岁的有 3840 人，占 32%；56 岁以上的有 2040 人，占 17%。文化程度方面，高中、中专学历者共有 3720 人，占 31%；大专学历 3240 人，占 27%；本科以上学历有 1680 人，占 14%。政治面貌方面，中共党员有 1230 人，占从业人员总数的 10.3%；党外代表人士有 885 人，占从业人员的 7.4%。整体而言，中介组织和社会组织群体是经济社会发展的推动者，也是深化改革发展实践的参与者，是新时代建立完善社会主义市场经济、保障社会和谐发展的不可或缺的有机组成。

3. 新媒体从业人员

新社会阶层中的新媒体从业人员①，从业于人类发展至今最强势的媒介平台，具有流动性强、分散性特征明显、思想多元活跃、对事物认知观点多样独特、借助媒介具有较强动员力等属性。在对西宁市 2238 名新社会阶层人士调查中，其中新媒体从业人员为 48 人，占 2.2%。调查对象主要涉及新媒体企业出资人、经营管理人员、采编人员、技术人员等。据调查分析来看，新媒体从业人员具有以下几个方面的特点：一是从业人员数量庞大。随

---

① 主要涉及媒体从业人员、学者、作家与自由撰稿人、党政干部、企业家、公益人士、网络达人、演艺圈名人和律师等 9 类人群，他们经常就社会公共议题在网上发表意见，并具有较大影响力和号召力。

着西宁市新媒体用户快速增加，促生各类新媒体业务层出不穷，新媒体业已逐渐成为社会文化生活的中心阵地，从业人员数量在庞大基数上呈现持续增加的态势。从业人员对各类信息的选择权、发布权和主要流向的控制权也不断增强。二是从业人员涉及的专业化领域非常广泛。新媒体从业人员从早期的计算机和电子信息等局部方面，快速辐射到新闻宣传、影视作品、社科咨询等领域，甚至在体育、财经等行业内也不乏新媒体从业员人员身影，具有无处不在、无所不能的特征。三是不少领域的从业人员缺少专业技术资格认定。在各类信息的收集、编辑、发布等环节容易出现偏离事实、把关不严，偶尔存在舆情引导方向偏正甚至背离主流意识形态的现象。

4. 自由职业人员

新社会阶层中的自由职业，是随着改革开放以来所有制结构调整，经济成分趋向多元，人们的就业渠道、谋生方式、价值观念等多样新发展进程中逐渐形成的一个新的群体。在对西宁市2238名新社会阶层人士调查中，其中自由职业人员有19人，占0.9%。自由职业者所从事的职业范围涉及领域广泛，除了医生、作家、艺术家、自由撰稿人等传统职业以外，在新兴的信息技术、策划、金融业、模特、翻译、家教、保健等各种行业中也有大量的自由职业者。整体来看，自由职业者大都掌握着较为前沿的知识和技术，具有一技之长和适应社会发展的能力，拥有较强的开放思维和认知，工作中竞争压力较大，勇于进取的意识明显，注重利益至上。同时，自由职业者也面临着较高的失业危险，部分人员生存安全感不强。

二　西宁市新社会阶层发展趋势和统战工作面临的挑战

长期以来，新社会阶层人士在中国特色社会主义事业建设大潮中，通过自己的奋斗追求并实现着个人价值。同时在党和国家的关心下，该群体中绝大多数人士有较强的责任感、同情心、正义感和民主意识，他们关注国家政策方针和经济社会发展导向，具有比较强烈的社会责任感和政治诉求愿望。大部分新社会阶层人士懂得法律知识、了解经济规律、拥有专业技能，是难得的综合型人才。随着经济社会转型发展，新社会阶层的未来发展也呈现一定规律性态势。这对新时期统战工作如何准确把握新社会阶层未来发展趋势，做到分类精准施策，充分发挥新社会阶层在经济发展、文化建设、社会治理、创新发展等方面的积极作用带来了一些挑战。

（一）新社会阶层未来发展趋势预判

1. 从业人员整体规模将逐年增加，年度增速会渐次加快

新社会阶层人士广泛分布在社会、经济、政治、文化等各个领域，其业务范围涉及科技、教育、文化、卫生、劳动、民政、体育、环境保护、法律服务、社会服务、农村专业经济等社会生活各个行业和部门。其中有来自机关、事业单位和国有企业的"下岗""下海"人员，有发挥余热的退休人员，有来自农村的农民工，也有来自大中专院校的毕业生，有高学历、高素质的专业技术人员，也有从事一般服务工作的务工人员。整体来看，新社会阶层人员结构较为复杂，呈现多样性特征。其中，从事民营企业和个体工商业的人数较多，且通过合法经营获得总量客观的财富。他们通过自身努力实现了个人价值，也为区域经济发展做出了贡献，也因此赢得了社会的尊重，在社会上产生了积极影响。就新社会阶层未来发展趋势而言，参照纵向数据来看，自20世纪90年代开始，新社会阶层人士以每年约80万人基数的速度增加，2011年时全国新社会阶层人士已接近1.6亿人，约占当时全国总人口数量的11%。[①] 据现实形势分析来看，新社会阶层人士的数量与经济模式和组成元素发展的多元与丰富性成正比。新时代，"大众创新、万众创业"，新社会阶层从属领域将不断扩大，其对就业人员的吸引将更具优势。毫无疑问，未来新社会阶层中整体从业人员将呈现不断增长的态势，且随着经济发展多元多样化特征，其年度增速也将持续上升。

2. 生存空间和活动范围将不断扩大，对社会整体影响将逐渐增强

随着全社会各项事业的综合型发展，以及行业联合、区域联动的不断推

---

① 宋林飞、周和平：《新社会阶层的政治参与》，华文出版社，2007。

进，未来新社会阶层人士在同一区域的不同地方和跨区域间的频繁流动，将会是一个必然趋势，他们的生存空间和活动范围将不断拓展。这种趋势既是对传统社会原有结构模式的一种调整和充实，也是整合社会资源汇聚各方力量的有效途径，还是中国特色社会主义事业建设对各种积极要素整合需求的必然结果。新社会阶层人士在生存空间和活动范围上的扩大，在某种意义上让社会资源配置得以科学优化，也为全体社会个体提供了更多发展机遇和平台，推动实现人尽其才、物尽其用。随着新社会阶层人士生存空间和活动范围的拓展和扩大，他们将进一步通过自己努力，为其他人提供更多的就业门路，缓解社会就业压力。同时，新社会阶层人士将更加深刻地理解致富思源、富而思进的内涵，为社会公益事业做出更大贡献，对整个社会的影响也将随之增强。这种影响从经济视角分析便可一目了然，据专家在 2011 年时对新社会阶层的研究显示，这一阶层在当时所掌握抑或直接间接管理的资本超过 10 万亿元，全国半数以上的发明专利被新社会阶层使用，贡献着全国接近 1/3 的财政税收①，目前新社会阶层从经济方面对整个社会依然保持着巨大影响。当然，新社会阶层内部这种人员上的频繁流动，也给目前的组织管理和社会稳定等带来了一定的短期或者局部挑战。但是放眼长远，这种特征是完全符合马列主义唯物辩证之事物发展规律，它能够使现有社会结构体系得到更好的调试，让其充满更大活力和生命力。

3. 价值取向将呈现多元同向特征，政治诉求将越来越强烈

据调查显示，新社会阶层人士中的绝大多数人员拥护党的领导，自我意识和社会参与意识较强。加之"许多人在不同所有制、不同行业、不同地域之间流动频繁，人们的职业身份经常变动"②，导致新社会阶层人士思想活跃，价值取向多元。此外，随着其阶层队伍不断壮大，队伍内部代表人士和典型人物不断涌现，阶层本身的吸引力、号召力会不断提升，阶层内每个成员的阶层意识和归属感将得到强化，进而阶层集体诉求和行动将日益增

---

① 宋林飞、周和平：《新社会阶层的政治参与》，华文出版社，2007。
② 文道贵：《当代中国新社会阶层的特点解析》，《理论月刊》2004 年第 1 期。

强。未来，新社会阶层内部人士将不再满足于同阶层人员之间的志同道合，而是将各种个体利益诉求汇聚转变成为集体愿望，以借此维护自身利益，表达更高层次的追求。① 当然，这种紧紧围绕党和政府工作大局，致力于中国特色社会主义事业建设的自觉的高层次追求，也将得到党和政府的关注和关心，予以新社会阶层人士中代表一定的政治身份。比如，西宁市历届人大和政协委员中，有若干名代表和委员来自非公有制经济，就身份而言他们正是新社会阶层中的代表人士。

（二）新社会阶层统战工作面临的挑战

实践中，对新社会阶层人士的统战工作积累了一些经验和做法，但整体来看还不够成熟。分析可知，这里有新社会阶层自身特点和统战工作中对新社会阶层人士工作处于摸索前行的双重原因。一是新社会阶层在社会各个领域散布广泛，组织相对松散，社会交流灵活。组织、人社、宣传、科技、工商、司法等各职能部门，在职责范畴内或多或少都与之有一定业务关联，但尚未形成能够联合开展工作的机制。二是长期以来统战工作中将传统对象与新社会阶层工作统筹安排，对新社会阶层的认识和了解还不是很深入，各项数据统计汇总存在一定困难，州（市）、县各级统一战线上尚未设定或者还没有形成可以上下联动的专门职能机构，专项负责具有针对性的统战工作。三是统战部门受编制、经费等条件限制，新社会阶层专项统战工作很难形成有效合力，对区域内新社会阶层人士摸清底数、了解实情，建立正规档案难度很大。四是目前各片区对新社会阶层的统战工作尚处于摸索阶段，偶尔根据形势开展一些走访调研活动，但整体上呈现零散状态。五是通过专业化网络做好新社会阶层人士的统战工作也处于前期阶段，甚至可以说刚刚开始，整个工作载体还有待进一步提升和拓展。六是有效引导和科学管理还不完善。横向而言，对于新社会阶层在了解、培养、推荐、选拔等方面的运行机

---

① 李永生：《新的社会阶层发展变化趋势及其思想政治状况分析》，《中央社会主义学院学报》2008年第1期。

制尚未成熟，主观意识较强。纵向来看，科学化、制度化的操作规范还没有成型，还存在一定的脱节与纰漏。除此之外，新时代党和政府对新社会阶层人士都予以了高度关注，将其列入统战对象范畴。但是新社会阶层人士一方面希望能够更多地受到重视，另外一方面也对党和政府的统战工作实质不太了解。据抽样调查数据显示，西宁市新社会阶层各群体中，对党和政府统战工作的了解程度统计中，对此项工作内容比较了解的占25%，知道一些的占40%，听说过但不太清楚的占30%，完全不清楚的占25%。由此可以看出，新社会阶层人士对统战工作的认识和了解还需要进一步提升。个别人士因为工作性质等原因，对统战工作表示排斥，厌恶政治，追求实利，缺乏基本认同。整体来看，新社会阶层人士统战工作，已经取得了一定成效，也在某些方面积累了一定的成功经验。但鉴于新社会阶层及其阶层内各类人士的复杂情况，使得统战工作在方式方法、形式举措等多方面都还有能够提升的空间。做好新社会阶层统战工作，整合其力量，统一其思想，调动方方面面的思想自觉和行动自觉，以习近平新时代中国特色社会主义思想为指导，将其优势汇聚、融入建设中国特色社会主义事业的伟大实践中，具有极其重要的现实意义。

三　做好新社会阶层人士统战工作的几点思考

新时代，面对新形势和新任务，统战工作必须用建设伟大事业的战略眼光，正确认识到新社会阶层与传统阶层在利益方面的一致性，巩固彼此共同的思想基础，凝聚起强大的发展共识。必须立足实际、多措并举，遵循"充分尊重、广泛联系、加强团结、热情帮助、积极引导"[①] 这一基本方针，按照围绕大局、服务发展的理念，切实做好新社会阶层人士统战工作，使其在政治上坚决拥护中国共产党的领导，始终与党同心同德；在经济上能够将国家和民族利益视为追求的旨归，担负社会责任推动科学发

---

① 摘自胡锦涛同志在第20次统战工作会议上的讲话。

展；从思想和行动上自觉参与到全面建成小康社会、实现中华民族伟大复兴的事业中。

（一）转变观念，提高思想认识，增强统战工作紧迫感和责任感

当前，新社会阶层在经济社会诸多领域已然成为一支不可忽视也无法回避的重要力量。他们手中聚集着一定的财富，具有较强的自主意识和社会竞争力，是全社会创新发展、创造财富造福于民的重要动力和源泉组成。新时代，做好该群体的统战工作，首先要充分认识到新社会阶层的出现和不断发展壮大，使得目前我们党统一战线所面对的对象成分和内部结构更加多样，爱国统一战线的内涵和对象更加丰富。新社会阶层活力凸显、创新能力强的特征，是推动整个社会创新型发展的资源支撑。其次要高举中国特色社会主义伟大旗帜，坚持党的领导，从思想上要把做好新社会阶层统战工作放到重要地位，转变统战工作思路，切实认识到新社会阶层人士对巩固和发展爱国统一战线、扩大中国共产党执政的群众基础、增强党的执政能力建设等方面的重要作用和意义。再次要认识到做好新社会阶层人士统战工作是凝聚人心、汇聚力量的有效途径，也是实现大统战大团结任务的现实需求。做好新社会阶层统战工作，不仅可以为统战工作注入新活力、增强有生力量基数，还可以使统战工作对象内部其他阶层之间实现更好的共处互助，增进团结。最后，还要切实增强做好新社会阶层人士统战工作的紧迫性和责任感，积极调动这一群体的积极性和自觉性，最大限度地激发其在解放生产力、推动科学技术进步、促进知识创新发展等方面的活力，更好地投身于中国特色社会主义事业建设。

（二）完善机制，夯实统战组织基础，加强代表人士队伍建设

做好新时期新社会阶层人士统战工作，统战部门要担负起组织领导、协商调动各有关单位共同参与、彼此配合的责任。结合工作实际，不断建立完善相关制度和机制，夯实做好新社会阶层统战工作的组织基础。一方面，完善机制，互通信息。科学认识准确把握新社会阶层人士构成复杂、分布广

泛、流动性较强等特点。建立由各级党委领导，统战部门具体牵头，工会、青联、工商联等共同参加，政府各职能部门积极参与的多方联动、运行高效的工作机制。鼓励加强各类社会团体、行业协会的建设。另一方面，在不同级别和层级，建立联席工作会议制度，适时召开做好新社会阶层人士统战工作的通联会议，互通信息，完善基础台账，扩大组织规模，分类进行管理服务。此外，要加强新社会阶层内部代表人士队伍的建设。一是严格执行党的统战政策，依规章制度做好新社会阶层中代表性人士的选拔任用工作。制定对合适人员的物色标准和培养计划，遵循公开、公正和透明原则，选拔出组织认可阶层满意的人士，建立新社会阶层人才使用储备库。二是抓精英队伍建设。以点带面，有计划有步骤地培养一支拥护党的领导、坚持走中国特色社会主义道路的新社会阶层代表人士队伍。最大限度地发挥其在行业领域内的号聚能力和示范效应，依托他们在实践中长期积累和形成的群众基础与社会影响，实现为党和政府连接沟通整个新社会阶层人士的桥梁和纽带作用，不断发展壮大新时代爱国统一战线。

（三）搭建平台，积极创新方式方法，拓展统战工作渠道和空间

做好新时期新社会阶层人士统战工作，要不断创新方式，拓展渠道，形成统战工作合力。一是联谊交友，凝心聚力。新时代，统战工作必须注重联谊交友。通过联谊增进友谊、扩大共识，将新社会阶层人士统一到社会主义事业建设的浪潮中，让其在经济社会发展进程中献策献力。同时要坚持原则，守好底线，不触碰明文规定的高压线。交友应长期固定，持之以恒，保持连续性，经得住历史考验。二是依托网络，加强沟通。加快建立新社会阶层人士社团网站，助其建设交流汇聚阵地，及时了解他们的思想变化。组建区域性网络工作格局，科学把握及时了解其情绪和诉求，使网站成为了解情况的"透明窗"、解决矛盾和问题的"减压阀"。运用互联网等现代科技手段，综合运用互动社区、微博等新媒介形式[①]，加强与新社会阶层的联系互

---

① 肖照青、米广弘：《网络统战工作研究综述》，《山西社会主义学院学报》2012 年第 2 期。

动，了解掌握舆情舆论，有效宣传党的路线、方针和政策。注重加强网络统战工作人才队伍建设，培养一批能够熟知活用党的统战政策、掌握先进网络技术和知识、具备良好沟通和协调能力的网络统战工作人才队伍。三是加强教育，积极引导。加快统战工作中的教育培训这一基础性工程。从长远的战略高度认真审视教育培训的重要性和紧迫性，制定符合实际的中长期培训规划，制定科学合理的培训方案并运用现有各类培训平台，积极开展具有针对性的培训工作。培训中要注重党和国家统战工作理论政策的宣讲，宣传党的大政方针，提升新社会阶层人士的思想认识，达到凝聚共识目标。四是注重宣传，营造氛围。利用多种传媒手段提高宣传层次，形成宣传新社会阶层人士统战工作成效的"立体声"。通过宣传达到统战工作所需的社会效应，营造出全社会都来关心、支持统战工作的良好态势。注重通过各类平台积极宣介推广新社会阶层中的典型组织和人士，扩大其知名度和社会影响力，有效引导他们明确自身政治定位、明白自己的经济地位、明晓自己的社会地位，做合格的"中国特色社会主义事业建设者"①。

（四）科学摸底，全面掌握基本情况，努力构建统战工作大格局

新时期，要做好新社会阶层人士统战工作，就要多方联动全面掌握其基本情况，努力构建统战工作大格局，积极开拓统战工作新局面。一是各级党委及统战部要高度认识，协调工商联、民间组织管理局、外宣办、工商局、经信委等相关部门，组织开展好新的社会阶层统战工作。实际工作中，民营企业和外资投资企业管理技术人员，需要市工商联、经信委等主管经济的部门给予有效支持；中介组织从业人员，需要民政部门的科学引导；新媒体从业人员，需要市外宣办的大力支持；自由职业人员，需要工商局、教育局、广电局、广播电视台等能触及自由职业者的相关单位给予支持。二是应该成立由统战部门牵头，工商、民政等相关单位组成的新社会阶层调研领导小

---

① 北京市邓小平理论研究中心：《新的社会阶层也是有中国特色社会主义事业的建设者》，《求是》2001 年第 19 期。

组，通过对不同范围内社会新阶层人士进行调查摸底，建立社会新阶层人士特别是其中代表人士信息库，为其建档立卡。为进一步加强与代表人士之间的联系，为其提供帮助，适时予以政治待遇等做好基础性工作。三是委托第三方智库机构，通过确立研究课题项目方式，组织力量积极开展实地走访、发放调查问卷等工作，对新社会阶层各类人士进行全面调研，了解其人数占比、文化程度、活动范围、行业职业、内部关系、思想动态等实际情况。同时，在调查研究和总结经验基础上撰写调研报告，理清新形势下新社会阶层统战工作的总体思路。充分发挥研究成果在政策制定、实践操作等方面的咨政参考作用，确保这支日益扩大的阶层及其密切联系的群众不偏离建设有中国特色社会主义的正确方向。四是落实政策，加强指导，不断提升新社会阶层内部党建工作。依托新社会阶层内部的党组织，积极发挥党组织主体作用和政治优势，密切与社会组织广大从业人员的沟通与联系，广泛宣传党的统战政策和民族政策。及时把党和政府的路线方针政策传达到社会组织，引导他们认真贯彻落实好党和政府的政策，发挥他们在加强民族团结、维护社会稳定、促进社会和谐方面的积极作用，实现以党建带统战、以统战促党建、党建统战共融互促的目标。

（五）分类施策，积极推进统战工作，引导树立较强社会责任感

目前，西宁市统战等职能部门创新形式、与时俱进，采取多种科学的行之有效的举措办法，在新社会组织统战工作方面取得了一些成就。新时代新起点，如何进一步做好新社会阶层人士统战工作，使其更加自觉地参与到推进"一优两高"战略的实践中，切实发挥出该阶层资金实力雄厚、创新能力较强、思想观念与时俱进等优势和作用，需要全方位统筹考虑。综合分析，需要关注三个方面：一是坚持立足实际、把准脉络，分类施策、力求实效的原则，全面做好针对新社会阶层人士的统战工作。二是针对新社会阶层中的不同群体，要真实了解掌握其实际意愿和追求取向，全面摸透实情，做好统战前期准备工作。三是按照新形势下统战工作实际，继续遵循"打基础、强教育、抓队伍、起作用"的原则，不断转变工作理念，创新工作方

式方法，发扬好的传统和做法，制定符合实际的新策略，开辟出事半功倍的新途径，为更加有效开展好新社会阶层人士统战工作提供政策、理论和路径支撑。例如，新社会阶层中的律师群体，因为工作性质等原因，其对政治表现出强烈的关注和关心，拥有比较强烈的政治参与愿望。因此，统战工作应考虑在政治框架内为其适当提供更多参与渠道，以激发他们的活力和优势，使其更好地服务于全社会民主和法治建设工作。引导他们明晰政治倾向，增进政治共识，不断拓展和巩固党的执政基础。又如，私营企业主和自由职业者作为新社会阶层中人数占比很高的群体，他们往往更加关注自身利益，日常注重如何提高个人综合素养和能力，具有非常务实的价值追求取向。对其应该加强支持和引导工作，特别要加强对他们中具有影响力的代表人士的关注和关怀，着力帮助解决他们在工作和生活中遇到的实际困难，进一步激发统战对象的阶层意识。① 通过树立典型，并运用主流文化熏陶等方式，让整个阶层耳濡目染，以润物细无声的方式促进思想层面的共识。同时，建立完善常规性联系沟通渠道，了解其内心真实想法。按照社会主义核心价值观宗旨，培育其爱国敬业诚信守法的价值观念和正向的职业操守和经营理念，引导他们树立正确的发展观、利益观，使其拥有较强的社会责任感。帮助他们积极参与经济建设和全社会科学发展之中，鼓励其参与和支持各类慈善事业，为全社会提供更多的就业机会，逐渐形成自觉回馈社会、承担责任的良好格局。

参考文献

王建平：《新社会阶层的构成、特征与政治参与》，《党政干部学刊》2009 年第 5 期。

① 所谓阶层意识是群体对于自身所属阶层的存在、阶层和阶层内自我认知及归属感等一系列问题的集中认知，这种认识处于人的主观建构，它强调和注重的是个体的心理感和意识状态。参考陈占江《阶层意识与社会秩序——对建国以来历史和现实的考察》，《理论研究》2007 年第 6 期。

中央统战部：《中共中央关于加强新形势下党外代表人士队伍建设的意见学习问答》，华文出版社，2012。

游龙波：《中国社会阶层结构的变迁与党的执政基础研究》，中国社会科学出版社，2012。

张京：《新社会阶层新的兴起对统战工作的影响》，《江苏省社会主义学院学报》2012 年第 6 期。

《习近平谈治国理政》，外文出版社，2014。

宋华忠：《新社会阶层的兴起与中国共产党领导权实现路径》，上海人民出版社，2014。

《巩固和发展最广泛的爱国统一战线为实现中国梦提供广泛力量支持》，《人民日报》2015 年 5 月 21 日。

中共中央文献研究室：《十八大以来重要文献选编（中）》，中央文献出版社，2016。

李长明：《引导新的社会阶层人士服务"四个全面"战略布局》，《学习时报》2016 年 3 月 3 日。

张海东：《中国新社会阶层》，社会科学文献出版社，2017。

赵竹茵：《中国社会新阶层发展问题研究》，厦门大学出版社，2017。

B.15
青海省茶卡特色小城镇建设与对策建议

拉毛措　朱学海　文斌兴　索南努日*

摘　要： 面对茶卡镇旅游业蓬勃发展的势头，各级政府创新工作思路，不断完善基础设施布局，通过购买社会化服务模式全面改善人居环境，以茶卡盐湖景区为引领，着力调整和优化生态畜牧业经济结构，加大社会保障和公共服务投入，城镇发展能力不断提升，是青海特色小城镇建设发展的缩影。

关键词： 青海　特色小城镇　茶卡

茶卡镇是柴达木盆地和海西州的"东大门"，素有"柴达木盆地第一镇"之称，全镇总面积为 1900 平方公里，总人口为 4300 人，是一个以蒙古族为主体，汉、蒙古、藏等多民族聚居的镇。2016 年 10 月，国家住建部公布的第一批中国特色小城镇建设名单中茶卡镇名列其中。2016 年全年茶卡镇旅游接待达 195 万人次，单日最多接待 4.4 万人次，旅游业蓬勃发展，为此海西州、乌兰县、茶卡镇各级政府围绕旅游业做文章，不断推进茶卡特色小城镇建设。本文通过查阅资料、召开座谈会、实地调研等方式，深入了解情况，查找问题，提出意见建议，以便为青海省特色小城镇建设提供智力支持。

* 拉毛措，青海省社会科学院社会学研究所所长、研究员，研究方向为民族社会学；朱学海，青海省社会科学院社会学研究所助理研究员，研究方向为城市社会学；文斌兴，青海省社会科学院社会学研究所助理研究员，研究方向为家庭社会学；索南努日，青海省社会科学院社会学研究所助理研究员，研究方向为应用社会学。

一 茶卡特色小城镇建设现状

随着茶卡镇"国家级旅游名镇"定位的明确，州委州政府、县委县政府高度关注茶卡特色小城镇建设问题，从总体规划、资金投入等方面给予了大力支持，先后实施了新型农村社区建设、旅游环境整治建设等一大批项目，城镇综合服务能力进一步提升，精品小镇特色日益凸显。

（一）基础设施布局完善，旅游服务能力进一步增强

一是实施街道升级改造。共计投资 5200 万元，新建东环路 5.1 公里、巴音路 6.1 公里，改造完成盐湖路 2.9 公里。二是加大招商引资，提升城镇旅游接待能力。茶卡地区共建星级酒店和宾馆 11 家，4 家建成运营，2 家正在进行室内装修施工，5 家已完成主体工程建设。截至目前，茶卡镇区的宾馆、招待所的年接待能力达到了 45000 人次，家庭旅馆的年接待能力达到了 13000 人次，可以基本满足游客住宿需求。三是加大服务配套设施建设力度。投资 549 万元完成满都海小区暖气、污水、自来水改造项目；投资 153.8 万元进行敖包群光伏亮化及配套机井；新建茶卡应急避难广场并完成总工程量的 85%。四是加强公共卫生设施建设。新建公共卫生厕所 3 座，改造厕所 1 座，已全部投入使用，16 家驻镇单位按标准改建公共厕所并对外开放。

（二）服务管理齐抓共管，城镇软环境进一步优化

一是创新工作思路，集中开展环境卫生整治。利用购买社会化服务模式，将镇区垃圾处理场、定点垃圾箱、果皮箱等环境卫生工作外包，提高了镇区环境卫生的整体质量，开辟了城镇管理工作的新方式、新方法。完善城镇管理长效制度，开展镇区环境卫生整治，并加强督促检查，使全镇城镇人居环境得到了全面改善。二是开展旅游市场环境整治。对餐饮服务、住宿接待等服务从业人员进行法律法规、餐饮服务等专项培训，已有 100 余参训人

员获得《初级国家职业资格证书》，切实提升了旅游从业人员服务能力。三是工商、物价等部门多次开展联合执法，打造公平安全的市场环境，切实维护消费者合法权益。对环境卫生较差的 3 家餐馆进行了停业整顿的处罚，对 5 户个体工商户实施了行政告诫限期整改门前卫生，对 2 户进行了停业整改。四是加强宣传教育，引导商铺诚信经营、明码标价，杜绝欺诈游客、天价商品，树立了良好的旅游市场形象。

（三）特色产业融合发展，城镇转型发展能力进一步提升

一是以茶卡盐湖景区为引领，推进旅游业由传统观光型向具有高原特色的休闲度假型、体验型转变，将茶卡盐湖景区打造成"黄金旅游目的地"。二是进一步加大结构调整，加快茶卡盐产品提档升级，借助旅游业不断提升品牌知名度和影响力。新推出的藏青盐、大青盐、天然湖盐等系列产品，全部经过湖盐行业最先进工艺精细化、品质化、原生态的物理过程加工而成。三是积极发展农牧业合作社，促进农牧业转型发展。进一步推广"吉仁模式"，即"茶卡羊产业＋茶卡盐湖文化旅游＋农村电商"三位一体的三产融合发展模式，逐步转变传统养殖习惯，减少草场压力，调整和优化生态畜牧业经济结构，促进当地生态环境持续健康发展，达到企业收入增加和当地生态环境改善的双赢格局。

（四）公共服务投入加大，城乡联动发展能力进一步强化

一是加大新型社区建设力度。以统筹城乡一体化发展为目标，从推进新型城镇化和农业现代化入手，将巴音村、茶卡村和茶卡社区合并组建成新型农村社区，推进农村社区化管理，为新型社区建设搭建了平台。二是优化社区配套设施建设。在新型农村社区建设中统一规划了农户的住房并配套供排水、采暖等设施，并在此基础上，组织实施了村道硬化、美化、亮化和绿化工程，按照城市建设的标准实施新型农村社区建设。为加强对新型社区的管理，提高社区服务能力，在建设社区服务中心和广场时，将社区"两委"办公室、村民医疗服务、文化娱乐和健身广场纳入建设计划。同时，配套了

幼儿园、敬老院等公共服务机构，形成了农牧结合、城乡结合、各类公共设施和资源共享的良好局面。三是多措并举，提高镇区居民就业能力。实施"春风行动"暨劳务对接现场招聘会，把就业政策等信息送到群众家门口。为提高就业者劳动技能，2017 年 2 月在茶卡镇举办了乌兰县首届导游培训班。根据对广大城乡劳动者技能培训意愿的调查，举办市场需求较大的中式烹饪培训、挖掘机和装载机驾驶等实用技术培训。为扶持广大劳动者，特别是贫困户劳动者创业，全面落实创业担保贷款等就业惠民政策。

二 茶卡特色小城镇建设中存在的问题

随着全省经济社会持续发展、城乡一体化不断推进和旅游业的快速升温，茶卡镇迎来了前所未有的发展机遇，城镇建设实现了跨越式发展，但是在对特色小城镇建设的总体思路的认识、发展模式的选择、政策和制度保障、特色产业的融合发展、基础设施建设和公共服务能力提升以及文化和区位优势发掘方面仍然存在一些问题和不足，需要在特色小城镇建设的过程中加以解决和改善。

（一）总体思路的认识有待进一步深化

党中央、国务院做出关于推进特色小镇建设的部署，根本目的在于探索小城镇健康发展之路，促进经济转型升级，推动新型城镇化和新农村建设。2017 年全国两会政府工作报告中提出要支持中小城市和特色小城镇发展，推动区域城乡发展相协调，从特色小镇到特色小城镇，进一步体现了国家对于产业转型和统筹城乡发展的战略调整，特色小镇强调经济性和产业性，而特色小城镇则更注重公共性和社会性。通过调研发现，茶卡特色小城镇建设过程中，各级政府和相关部门存在着片面注重特色小镇建设"空间城镇化"的倾向，还未能达到通过注重城镇综合承载能力的提升，辐射带动周边居民安居乐业，真正实现"人的城镇化"的目标，这种认识差异对全面落实党中央国务院推进特色小城镇建设的战略部署势必产生一定的影响。

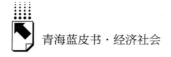
（二）发展模式有待进一步明确界定

作为第一批入选的全国特色小城镇，从类型上说茶卡镇属于旅游发展型特色小镇，其最大的特色和支撑产业是以茶卡盐湖为核心的旅游业，但是围绕旅游这个特色产业选择何种发展模式，即将茶卡建设成为一个"民居生活—生态旅游—产业发展"三位一体的宜居城镇，还是"商务—休闲—度假"的"旅游驿站"，目前还没有形成明确而统一的认识。选择何种模式需要对茶卡镇的建设进行科学规划，对现有的各类资源进行深入挖掘与整合，对现有的产业布局和建设项目进行适当调整，对有效打造茶卡的特色小城镇具有十分重要的意义，所以及早确定发展模式、发展路径、发展目标，对推动特色小城镇建设至关重要。

（三）政策和制度保障有待进一步健全

政府主导和政策扶持是特色小城镇建设的先决条件，也是特色小城镇持续健康发展的根本保障。2016年国家三部委发布的《关于开展特色小城镇培育工作的通知》，要求省级住房城乡建设、发展改革、财政部门负责制定本地区指导意见和支持政策，开展监督检查；县级人民政府负责制定支持政策和保障措施，整合落实资金，完善体制机制，统筹项目安排并组织推进。目前，除2004年颁布的《青海省小城镇规划建设管理办法》外，省级和县级政府尚未制定出台专门针对特色小城镇培育的指导意见、支持政策和保障措施，茶卡特色小城镇建设规划也未编制完成，茶卡特色小城镇建设的政策和制度保障有待进一步健全。

（四）产业融合与带动有待进一步加强

茶卡现有的产业结构特色鲜明，以茶卡盐为代表的制盐工业、以茶卡羊为代表的生态畜牧业和以盐湖观光为代表的旅游业形成了"三产齐备"的完整产业结构，各产业发展基础和前景良好，符合青海省整体发展战略的现实要求，但是目前三产之间尚没有形成良好的融合与带动效应，主要表现为盐湖旅游仍然以传统的景区观光和餐饮住宿为主，茶卡羊及其肉产品无法满足当地旅游市场的需求，盐湖工业产品的种类较为单一，第一、第二和第三产业之间的耦合度较低，畜牧业和工业产品对当地旅游市场的支撑不足，旅游业对畜牧业和盐湖工业的带动效果非常有限。

（五）基础设施和公共服务有待进一步完善

完善的基础设施和优质的公共服务能力是小城镇人口聚集和功能有效发挥的关键。近几年，茶卡镇在旅游业的带动下呈现良好的发展势头，这使得原有的基础设施和公共服务能力已经无法满足当前城镇的发展需求，尤其是燃气和水电供应、城镇绿化和环境保护、文体教育和医疗卫生、交通物流和商业服务等基础设施建设相对滞后，城镇和市场管理、公共卫生和基本医疗、基本社会保障、公共就业服务等也有待进一步完善；另外，围绕旅游业的交通运输、信息咨询、安全和紧急救援等旅游公共服务能力还远远满足不了旅游业发展的势头，亟待提高和完善。

（六）民族文化和区位优势有待进一步发掘

居住在茶卡地区的蒙古族及其文化具有鲜明的民族和地域特色，其民俗民风具有深厚的历史和文化底蕴。当前茶卡特色小城镇建设和旅游开发中，对于继承和发扬蒙古族文化的重要性认识不足、对于茶卡特色小城镇之民族文化内涵的把握不深、对于最具代表性的马文化及其产业发展的扶持力度不够。被誉为海西州"东大门"的茶卡镇，历史上是商贾、游客进疆入藏的必经之地，是古丝绸之路的重要站点，具有非常独特的交通和区位优势，目前对于如何将茶卡打造成为商贸物流枢纽和全域旅游门户，如何更好地融入国家发展和"一带一路"发展倡议，需要进行更深层次的论证和开拓性的实践。

三　茶卡特色小城镇建设的对策建议

结合茶卡特色小城镇发展的现状与问题，特提出如下对策建议。

（一）理清发展思路，注重规划的科学性

茶卡特色小城镇建设需要有清晰的思路作为指导。李克强同志曾指出"研究探索城镇化问题，应该放在人类发展的大格局、经济社会发展的大趋势中去思考"。青海省委书记王国生同志提出"四个转变"之"从研究地方发展战略向融入国家战略的转变"，对于明确茶卡特色小城镇建设思路具有重要指导意义。一方面应注重以小城镇发展的国家战略为依据，使茶卡特色小城镇建设融入全国小城镇建设的总体布局中，坚持国家关于小城镇培育的指导思想和基本原则，促进产业转型升级，推动新型城镇化和新农村建设，探索小城镇发展之路。另一方面应注重汲取国内外、省内外建设特色小城镇的经验和方法，积极谋划具有长远发展意义的高品位的建设思路。同时从青海省的实际情况出发，突出青海省小城镇建设的特点，基于茶卡镇所处的地理、自然及社会环境培育具有可持续性的特色产业和发展路径。

（二）明确发展定位，优化以旅游业为核心的特色发展模式

茶卡镇作为一个急速发展的"现象级"旅游名镇，具有极高的开发价值和发展潜力，茶卡特色小城镇建设需要进一步明确发展定位，围绕旅游业这个核心，不断推进旅游业与其他产业及区域间的融合发展。一是进一步完善旅游设施，提升服务能力，实现旅游业提档升级。在茶卡盐湖旅游景区服务现有设施的基础上，运用网络平台等现代科技，提高服务的信息化水平，为游客提供更为便捷高效的旅游信息服务。加大对景区工作人员的培训力度，着力提高景区的服务意识和服务水平，提升游客旅游体验。二是注重旅游业与其他产业间的融合发展。充分发挥旅游业对其他产业的辐射带动作用，加快传统工业、农业、畜牧业的现代化转型发展步伐，促进茶卡农畜产品、盐湖工业产品和旅游业的深度结合和融合发展，提升茶卡镇产城融合发展水平。三是加强区域合作，促进区域间旅游业融合发展。以"全域旅游"发展为目标，加强区域间沟通协调工作，针对茶卡盐湖旅游受地理、气候等条件制约的问题，探索区域间合作方式，发挥市

场主导作用，培育区域旅游消费新热点，打造全域旅游新格局，不断推进区域间旅游业融合发展。

（三）因地制宜，多措并举，破解特色小城镇发展瓶颈问题

现有的关于小城镇建设的政策和制度，基本处于国家或省级层面，而专门针对特色小城镇建设的指导性政策和意见尚未出台。因此，应在既有政策背景之下，结合当地实际情况，健全小城镇建设政策体系，因地制宜创新体制机制，破解特色小城镇发展瓶颈问题。一是进一步健全政策体系。省级和地方政府应适时出台有关特色小城镇发展的指导意见，明确适应青海地方特点的特色小城镇建设指导思想，进一步完善建设规划、财政支持等各项政策体系，为特色小城镇建设提供有力的政策支持。二是深化行政体制改革，强化政府服务功能。持续推进行政审批制度改革，大力推进简政放权，不仅能为赴茶卡镇投资创业的企业和劳动者提供优惠的政策，更能为其提供优质、高效、便捷的服务，通过服务型政府建设提高政府管理水平，增强茶卡镇对市场投资的吸引力。三是通过户籍制度改革，促进已进城常住人口市民化，扩大茶卡镇人口规模，改善因城镇人口较少而难以形成聚集效益的不利局面。四是创新开发机制，拓宽城镇建设投融资渠道，着力发挥财政资金主导作用，通过 PPP 合作等模式吸引社会资本参与城镇建设，形成多元投资主体。

（四）完善基础设施和公共服务能力，助力特色小镇发展建设

基础设施和公共服务能力是小城镇建设的基础和关键，经过几年的发展，茶卡的基础设施建设取得了明显的成效，但基于小城镇建设和发展的需要，基础设施和公共服务能力建设还需要进一步完善和加强。一是加强城镇基础设施建设。进一步加强城区道路改造升级工程，形成方便快捷的道路交通网络。加大教育基础设施建设投入力度，不断改善教育水平和质量，切实解决本地人口和外来务工人员子女就学问题。做好城镇绿化工程，改善燃气和水电供应，建设生态旅游宜居小镇。二是努力提高公共服务能力。加强城

镇社会治理，协调各部门整顿规范各类市场环境，强化服务型政府建设，提升城镇管理水平。加大医疗等公共服务投入力度，不断提高医务工作者等公共服务人员的服务水平，改善茶卡镇公共服务供给水平与质量。三是强化就业创业能力建设。面临旅游、物流等新业态的蓬勃发展，应加大就业服务力度，提高本地居民就业创业技能。加大适应市场需求的优秀人才引进力度，创新人才培养方式，通过住房等优惠政策，提升茶卡镇人才吸引力。

（五）挖掘民族文化资源，提升城镇区位优势

打造特色小城镇必须有民族文化资源的支撑，这是保证有发展的底蕴和可持续发展的重要内生动力。目前，茶卡镇和乌兰县对于茶卡小城镇建设中对于旅游业的关注和期望程度很高，而对于挖掘民族文化资源等方面仍有许多工作需要填补完成。一方面，要深度挖掘德都蒙古的文化、历史内涵，凸显民族文化特色，体现区域文化底蕴。在以盐湖为依托发展景观旅游的同时，打造文化旅游，使其成为茶卡旅游业的重要组成部分，增强其作为旅游目的地的吸引力。另一方面，要挖掘和提升茶卡区位优势，以对过境物资、人员的数量、规律的大数据分析为基础，在茶卡镇范围与既有的道路、住宿、餐饮等设施相结合，使现有的以及规划中的设施建设能够最大限度地发挥效能，并在现有产业结构基础上开发新的增长点，基于交通枢纽的独特条件，将茶卡打造成为物资、人员集散枢纽，带动茶卡特色产业持续发展。

特色篇

Special Reports

B.16
习近平精准扶贫重要论述
是打赢脱贫攻坚战的根本遵循

孙发平　魏　珍*

摘　要： 党的十八大以来，习近平总书记高度重视扶贫开发工作，把
扶贫开发放在治国理政的重要高度，提出了一系列关于精准
扶贫的新理念、新论述、新方法，体现了鲜明的时代特色和
责任担当。在梳理归纳习近平精准扶贫重要论述的主要内容
及其重大价值的基础上，总结习近平精准扶贫重要论述在青
海的实践，并针对现阶段脱贫攻坚存在的问题，运用习近平
精准扶贫重要论述提出了相应的对策建议。

---

* 孙发平，青海省社会科学院副院长、研究员，研究方向为区域经济；魏珍，青海省社会科学
院经济研究所助理研究员，研究方向为区域经济。

关键词： 脱贫攻坚 精准扶贫 青海

党的十八大以来，党中央确定了到 2020 年实现全面建成小康社会的奋斗目标。打赢脱贫攻坚战，确保所有贫困地区和贫困人口一道迈入小康是全面建成小康社会伟大进程中最现实的需求。习近平总书记立足于我国基本国情，围绕当前扶贫工作的新实践、新形势、新任务提出了一系列新理念、新论述、新方法，内涵丰富、体系严密，集科学性、理论性、指导性于一体，是彻底打赢脱贫攻坚战，顺利实现全面建成小康社会奋斗目标的理论指导和实践智慧。

一 习近平精准扶贫重要论述的丰富内涵

长期以来，习近平以高度的敏感性和政治责任心，无论是在地方工作还是在中央工作，其带领干部群众向贫困宣战的一次次实践摸索、一次次理论总结，形成了习近平精准扶贫重要论述。1988～1990 年习近平同志在福建宁德地区担任地委书记时，针对宁德贫困落后的现状，提出了"弱鸟先飞""滴水穿石""四下基层"等发展理念、观点和方法，其中不乏精准扶贫的先进理念。在 2012 年 11 月担任党的总书记后，习近平对扶贫开发工作亲自谋划、亲自推动、亲自督战，提出要求、做出部署、指明方向，将扶贫开发摆到治国理政的重要位置，上升到事关全面建成小康社会、实现第一个百年奋斗目标的新高度。2013 年 11 月，习近平总书记在湖南湘西州花垣县排碧乡十八洞村考察时首次指出"扶贫要实事求是，因地制宜。要精准扶贫，切忌喊口号，也不要定好高骛远的目标"[1]。"精准扶贫"作为习近平扶贫的核心概念，被正式提出。2015 年 11 月，在中央扶贫开发工作会议上习近平发表重要讲话，系统阐述精准扶贫精准脱贫的详细方略，表明以习近平精准

---

[1] 习近平：《扶贫切忌喊口号 也不要定好高骛远目标》，新华网，2013 年 11 月 3 日。

扶贫为指导的脱贫攻坚顶层设计的"四梁八柱"基本完成。在党的十九大上，习总书记再次庄严宣告"确保2020年我国现行标准下，农村贫困人口实现脱贫，贫困县全部摘帽，解决区域性整体贫困，做到脱真贫，真脱贫"①。这些重要的论述和思想是群众路线和唯物史观在全面建成小康伟大实践中的具体化，在认识论上充分体现了一切从实际出发，实践、认识、再实践、再认识的辩证法思维。

（一）"四个核心"是打赢脱贫攻坚战的基本要义

习近平总书记通过系统论述"扶持谁""谁来扶""怎么扶""如何退"等四个精准扶贫工作的核心问题，把精准理念落到实处。"扶持谁"的问题，"就是通过摸底，确保掌握贫困人口，贫困程度及致贫原因，以便做到因村施策、因户施策、因人施策"，② 这是在扶贫对象层面的精准化要求。"谁来扶""就是加快形成中央统筹、省（自治区、直辖市）负总责、市（地）县抓落实的扶贫开发工作机制，做到权责明晰、分工明确、精准到人、考核到位"，③ 这是习近平精准扶贫在扶贫责任层面做出的要求。"怎么扶""就是按照贫困地区和贫困人口的具体情况，实施'五个一批工程'"，④ 因地制宜、因人因户施策，精准地、有针对性地开展扶贫，这是习近平精准扶贫在扶贫方式层面形成的具体化要求。"如何退"就是要设定时间表，实现有序退出，对扶贫工作绝不拖延，也忌操之过急，留出缓冲期，在一定时间内实行"摘帽不摘政策"。实行严格评估，按照摘帽标准验收。要实行逐户销号，做到脱贫到人，脱贫效果经得起群众检验，这是习近平精准扶贫在扶贫保障层面做出的要求。"四个核心"解决了脱贫攻坚战略谋划的基本内容，具有提纲挈领、纲举目张的作用。

---

① 习近平：《决胜全面建成小康社会　夺取新时代中国特色社会主义伟大胜利——在中国共产党第十九次全国代表大会上的报告》，人民出版社，2017。
② 《扶持谁？谁来扶？怎么扶？习近平答中国扶贫关键三问》，中国新闻网，2015年11月29日。
③ 《扶持谁？谁来扶？怎么扶？习近平答中国扶贫关键三问》，中国新闻网，2015年11月29日。
④ 《扶持谁？谁来扶？怎么扶？习近平答中国扶贫关键三问》，中国新闻网，2015年11月29日。

（二）"六个精准"是打赢脱贫攻坚战的根本要求

2015 年 6 月 18 日，习近平在贵阳主持召开的扶贫攻坚座谈会上，针对扶贫开发工作进入啃硬骨头、攻坚拔寨的冲刺期的任务要求，第一次明确提出了"六个精准"的思想。一是扶贫对象精准。这是精准扶贫的前提，要求精准识别对象，摸清贫困村、贫困户的具体情况，建档立卡，打响精准扶贫第一战。二是项目安排精准。一些贫困山区虽然耕地少，但有可以发展特色优势农业产业的优势，在这些地区采取"公司 + 基地 + 协会 + 农户"的模式经营管理，打造一条完整产业链，解决种植户单个经营、管理水平落后的问题，提高产量和效益。三是资金使用精准。把全面深化改革的精神贯彻到扶贫工作中去，给予地方政府在资金使用上更多自主权，保证到户项目有资金支持，资金跟着精准扶贫项目走。四是措施到户精准。在产业、安居、医疗、助学、民政兜底等方面制定切实可行的帮扶措施，综合施策。五是因村派人（第一书记）精准。贫困村中普遍存在年轻人外出务工，村干部文化程度较低，能力不足的问题，导致村级治理能力水平较低，提升速度慢。选派第一书记和驻村工作队，是扶贫扶智的重要方式，旨在短期内大幅提高贫困村的管理水平。六是脱贫成效精准。这是在前五个精准的目标下，强化对脱贫效果的科学考核与评估，确保贫困人口真脱贫。聚焦重点领域和薄弱环节，建立贫困户脱贫退出工作机制，严格退出程序和标准，做到脱贫不脱钩，确保实现高质量脱贫。六个精准体现了在共同富裕道路上"一个都不能少"的责任担当，将扶贫工作当作"绣花"功夫来做，体现了扶贫工作针对性、有效性、精确性的科学理念，是天下大事必做于细的政治智慧。

（三）"五个一批"是打赢脱贫攻坚战的方法路径

在打赢脱贫攻坚战的实践路径上，习近平总书记从高站位谋划，从扶贫一线出发，提出了"五个一批"的脱贫措施。一是发展生产脱贫一批。[1] 就

---

[1] 习近平：《携手消除贫困　促进共同发展——在 2015 减贫与发展高层论坛的主旨演讲》，《人民日报》2015 年 10 月 17 日第 2 版。

是要深度挖掘贫困地区的特色优势，依托优势，制定和出台特色产业的发展规划、专项政策，将涉农资金统筹使用，大力支持特色产业发展，重点培养贫困村、贫困户种植业、养殖业和传统手工业等产业的发展。二是易地搬迁脱贫一批。一些贫困地区的生态环境脆弱，生存成本高，自然条件恶劣且灾害频发，对于在这些地区居住的群众，要改变他们的生存环境，加快实施易地搬迁工程。三是生态补偿脱贫一批。在国家实施的退耕还林还草、天然林保护、防护林建设、石漠化治理、防沙治沙、湿地保护与恢复、坡耕地综合整治、退牧还草、水生态治理等重大生态工程上提高贫困人口的参与度，将项目和资金的安排进一步向贫困地区倾斜，促进贫困人口受益，增加他们的收入。四是发展教育脱贫一批。教育是民族振兴的基石，抓好教育是扶贫开发的根本大计，只有抓住教育这个脱贫致富的根本之策，加快实施教育扶贫工程，通过提供高质量的教育，不让贫困地区的孩子输在起跑线上，阻断贫困代际传递，用教育夯实民族复兴的基础。五是社会保障兜底脱贫一批。针对一部分是完全或部分丧失劳动能力，无法通过产业等其他渠道脱贫的贫困群众，采取政策性兜底的方式，完善农村最低生活保障制度，做到应保尽保。实行社保政策兜底脱贫，保证贫困群众一个不掉队。"五个一批"是六个精准根本要求在方法路径上的具体化，通过分类指导，精准施策，把脱贫攻坚落实到现实的行动中。

（四）"八个要求"是打赢脱贫攻坚战的重要保障

2018 年 2 月 12 日，四川成都市召开的打好精准脱贫攻坚战座谈会上，为全面打好脱贫攻坚战，聚焦深度贫困地区，扎实推进各项工作，习近平总书记提出了加强组织领导、坚持目标标准、强化体制机制、牢牢把握精准、完善资金管理、加强作风建设、组织干部轮训和注重激发内生动力等八个要求，从组织保障、目标考核、体制建设、精准理念、科学管理、作风建设、干部培训和自力更生等八个方面搭建了打赢扶贫攻坚的顶层设计，体现了遵循规律与发挥能动性、重点突击与全面发展、内因与外因相结合的辩证思维和科学谋划。八个要求既是脱贫攻坚伟大实践中积累的宝贵经验在理论上的总结升华，更是确保扶贫工作扎实、脱贫成果真实，脱贫攻坚成效经得起人民、实践和历史检验的重要举措与保障，必须长期坚持。

二　习近平精准扶贫重要论述的重大价值与战略意义

习近平总书记有关精准扶贫的重要论述，内涵丰富，博大精深，体现了新时代的要求，对推动中国特色社会主义建设，进而对整个人类社会的反贫困事业具有重大的理论价值和战略意义。2017年习近平总书记在中央政治局第三十九次集体学习时指出：2013～2016年4年间，每年农村贫困人口减少都超过1000万人，累计脱贫5564万人；贫困发生率从2012年底的10.2%下降到2016年底的4.5%，下降5.7个百分点。① 这充分说明了习近平精准扶贫在中国的实践获得了辉煌成就，取得了伟大成功。

（一）精准扶贫体现了以人民为中心的发展思想

习近平总书记精准扶贫重要论述的提出与实践，我国以每年减贫1300万人以上的成就，书写了人类反贫困斗争史上不朽的奇迹。这一项伟大的民生工程，以维护最广大人民的根本利益，让全体人民共享改革发展成果为出发点，充分体现了我国以人民为中心的发展思想，提升了关于社会主义共同富裕的思想认识，是中国特色社会主义建设事业的又一重大内容，是兑现党对人民庄严承诺的充分体现，它的不断发展与完善对中国特色社会主义事业的建设具有巨大的指导意义。

（二）精准扶贫体现了社会主义共同富裕的本质要求

习近平总书记多次指出："消除贫困、改善民生、实现共同富裕，是社

---

① 习近平：《更好推进精准扶贫精准脱贫　确保如期实现脱贫攻坚目标》，《人民日报》2017年2月23日第1版。

会主义的本质要求。"① 消除贫困、实现"共同富裕"这一目标是中国特色社会主义理论体系的基础，充分体现了社会主义制度的优越性。社会主义始终把消除贫困、实现社会公正作为自己的理想。马克思主义的创建，第一次指出了实现这一理想的现实道路，将社会主义从空想变成科学，并付诸伟大的社会实践。新中国成立以来，特别是改革开放以来，消灭贫困、实现人民富裕是中国共产党人的不懈追求。"做好扶贫开发工作，支持困难群众脱贫致富，帮助他们排忧解难，使发展成果更多更公平惠及人民，是我们党坚持全心全意为人民服务根本宗旨的重要体现，也是党和政府的重大职责"。② "得民心者得天下。从政治上说，我们党领导人民开展了大规模的反贫困工作，巩固了我们党的执政基础，巩固了中国特色社会主义制度。"③ 这段论述充分体现了习总书记权为民所用、情为民所系、利为民所谋的执政理念和家国情怀，明确了做好扶贫开发工作，为群众解决困难，合民情、得民心，增强了凝聚力和向心力，是中国共产党全心全意为人民服务的根本宗旨，体现着社会主义的价值追求和奋斗理想，是中国特色社会主义的题中应有之义。

（三）精准扶贫丰富和发展了中国特色社会主义理论体系

马克思反贫困理论认为，反贫困的根本目标是推翻资本主义制度，消灭阶级剥削和压迫，消灭贫困，实现人类共同富裕，最终实现人的自由全面发展。毛泽东的扶贫理论认为，中国共产党是消除贫困的最主要领导力量，而全体人民则是最重要的主导力量，初步开展了对共同富裕思想的设定。实施扶贫开发战略是邓小平扶贫开发思想当中的重要内容，在 1992 年的南方谈话中，邓小平将共同富裕纳入社会主义本质属性之中。江泽民同志和胡锦涛

---

① 《习近平在河北省阜平县考察扶贫开发工作时的讲话》，中央政府门户网站，2012 年 12 月 30 日。

② 《习近平在河北省阜平县考察扶贫开发工作时的讲话》，中央政府门户网站，2012 年 12 月 30 日。

③ 《习近平在中央扶贫开发工作会议上的讲话》，永和党建网，2015 年 11 月 27 日。

同志又分别结合当时的国情和扶贫任务的实践要求，在理论和实践上不断发展有中国特色的扶贫事业。习近平总书记紧扣中国扶贫事业的实践和理论逻辑，实施精准扶贫战略，提出精准脱贫理念，是运用马克思主义的立场、观点和方法，对马克思反贫困理论、毛泽东扶贫理论、邓小平扶贫开发思想、江泽民、胡锦涛农村扶贫开发思想等理论的传承和发展，更是在新时代全面建成小康社会宏伟目标背景下，立足扶贫工作需要，对扶贫思想的伟大创新。

（四）精准扶贫的巨大成效丰富和拓展了世界扶贫经验

我国贫困人口是世界贫困人口的组成部分，在世界贫困人口中占比较高，所以我国的脱贫工作关系到全世界减贫工作的进展。在党的十九大报告中，习近平总书记回顾过去 5 年以来的工作时指出，脱贫攻坚战取得决定性进展，6000 多万贫困人口稳定脱贫。[①] 习近平总书记精准扶贫从提出到落实再到形成系统的体系，不仅为我国脱贫攻坚事业取得成功提供了指导思想，更是为世界减贫事业提供了中国经验、中国方案。精准扶贫的伟大实践取得的巨大成效，不仅惠及中国贫困人口和贫困地区，更为全球的减贫扶贫、维护世界和平做出了中国贡献，获得国际社会的高度赞誉和世界各国专家学者的肯定评价。习近平精准扶贫的重要论述作为理论和实践的重大创新，既是对中国的贡献，更是对世界的伟大贡献。

三　习近平精准扶贫重要论述在青海的生动实践

实施精准扶贫是以习近平同志为核心的党中央依照当今中国经济发展的现实状况，针对扶贫助贫工作，加强贫困百姓自身的综合素质、提升各方面能力的战略之举。青海贯彻党中央要求，把脱贫攻坚纳入"四个全面"战

---

① 习近平：《决胜全面建成小康社会　夺取新时代中国特色社会主义伟大胜利——在中国共产党第十九次全国代表大会上的报告》，人民出版社，2017。

略布局，在与全国同步建成小康社会的实践中，正确处理普遍性与特殊性的辩证关系，坚决以习近平精准扶贫重要论述为指导，从省情实际出发，实施精准脱贫战略，全省扶贫开发工作取得了一系列显著成效。

（一）制定出台了青海省脱贫攻坚政策体系

根据《中共中央国务院关于打赢脱贫攻坚战的决定》，青海省立足省情，出台了《关于打赢脱贫攻坚战提前实现整体脱贫的实施意见》，"实施意见"以中央打赢脱贫攻坚战战略和省委十二届九次全会精神为指导，在内容上紧密结合青海实际，提出了一些新政策新举措，不仅明确了"十三五"期间提前实现整体脱贫的目标任务，还就如何扎实推进精准脱贫攻坚行动计划、加快补齐贫困地区发展短板、进一步创新脱贫攻坚机制、强化脱贫攻坚的组织保障等做出了整体安排部署，主要内容基本涵盖了贫困农牧区经济社会发展的方方面面，呈现站位要求高、脱贫政策和攻坚机制新、脱贫攻坚目标任务和举措实、实现脱贫的路径和到村到户到人帮扶措施细、脱贫攻坚责任落实严等特点。

2016 年，青海各级党委政府认真贯彻落实习近平总书记视察青海提出的"四个扎扎实实"重大要求，以总书记视察青海重要讲话精神为指导，坚持把脱贫攻坚作为头等大事和第一民生工程，深入实施发展产业脱贫攻坚行动、易地搬迁脱贫攻坚行动、资产收益脱贫攻坚行动、转移就业脱贫攻坚行动、医疗保障和救助脱贫攻坚行动、教育脱贫攻坚行动、低保兜底脱贫攻坚行动、生态保护与服务脱贫攻坚行动"八个一批"脱贫攻坚行动计划。及时制定了交通、水利、电力、医疗卫生、通信、文化、金融、科技、牧民危旧房改造等十个行业专项扶贫方案。在脱贫攻坚保障机制方面，针对精准管理机制，印发了《扶贫手册》《建档立卡贫困户精准管理手册》；针对贫困退出机制，制定了《青海省建档立卡贫困人口和贫困村退出及贫困县摘帽实施方案》；针对资金管理机制，制定了《关于支持贫困县开展统筹整合使用财政涉农资金试点工作的实施意见》《关于加强财政扶贫专项资金使用和项目管理的指导意见》《金融支持精准扶贫青海行动方案》；针对考核评价机制，制定了《青海省贫困县脱贫攻坚绩效考核办法（试行）》《青海省市（州）党委和政府脱贫攻坚目标责任考核办法》《青海省省直有关行业部门脱贫攻坚责任考核办法》《青海省党政军机关和企事业单位定点扶贫（驻村帮扶）工作考核暂行办法》；在督查巡查机制方面，制定了《青海省脱贫攻坚督查巡查工作办法》；在惩防监督机制方面制定了《青海省加快推进深度贫困地区脱贫攻坚的实施方案》《青海省深度贫困地区脱贫攻坚三年行动方案》《青海省贫困退出后续政策扶持的指导意见》等有关政策文件，力促全省脱贫攻坚首战告捷。

（二）突出重点，强力推进，脱贫攻坚各项工作扎实有效

省委省政府紧紧围绕"两不愁、三保障"目标，瞄准最困难的群体，紧盯最迫切的问题，集中攻坚、久久为功，全省脱贫攻坚工作取得了显著成效。

1. 组织领导不断加强

根据习总书记"越是进行脱贫攻坚战，越是要加强和改善党的领导"的指示，省委省政府始终把脱贫攻坚作为各项工作的重中之重，全省成立了由党政主要负责同志任双组长的扶贫开发工作领导小组，逐级签订责任书，立下军令状，为脱贫攻坚提供了组织保障和强大动力。全面落实脱贫攻坚责任制实施细则、各级干部联点以及督查通报、约谈问责、监督执纪、表彰奖励等制度机制，8 名省级干部包"战区"督战，39 名省级干部联点到县，市、县、乡负责同志包县、包乡、包村指导工作。全省上下牢固树立"四个意识"，努力补齐"四个短板"，把脱贫攻坚的责任扛在肩上，以奋发有为的"新青海精神"为动力，以顽强的斗志、过硬的作风、扎实的工作、科学的策略、精准的机制确保扶贫攻坚政策落地，脱贫攻坚组织力执行力不断提升。

2. 资金投入稳步增长

扶贫资金投入力度不断加大，着力统筹财政专项、行业扶贫、地方配套、金融信贷资金、社会帮扶和援青资金的投入保障机制，资金使用的针对性和有效性持续提高，健全了财政稳定投入增长机制，有力激发了脱贫攻坚的活力。2017 年全省落实各类扶贫资金 122 亿元，其中中央财政专项扶贫

资金 25.4 亿元,省级财政专项扶贫资金 11.4 亿元,市县配套 13.8 亿元,易地扶贫搬迁资金 34.5 亿元,外资项目资金 2.4 亿元;扶贫贷款及小额信贷 34.3 亿元。

3. 重点工作扎实推进

一是大力发展到户扶贫产业,提前三年实现有发展意愿有劳动能力的 42.63 万人贫困人口发展生态畜牧业、特色种植业和扶贫产业,14 个扶贫产业园、52 个乡村旅游项目稳步推进,贫困群众的"造血"能力不断增强。二是以保护生态环境和增加农牧民收入为出发点,大力开发生态公益管护岗位,新增生态公益性管护岗位 2.53 万个,既保护了生态环境,又帮助贫困户实现了稳定脱贫。三是易地扶贫搬迁工程稳步实施,坚持群众自愿、积极稳妥的原则,以后续产业培育、贫困人口技能培训和就业为核心,2017 年,2.5 万户、9.2 万人易地搬迁安置项目全部开工。四是教育和健康扶贫工作扎实推进,全面实施了西宁、海东两市和贫困家庭和藏区六州全部学生 15 年免费教育政策,80 万名学生获益。全额资助贫困家庭参加医疗保险,全面落实医疗救助,贫困人口住院自费比例下降到 10% 以下,实行"两线合一"政策,将所有贫困人口纳入低保救助范围,实行分档补助,为贫困群众脱贫提供保障。五是民生短板得到改善,贫困地区基础设施建设速度加快,公共服务保障能力大幅提升。2017 年投入行业扶贫资金 53.2 亿元,新改建乡村公路 6400 公里,完成 2.32 万户贫困户危房改造、贫困村饮水安全、电网改造、宽带建设等建设稳步推进,贫困地区面貌不断改善。

4. 问题整改成效明显

认真对照中央要求,结合国家审计、检查和省级督查、考核验收发现的问题,精心谋划、精准发力,对全省脱贫攻坚工作全面"透视会诊",及时制定下发整改方案,建立问题清单和整改台账,狠抓目标整改,除一些需要长期关注、持续用力的问题外,已全部整改到位。

5. 深度贫困攻坚开局有力

坚持把解决深度贫困问题作为脱贫攻坚的重中之重,集中力量,超前谋划,认真分析深度贫困成因,锁定深度贫困地区,制定了具有针对性、实效性和可操作性的攻坚方案，明确了攻克深度贫困堡垒的行动路径，得到了充分肯定，在国家确定深度贫困地区的"三区三州"所在六省中，第一个被认定通过。

（三）全省脱贫攻坚取得丰硕成果

2013 年以来，"全省累计减少贫困人口 90.7 万人，贫困发生率从 2012 年底的 24.6% 下降到 2017 年的 8.1%，下降了 16.5 个百分点。贫困地区农牧民人均可支配收入年均增长 11.1%，九年义务教育巩固率达到 94.21%，贫困群众住院自费比例降到平均 6%"① 2017 年全省近 2/3 的农牧户住房条件得到改善，90% 以上的贫困户有安全住房，"三保障"能力持续增强。全省上下脱贫攻坚基础更加稳固，措施更加有力，成效更加明显，各方面工作稳步推进。2017 年，都兰、同德、河南 3 县通过了史上最严格的国家评估验收，顺利摘帽。全省贫困发生率首次降到个位数，首次实现贫困县总量减少。实现了 7 个贫困县摘帽、525 个贫困村退出、15.8 万贫困人口脱贫，超额完成减贫目标。

四　以习近平精准扶贫重要论述为根本遵循，坚决打赢青海脱贫攻坚战

青海省是六盘山和四省藏区两个集中连片特殊困难地区全覆盖区域，脱贫条件差，脱贫任务重，目前全省还有 24.6 万贫困人口需要脱贫。因此，当前青海脱贫攻坚工作取得一系列成效的同时，还面临一定的困难与挑战。

一是贫困程度深，致贫原因复杂多样。青海省大部分贫困地区生态环境脆弱，高寒缺氧，自然灾害频发。由于区位原因，交通不便，远离市场，发展面临制约。截至 2017 年 10 月，青海仍有 15 个深度贫困县贫困发生率在 20% 以上。贫困人口致贫因素复杂多样且相互叠加，藏区地方病、高原病多

---

① 《内陆深度贫困地区的脱贫探索》，《经济日报》2018 年 10 月 23 日。

发，加大了脱贫攻坚的复杂性和难度。

二是基础设施落后，补齐短板任务艰巨。贫困地区的经济发展滞后，社会发育程度较低，且多数贫困地区海拔高，自然条件恶劣，这些地区的基础设施建设成本高，施工存在一定的困难，基础设施和基本公共服务主要领域接近全国平均水平任务艰巨。

三是创收增收渠道单一，扶贫产业选择困难。贫困地区大多从事传统的种植、养殖业，产业结构单一，产业的可持续增收能力弱，产业培育和转型升级慢，扶贫产业选择困难，导致贫困群众的增收渠道窄，政策性收入超过60%。

四是文化程度低，自我发展能力有待提高。贫困地区贫困人口的文化素质普遍较低，思想观念陈旧，"等靠要"的思想严重。东部干旱山区和藏区贫困地区人口受教育程度低，2017年小学文化程度以下的占60%以上，少数民族聚居地区文盲半文盲占比近40%，普遍缺乏劳动技能，稳定就业困难，自身"造血"能力低。

五是项目进展缓慢，资金管理有待加强。部分地区项目储备不足，缺乏提前谋划，资金拨付缓慢，效益发挥滞后。项目实施过程中程序复杂，在一定程度上影响着项目进度。一些扶贫项目规划缺少长效机制，贫困户持续稳定增收存在隐患。在资金使用方面，资金拨付后，对使用情况的监管和项目建设的效益跟进程度不足，扶贫资金存在"接不住，管不好"的问题。

六是思想认识不足，基础工作亟须夯实。目前一些贫困地区的主体责任落实不到位，对脱贫攻坚工作中的问题依赖上级，自身对工作的思考不足。个别领导干部没有正确认识脱贫攻坚工作的重要性，认为脱贫攻坚是一项阶段性短期任务，在措施落实、产业选择上一味追求"短、平、快"，盲目追求增收。个别地区对贫困人口精准识别、精准退出工作认识还不到位，存在错评、漏评、错退等问题，在已经摘帽的地区，仍存在类似问题。

习近平精准扶贫重要论述作为习近平新时代中国特色社会主义思想的伟大创新，未来青海省的脱贫工作要取得持续性进展，顺利完成彻底打赢脱贫攻坚的光荣使命，必须以习近平精准扶贫重要论述作为根本遵循，精准发力、科学施策。

（一）加强党的领导，夯实脱贫攻坚的组织基础

习近平总书记指出："各级党政干部特别是一把手必须以高度的历史使命感亲力亲为抓脱贫攻坚。贫困县党委和政府对脱贫攻坚负主体责任，一把手是第一责任人，要把主要精力用在脱贫攻坚上。中央有关部门要研究制定脱贫攻坚战行动计划，明确 3 年攻坚战的时间表和路线图，为打好脱贫攻坚战提供导向。"① 按照习近平总书记的要求，青海在脱贫攻坚战中，一是落实各级党委政府的领导责任，突出落实各级党委政府主体责任、一把手第一责任和分管领导直接责任，严格执行脱贫攻坚责任制实施细则和五级书记抓扶贫的工作机制，凝聚形成强大的攻坚合力。二是加强贫困地区党政领导班子和领导干部扶贫绩效考核，把扶贫工作作为干部考核、选拔使用、锻炼培养的重要依据，建立最严厉的约谈问责机制，让脱贫攻坚第一线成为检验干部能力和党性的试金石，实现好干部从基层来，好干部走向基层的良性循环。三是要提升各级扶贫开发领导小组的工作效能，落实扶贫职能部门的工作责任，坚持把脱贫质量放在工作首位，牢固树立正确政绩观。

（二）扎实推进深度贫困地区的脱贫攻坚

习近平总书记强调："我们务必深刻认识深度贫困地区如期完成脱贫攻坚任务的艰巨性、重要性、紧迫性，采取更加集中的支持、更加有效的举措、更加有力的工作，扎实推进深度贫困地区脱贫攻坚。"② 青海确定的 15 个深度贫困县、129 个深度困难乡镇主要集中在青南藏区和东部干旱山区，扶贫任务艰巨，属于贫中之贫、坚中之坚。要认真贯彻落实"实施方案"，抓好重大扶贫工程，落实到村到户帮扶措施，解决深度贫困地区突出问题，加快基础设施建设，配套公共服务，补齐脱贫攻坚短板，加大政策支持和工作力度，强化支撑保障体系，抓住深度贫困这个主要矛盾，集中力量下大力气解决。

---

① 习近平：《提高脱贫质量聚焦深贫地区　扎扎实实把脱贫攻坚战推向前进》，《人民日报》2018 年 2 月 15 日第 1 版。

② 习近平：《在深度贫困地区脱贫攻坚座谈会上的讲话》，《人民日报》2017 年 9 月 1 日。

（三）强化体制机制建设

习近平总书记指出："落实好中央统筹、省负总责、市县抓落实的管理体制。中央统筹，就是要做好顶层设计，在政策、资金等方面为地方创造条件，加强脱贫效果监管。"① 根据总书记的指示，继续立足青海实际，根据脱贫攻坚的进展情况，将党中央的大政方针与省情实际相结合，制定实施方案，推动工作落地，不断促进考核评估机制的完善，切实做到"扶真贫""真扶贫"。

（四）注重激发内生动力

习近平总书记强调："贫困地区发展要靠内生动力，如果凭空救济出一个新村，简单改变村容村貌，内在活力不行，劳动力不能回流，没有经济上的持续来源，这个地方下一步发展还是有问题。""治贫先治愚。要把下一代的教育工作做好，特别是要注重山区贫困地区下一代的成长。"② 针对贫困地区发展的困难，政府要给予帮助支持的同时，要看到内因是事物变化的依据。只有摆脱意识和思路的贫困，才能真真正正地实现物质精神双脱贫。扶贫开发最为重要的是调动贫困群众的积极性和主动性，在群众中宣传依靠自身能力脱贫的光荣意义，培养他们脱贫致富的意识，增强自信心；深刻认识教育脱贫的重要性，加大对教育扶贫的支持力度，从根本上解决贫困代际传递的问题，逐步将"输血"扶贫模式转变为"造血"模式。

（五）形成政府、市场、社会协同合力，调动各方力量打赢脱贫攻坚战

习近平总书记指出："各方参与是合力、坚持专项扶贫、行业扶贫、社

---

① 习近平：《提高脱贫质量聚焦深贫地区　扎扎实实把脱贫攻坚战推向前进》，《人民日报》2018 年 2 月 15 日第 1 版。

② 《习近平在河北省阜平县考察扶贫开发工作时的讲话》，中央政府门户网站，2012 年 12 月 30 日。

会扶贫等多方力量有机结合的'三位一体'大扶贫格局，发挥各方面积极性。"[1] 脱贫攻坚已经到了攻坚拔寨的最后冲刺阶段，这个时期是攻坚难度最大的阶段，要强化政府责任，引导市场、社会协同发力，一是充分发挥东西部扶贫协作和对口支援的资源优势，抓住政策机遇，主动加强与对口帮扶省市的对接，列出一批受援地区最需要、贫困群众最受益的项目清单，引导各类帮扶资源更好聚焦到教育、医疗和住房建设等领域，深化产业发展、劳务输出、人才支持等方面的合作。二是扎实开展省内对口帮扶，加大工作对接、资金投入、项目落地、帮扶指导等服务力度，增强贫困地区发展后劲。尤其要认真做好 13 个中央和国家机关、2500 家省市县级定点扶贫单位定点帮扶工作。三是积极推进社会扶贫，广泛动员全社会力量参与脱贫攻坚，组织开展好"百企帮百村、百企联百户"精准帮扶行动，鼓励和引导资金雄厚、发展前景广阔的民营企业设立扶贫产业投资基金，参与脱贫攻坚行动。构建相互完善相互补充的大扶贫格局，凝聚起打赢脱贫攻坚战的强大合力。

参考文献

黄承伟：《习近平扶贫思想体系及其丰富内涵》，《中南民族大学学报》（人文社会科学版）2016 年第 6 期。

刘永富：《以习近平总书记扶贫开发战略思想为指导坚决打赢脱贫攻坚战》，《中国扶贫》，2016。

习近平：《在深度贫困地区脱贫攻坚座谈会上的讲话》，《人民日报》2017 年 9 月 1 日。

宫玉涛、常良宇：《习近平精准扶贫重要论述初探》，《实事求是》2017 年第 3 期。

孙海玲：《青海脱贫攻坚取得决定性进展》，《青海党的生活》2018 年第 3 期。

---

[1] 习近平：《更好推进精准扶贫精准脱贫　确保如期实现脱贫攻坚目标》，《人民日报》2017年 2 月 23 日第 1 版。

2018~2019年青海省"一带一路"建设进展与前景展望

孙发平　杨军　戴鹏*

摘　要： 2018年，青海省委省政府着力推动"四个转变"，实施"一优两高"战略部署，加强组织领导，主动参与、强力推进，"一带一路"建设取得积极进展。但同时，对外贸易方式单一、基础设施建设欠账较多、政策扶持力度仍然较弱等一些深层次矛盾和问题不断显现。面对新形势新情况，2019年，青海应在加快外贸结构调整，强化对外投资和交流合作，破解基础设施"短板"制约等方面升级加力，以更加积极开放的姿态和实际行动，推动"一带一路"建设取得新进展。

关键词： 青海　"一带一路"　建设进展

青海集中了内陆地区、欠发达地区、生态地区和民族地区所有的特征和困难。"一带一路"倡议的提出，给青海带来了全新的发展机遇，积极融入"一带一路"，推动青海的开放发展，是近年来青海省从研究地方发展向融入国家战略转变的重要实践。经过全省上下五年多的不懈努力，青海在推动

---

* 孙发平，青海省社会科学院副院长、研究员，研究方向为区域经济学；杨军，青海省社会科学院经济研究所副研究员，研究方向为区域经济史；戴鹏，青海省发展和改革委员会经济研究院副院长、副研究员。

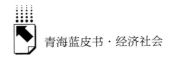
"一带一路"建设方面取得了积极的进展和显著的成效。2018年，全省更是通过不断完善政策保障，强化设施联通，推动外贸转型，扩大人文交流等，全方位融入"一带一路"建设，青海对外开放的步伐不断加快，开放深度不断加强，开放型经济发展取得新成就。

一　2018年青海省"一带一路"建设总体进展

2018年，青海省以深化"五通"建设为目标，着力推动"一带一路"建设，不断加大政策沟通力度，完善重大联通设施建设，提升贸易合作水平，强化资金融通，扩展人文交流，"一带一路"建设在机制保障、外贸平台建设等方面取得了显著成效。

（一）"政策沟通"进展情况

为促进先进制造业和信息业的融合发展，促进青海工业转型升级，不断提升青海与丝路经济带沿线国家与省区在工业方面的深度交流融合，青海省持续加强政策支持，制定了《关于深化"互联网＋先进制造业"发展工业互联网的实施意见（2018～2020年）》，提出青海要通过在全省实施工业互联网"512"工程，即完成5大类、12项工业互联网重点工程，全力推动互联网与先进制造业融合；为进一步推进青海在更深层次的开放发展，构建开放型经济发展新体系，青海省出台了《关于推动实体零售创新转型的实施意见》《关于贯彻落实国家自由贸易区战略的实施意见》《青海省促进外贸回稳向好的若干措施》等政策文件，加强开放型经济新体系建设的政策支持；为进一步加强青海与丝绸之路沿线国家和地区的文明互鉴与民心相通，切实提升国际文化交流和传播，制定和印发了《青海省丝绸之路文化产业带发展规划及行动计划（2018～2025）》，以推动文化贸易创新发展提供规划引领。

在加强政策沟通的同时，青海省不断强化"一带一路"建设的政策保障。2018年9月26日，青海省召开了深入推进"一带一路"建设高质量发展座谈会，青海省委副书记、省长刘宁强调要认真贯彻习近平总书记走深走实造福人民的要求，切实增强机遇意识、追超意识、特色意识和统筹意识，把省委提出的打造"一带一路"的战略通道、商贸物流枢纽、重要产业和人文交流基地的目标落到实处，全力推动青海"一带一路"建设高质量发展。

（二）"设施联通"进展情况

交通方面，G0615 花石峡至久治段、G0611 牙什尕至同仁段高速公路建成通车，全省 8 个市州全部实现高速公路通达；继续推进 G6 扎麻隆至倒淌河高速公路建设，开工建设 G0612 西海至察汗诺高速公路，持续推进 G109 青海湖段（倒淌河至大水桥）改线工程、G572 贵南至三塔拉段改建工程、G347 都兰至德令哈段改建工程；开工建设 G227 城关经西宁至上新庄一级公路、G341 加定（省界）至西海一级公路、G215 涩北至察尔汗二级公路等国省干线。格敦铁路基本完工，格库铁路、青藏铁路格拉段扩能改造工程加快推进，西成铁路先导工程开工。10 月 9 日，青海德令哈至俄罗斯巴尔瑙尔中欧班列开行，青海省又一趟集装箱国际班列成功开行，这是继西宁、格尔木开行中欧班列后开发的第三条中欧班列线路，打开了青海多点多线国际班列运输大通道。

航空方面，首次开通全货运航线，2018 年 6 月 25 日，顺利开通西宁—西安全货运航线，为深度融入"一带一路"建设搭建航空物流通道；国际、国内、省内航线持续增加，西宁至长沙至吉隆坡航线开始对散客开放，国内航线 2017 年新开通西宁—郑州航线后，2018 年又开通了乌鲁木齐—西宁—杭州、海口—西宁、无锡—太原—西宁、昆明—西宁—敦煌、乌鲁木齐—西宁—北海、乌鲁木齐—西宁—拉萨，加密 8 条航线；格尔木机场改扩建工程竣工投运，祁连机场实现校飞。

能源资源方面，2018 年 2 月，《青海省创建国家清洁能源示范省实施方案》得到国家能源局的正式批复，青海新能源发展开启了新的篇章。我国首个大型商业化光热电站中广核青海德令哈项目一次带电并网成功，填补了我国大规模槽式光热发电技术的空白。能源通道建设步伐加快，西宁北 750

千伏输变电有望在年内建成投运，青海电网 750 千伏骨干网架初步形成。

信息方面，不断加大"宽带青海"建设力度，大力推进提速降费，优化网络资源配置，提升网络信息覆盖率，网络信息在促进经济发展和民生改善方面的作用不断凸显。"数字青海"建设步伐持续加快，信息通信服务业与各行业各领域不断融合。统筹规划"全光网青海"建设，城镇宽带网络光纤到户步伐加快，高速稳定的宽带光网覆盖面稳步扩大，并开始逐步向乡镇农村延伸。

（三）"贸易畅通"进展情况

2018 年，青海省认真面对对外贸易发展水平低的现实，以实现对外开放水平不断向高层次高水平迈进为目标，进一步完善对外贸易发展体制机制建设，着力搭建对外贸易新平台，持续提升对外贸易发展新优势。一是加快国家和省级外贸转型升级专业型示范基地建设工作，完成了一批特色农产品省级外贸转型升级专业型示范基地建设和认定工作。同时，着力推进出口产品质量安全示范区、国家良好农业规范认证示范县建设工作。二是着力调整进出口商品结构，持续深入推进千万美元潜力企业和自主出口品牌"双育计划"。加强组织领导，设立了由相关部门全部参与的青海省自由贸易区发展联席会议制度，合力推进青海省自由贸易区建设的各项前期工作。三是加快推进境外营销网络、进口直销平台建设。5 月 11 日，2018 年"一带一路"中国（青海）国际食品用品博览会在青海省国际会展中心拉开序幕，来自中国、德国、日本、俄罗斯、新加坡、法国、韩国、土耳其等 19 个国家和地区，共计 525 家国内外企业参展，其中国际性企业 203 家，展位数占比接近 40%。[①] 5 月 20 日，青海省参加了第十六届哈萨克斯坦—中国商品展览会，青海的盐化产品、铝制品、化工原料、毛纺织品、乳制品、牛羊肉、民族工艺品、藏医药保健品及电器等商品在展会上亮相。此次展览会

---

① 中青在线，http：//news. cyol. com/yuanchuang/2018 – 05/11/content_ 17182431. htm，最后查看日期：2018 年 11 月 1 日。

上，青海省共签署合作协议 13 份，销售代理协议 3 份，涉及合同金额达 7540 万元人民币。① 截至 2018 年 10 月，青海在"一带一路"沿线国家和地区的国际营销网点达到 21 个；省内建设的综合性进口商品展销中心和平台达到 13 个。通过优化外贸发展区域布局，成立外贸发展基金、重点培育新型出口型企业等举措，为全省对外贸易发展营造了良好的发展氛围。目前，全省出口超千万美元的企业有了快速发展，达到 14 家。拥有中国驰名商标的外贸企业达到 11 家，国内外知名品牌 20 个。

（四）"资金融通"进展情况

2018 年，青海省以融入中巴、孟中印缅经济走廊为目标，以加快企业"走出去"为手段，持续加强在"一带一路"沿线国家和地区的投资力度，省内企业"走出去"参与"一带一路"项目投资和产业合作的步伐不断加快。齐鑫地矿、水电四局、核工业地质局等青海企业在中亚、非洲、南美等国家和地区在交通、电力、能源、资源等方面开展了一系列的投资活动。9 月 29 日，青海久美藏药药业有限公司和尼泊尔政府签订了战略合作协议。根据协议，青海久美藏药药业有限公司生产的 14 种国药准字号产品将经过尼泊尔政府同意后进入尼泊尔市场，尼泊尔政府在合理合法的前提下，给予相关政策支持和帮助。青海久美藏药药业有限公司并将在尼泊尔建立药材加工基地；青海久美藏医院在尼泊尔开设分院，为当地民众提供高品质的藏医医疗服务，促进双方在医疗技术和学术方面的交流与合作，造福当地百姓。

（五）"民心相通"进展情况

2018 年，在各方共同努力下，青海与丝路沿线国家民心相通取得阶段性成果。通过在"一带一路"沿线国家和地区开展世博会青海主题日、经贸推介会和企业对接洽谈会等方式，既加大了对青海的宣传、扩大了影响，

---

① "一带一路"青海网，http：//www.qhdtw.com/index.html，最后查看日期：2018 年 11 月 1 日。

又强化了交流。省级领导率团出访以色列、土耳其、波兰、西班牙等"一带一路"沿线国家，就人文交流、经贸合作等方面达成多项合作共识。前往俄罗斯、法国、英国、日本、越南和柬埔寨等国家参加国际旅展等宣传交流。同时，省内高端赛事影响力持续扩大，青海省先后成功举办了十九届中国·青海绿色发展投资贸易洽谈会（青洽会），十七届环青海湖国际公路自行车赛，进一步提升了青海的美誉度和知名度，为青海招商引资投资、人才引进等各方面创造了软环境。

二 青海省"一带一路"建设存在的困难与问题

经过五年多的持续推进，青海省"一带一路"建设取得了显著成效，但由于经济发展水平低，特色产业起步晚、发展规模小，新兴战略产业和出口导向产业正处于大力培育阶段，国际商贸通道"通而不畅"等因素制约，青海参与共建"一带一路"的步伐仍较缓慢，亟待高质量推进。

（一）设施互联互通欠账依然很多

受经济发展水平和财力影响，加之地处高原，基础设施建设和运营维护的成本较高，青海基础设施建设领域的欠账一直较多，虽然近些年建设力度空前加大，但与新时期扩大开放、促进设施互联互通的要求以及和建设战略通道、交通物流枢纽等需求之间的差距仍然较大，保障经济社会发展和推进"一带一路"建设的能力还较为有限。全省虽然已初步形成了承东启西、连南接北的交通体系，但便捷程度仍有待提高，铁路、公路、航空、信息等基础设施与周边地区的衔接依然不是很畅通，尤其是通往内陆地区的通道亟待快速推进。从基础设施建设投资看，青海作为内陆欠发达省区，在基础设施建设方面有很强的投资需求，但受财力及防范和化解地方政府债务风险等的影响，基础设施建设与地方财力之间的矛盾日益突出，投资建设力度有所减弱。此外，青海航空口岸和陆路口岸的建设也较为滞后。目前，全省只有一个航空口岸，陆路口岸建设还处于起步阶段，保税物流中心建设滞后与利用率低并存，中欧班列常态化运行竞争力弱，严重影响了对外贸易的快速发展。

（二）开放发展水平仍然较低

青海虽然一直在推进开放发展，但受地理区位、基础设施、产业结构和层次、发展理念等影响，对外开放的水平相对较低，"引进来""走出去"的步伐仍然较慢，统筹利用两种资源、两个市场的能力亟待提升。一直以来，青海依托资源禀赋优势，形成了资源型的产业体系和依托资源的发展模式，这在促进经济持续快速发展的同时，也使全省发展形成了传统固定的发展模式和发展理念，全省推动经济增长的"三驾马车"中，净出口的贡献和拉动多年来一直为负。全省对外贸易总量小、主体少，品质单一、竞争力弱。2017年，全省进出口总额占全国总量不到2‰，仅为宁夏、甘肃的13%，实际使用外资仅1.2亿元。青海产业发展比较单一，资源性开发产业占主导地位，高科技产业和特色轻工产业发展不足，还没有形成具有国际竞争力的外向型产业规模，进出口产品附加值低，市场竞争能力弱。国际市场单一等问题也较突出。此外，青海开放型经济发展依然存在一些产品、区域等方面的结构性矛盾，而随着外部条件和环境的变化，原有外贸优势也在发生变化，新的发展优势有待培育，开放型经济发展亟待转型升级。此外，在外事交流方面，对外交流合作存在规模依然较小、领域不宽、渠道不多、深度不够等问题，尤其是在教育合作、人才引进、友好省州建设方面工作乏力，成效不明显。

（三）省际竞争发展中的劣势被不断放大

我国的西部地区基本上都是资源型的地区，产业体系也以资源型产业居多，在改革开放以来的发展过程中，西部地区之间的竞争发展大于协作发展，同质性竞争发展尤为严重。国家推进"一带一路"建设以来，各省区都在抢抓机遇加快融入，受制于地理位置影响，青海区位优势和产业优势不及西北陕西、甘肃、宁夏、新疆等地，加之人力资源、经济发展水平等都均落后于以上省区，"一带一路"推进步伐也滞后于这些省区。此外，在对外贸易中，青海大部分工业产品为资源型的初级产品，产品层次低与产品单一并存，且与沿线国家存在同质性，限制了与这些国家的贸易发展。而陕西、重庆、河南等地的工业品十分丰富，与沿线国家发展贸易合作的空间非常大，这也是这几个省（市）中欧班列开通较早且发展较快的重要原因之一。此外，青海省在服务保障上的短板也日趋明显。如河南省已从原来的外贸小省快速进入外贸大省，其自贸区、自由贸易港建设步伐很快，已建成了7个进口商品指定口岸；甘肃省近些年持续强化服务保障，在通关便利化、综合保税区、跨境电子商务、中欧班列运行等方面已远远走在青海省前面。

（四）对外投资与合作步伐依然较缓慢

青海经济体量小，自身产业层次相对较低，加之开放步伐缓慢等的影响，与沿线国家和地区的对外投资合作的内容单一、领域有限。其主要原因在于：一方面，青海产业发展存在层次低、链条短，大部分企业技术创新能力较弱，竞争力不强，有能力实施境外投资合作的企业数量特别少，在"走出去"方面的劣势较为明显。同时，企业"借船出海、抱团出海"尚在起步阶段，还有诸多问题需要进一步研究和解决。另一方面，青海是一个资源型省份，产业结构也以资源型产业为主，与沿线国家和地区在资源和产业发展上有着明显的趋同性，且资源开发的技术水平和能力也较为相似，互补需求的领域尚未拓展开来，缺乏对外投资合作的差异性，影响了对外投资合作的推进。其次，大部分沿线国家和地区基础设施建设滞后，相应的配套服务水平有限，开展对外投资合作存在诸多制约和障碍，部分国家政治不稳定，相关政策差别较大，投资的软硬环境欠佳，加之青海企业境外投资合作的风险把控能力不足，开展投资合作难度较大。2017年，青海"走出去"的国企仅有4家，非金融类对外直接实际投资达1734万美元，总量仅占全国的0.14‰。

（五）政策支撑体系尚不完善

"一带一路"建设是一项复杂的系统性工程，需要有力的政策保障和要素支撑。从近年来青海的建设情况看，虽然陆续出台了一系列相应的政策，强化了资金、技术、人力等要素的投入，但仍存在支撑力度不足，政策体系不完善等问题，影响了青海融入的步伐，取得的实质性进展也要慢于兄弟省区。现阶段，虽然青海在融入丝路经济带建设中迈出了实质性步伐，相继出台了支持工业、文化产业、促进对外贸易等方面的政策，但是出台的相关政策对于特色优势产业的优惠倾斜并不明显。如从规划指导看，全省并未对特色优势产业融入"一带一路"做出具体的战略规划与布局，从而使得相应的投资、金融、税收等配套政策无法协调跟进。青海各领域的欠账较多，自有财力极为有限且刚性支出较多，全省尚未建立"一带一路"专项资金，在基础设施建设、人文交流、对外合作等方面的资金较为有限；金融部门支持全省"一带一路"建设的资金也相对不足，尤其是对一些中小企业的支持更是有限。全省虽然积极鼓励和引导民间投资参与"一带一路"建设，但近两年全省经济整体形势欠佳，发展步伐放缓，民间投资信心和动力不足，不敢投、不愿投的问题突出，实际投资严重不足。青海海外投资起步较晚，企业普遍不了解不熟悉国际市场，缺乏海外投资经验，且严重匮乏懂沿线各国语言、懂业务操作和熟悉国际贸易法则的高端外向型人才，不但影响了与丝路经济带沿线国家优质合作项目的顺利运行，也无法有效地吸收与转化外资带来的技术外溢。

三　2019年青海省"一带一路"建设前景展望

2018年是"一带一路"建设工作五周年，五年来，共建"一带一路"由理念到行动，引起越来越多国家的热烈响应。习近平总书记指出，"共建'一带一路'正在成为我国参与全球开放合作、改善全球经济治理体系、促进全球共同发展繁荣、推动构建人类命运共同体的中国方案"。同时，还指出"过去几年共建'一带一路'完成了总体布局，绘就了一幅'大写意'，今后要聚焦重点、精雕细琢，共同绘制好精谨细腻的'工笔画'"。今后，我国将多角度扎实推进"一带一路"建设，着力在创新贸易投资合作方式、建设对外开放合作平台等方面精准发力。在创新贸易投资合作方式方面，除了推进当前规划和既有的一些重要建设项目外，还会不断增加电子商务、大数据、云计算、人工智能等新科技领域的投资合作。在加快推进对外开放平台建设方面，将进一步加大自由贸易试验区、自由贸易港及跨境经济合作区和境外经济合作区等的建设。在推动经济一体化方面，将和"一带一路"沿线国家地区共建高标准的自由贸易区。在贸易便利化方面，我国将全面实行准入前国民待遇加负面清单的管理制度，加强知识产权保护，推动落实世贸组织贸易便利化协定。

2019年，青海将以习近平新时代中国特色社会主义思想为指导，以深化改革和扩大开放为途径，深入推进"一优两高"战略部署，根据《青海省深入推进"一带一路"建设高质量发展实施意见》的要求，把深度推进"一带一路"建设高质量发展作为青海持续深化改革和扩大对外开放的重要抓手，统筹处理整体推进和重点突破的关系，推动形成以线串点、以点带面的区域开放发展新格局，在有力有序有效参与共建"一带一路"的过程中寻求更大发展。

（一）将继续加强基础设施互联互通

紧紧围绕战略通道和交通物流枢纽的定位，谋划、实施、储备一批重点项目，打通青海与"一带一路"对接的立体通道，畅通与周边省区及沿线国家地区间的快速连接，建设好"一带一路"上重要的战略通道和交通物流枢纽。一是以承东启西、联南接北为目标，以联通邻近省区为主要方向，着力加快出省通道建设。二是积极争取国家支持，加快青藏铁路主轴线建设，围绕西宁、格尔木两个铁路枢纽，加快推进西成（西宁—成都）、格成（格尔木—成都）、格敦（格尔木—敦煌）、格库（格尔木—库尔勒）铁路建设。三是加快推进省内民用机场建设，打造青藏高原区域枢纽机场和空中丝路。四是强化信息基础设施建设，加快与国家骨干信息网络链路，重点在西宁、海东、海西建设大中型云计算数据中心，推进国际网络通道互联互通。

（二）将积极参与国际经济走廊建设，加强口岸合作

全力参与中尼（中国—尼泊尔）经济走廊和中巴经济走廊建设，积极对接新亚欧大陆桥和长江经济带，构建全方位的对外开放大通道。一要加快区域联通建设。加强区域协调，加快推进联通甘肃西北部、新疆中南部及长江经济带之间的铁路建设。加强与西藏自治区、尼泊尔中国商会的联系沟通，以格尔木为起点，加快在青藏公路（青藏铁路）沿线和中尼边境及尼泊尔境内布局国际商贸物流园区。二要加强口岸联系。加强与国内沿海港口的联系，与青岛港、天津港及阿拉山口口岸等积极沟通，在西宁、海东或海西设立内陆港。三要加快陆路口岸建设。以青藏国际陆港建设为契机，积极申报国家铁路一类口岸。扩大青海中欧班列集货半径，提升集货能力，为青海中欧班列常态化运行提供货源保证。四要加快推进综合保税区建设，提升综合服务功能，推广复制自贸区建设试点经验，建设法制化、国际化、便利化的市场环境，加快形成特色鲜明、内外联动、便利高效的对外开放新平台。五要加强与内陆省份和沿边沿海地区货物联运、境外基地建设和通关一体化合作，加快融入中新互联互通项目南向通道建设，完善西宁机场口岸基础配套，提升服务质量和水平。

（三）将大力实施贸易振兴战略，培育壮大出口加工业

商品贸易和产业合作是实现与"一带一路"沿线国家和地区交流合作的重要载体。针对青海省对外依存度低的现实问题，一要在保持经济健康持续发展的基础上，实施青海外贸振兴战略，继续加快推进"千万美元潜力企业"和"出口自主品牌双育计划"，建立特色优势产品出口基地，为对外贸易提供强大的发展动能，实现产业发展与外向型经济发展的良性互动。二要充分利用各类资源和各地力量，加强与中东部地区在出口加工产业方面的合作，尤其要加强与对口援青省、市和中央企业的合作，通过与相关国家在青或在境外建设合作产业园区的方式，着力培育壮大出口加工业。三要加快布局发展临港产业。通过对口援青等东中西部帮扶援助机制，加强与相关省

市的产业合作，依托即将建设的青藏国际陆港，积极承接对口援青省市外向型产业，加快布局以出口加工业为核心的临港产业集群。四要着力培育一批外贸服务企业。大力推进省内各地外贸企业孵化中心和对外贸易服务平台建设，大力引进外贸经营人才，加大现有人才的业务培训力度，提升外贸企业孵化能力和水平，扶持成立独立经营的专业外贸公司，为青海省企业开拓国际市场、发展对外贸易提供有力支撑。

（四）将持续推进产业投资与产能合作

积极寻求与"一带一路"沿线国家和地区间的产业投资与产能合作，坚持"引进来"与"走出去"并重，充分利用国内国外两个市场、两种资源以开放促改革、促发展，推动内外联通、双向互济的全方位开放。一是进一步深化商事制度等相关改革，着力优化投资环境，建设青海省承接产业转移示范区，借力对口援青和东西部协作扶贫等重大举措，加强与东部沿海城市的交流合作，加大招商引资力度，积极引进和承接一批市场竞争力强，发展潜力突出的补链、延链企业及新兴产业，不断提升产业层次和水平。二是鼓励企业参与国际分工，积极"走出去"在"一带一路"寻求更大的发展空间，开拓更广的市场，创新合作模式，把青海盐湖化工、新能源、新材料、冶金及加工、特色农业等领域的技术产品、服务等带到国外寻求合作，并积极学习国外优秀的企业管理经验、科学技术、创新发展等，以促进青海外贸企业及相关产业的发展。三是实施外商投资准入特别管理措施（负面清单），完善开放平台，进一步健全外商投资服务体系，营造公平竞争的市场环境，保护外商投资合法权益，依托青海特色资源和发展环境等优势，积极鼓励和吸引国外企业来青投资。

（五）将进一步扩大人文交流与合作

充分发挥青海与沿线国家和地区宗教渊源、民族习俗相近的优势，加强全方位的合作，扩大合作规模，提升合作水平。一是加强与"一带一路"沿线国家和地区的沟通联系，建立青海与"一带一路"沿线国家友好省

（区、市）关系，建立与沿线国家经贸、交流等合作常态化洽谈机制，定期举办经贸文化交流活动，开启青海与世界各地在经济、旅游、人才等方面深入交流的大门，成为青海与"一带一路"沿线国家地区合作交流的纽带。二是充分挖掘历史、民族文化资源，开展教育科技交流合作，发挥好青海社科院"青海丝路研究中心"、青海师范大学"丝绸之路经济带研究院"、青海民族大学中亚—土库曼斯坦研究中心智库作用，主动参与"一带一路"国际性理论研讨和学术交流。促进高校间建立校际友好关系，扩大留学生规模，鼓励与有实力的高校联合办学，广泛开展丝绸之路沿线城市青少年交流互访活动。三是加强医疗卫生交流合作，在高原医学、藏蒙医药、地方病防治、专业人才培养等方面建立密切协作关系。四是加强沟通联系，进一步完善与沿线国家和地区的人文交流机制，在条件成熟的国家和地区设立对外合作联络处（窗口），为人文合作交流提供信息服务。五是着力提升青洽会、藏毯展等省内重点展会的国际化水平，在发挥好展会经济的辐射和带动效应的同时进一步扩大展会的影响力。此外，突出青海特色和优势，积极参与国际进口博览会、中国商品展销会、"一带一路"展览会等国家级大型展会，提升青海在"一带一路"中的知名度。六是着眼重点突破，充分发挥比较优势，重点打造西宁、海东、格尔木等内陆开放枢纽和节点城市，精准聚焦沿线重点国家、重点领域、重点项目，推动形成以线串点、以点带面的区域开放发展新格局。

（六）将加快完善政策支撑体系

针对"一带一路"建设的需求和青海发展的实际，制定和出台相应的财政、金融、人才等政策，强化政策支撑。一是建立稳定的财政资金保障机制，研究设立青海"一带一路"建设专项资金，统筹安排交通、口岸、能源、物流、信息网络、产业园等建设重点项目。研究制定配套支撑政策，加大覆盖经济、旅游、生态、金融等领域的对外开放支持力度。积极争取国家丝路基金支持，用于基础设施、资源勘查开发、产业合作等重大项目建设。二是加强对外金融交流合作平台建设，进一步放开市场准入，支持境内外金融机构在青海设立分支机构，与沿线国家共同建设青藏高原区域绿色金融中心。强化与国家政策性金融机构的战略合作，争取国家开发银行、进出口银行等金融机构对青海在贷款利率、期限、额度上给予差别化支持和倾斜。探索设立丝绸之路交通建设发展基金、生态产业发展基金、对外投资合作专项基金等，吸纳更多社会民间资本参与青海省融入"一带一路"建设。三是持续深化行政审批制度改革，规范行政执法行为，放宽市场准入，降低投资门槛，维护投资者合法权益。建立社会诚信体系，营造统一开放、公正竞争、诚实守信、有效监管的法治化、国际化营商环境。健全完善服务体系，完善境外投资保险制度，广泛开展出口信用保险，健全对外投资合作安全风险保障机制，加大人员出境前的安全生产知识培训，有效防范和处置境外各类安全风险。四是积极培养和引进创新型和具有国际经验的高端复合人才，完善激励机制，打破人才跨地区、跨行业自由流动的体制机制障碍，吸引各类优秀人才投入青海"一带一路"建设。

参考文献

孙发平、杨军：《青海深度融入"一带一路"国家战略研究》，《青海社会科学》2017 年第 2 期。

崔小莉：《青海在"一带一路"建设中的地位和作用》，《改革与开放》2018 年第 15 期。

陈广君、孙庆中、李祥：《青海商务领域推进"一带一路"建设的任务与对策》，《青海社会科学》2016 年第 6 期。

王大磊、刘同德：《青海企业参与"一带一路"建设的困境、对策》，《青海社会科学》2018 年第 3 期。

B.18
加快推进三江源国家公园
特许经营工作的对策建议

李婧梅*

摘　要： 特许经营机制建设是国家公园体制试点的重要内容之一。在三江源国家公园自然资源、文化资源保护的前提下，加快推进其特许经营工作的开展对推动我国生态文明体制建设、探索国家公园建设经验、提升三江源经济社会发展水平有着重要的意义。本文在分析国内外自然保护地特许经营体制经验启示的基础上，提出了三江源国家公园开展特许经营的对策建议及保障措施。

关键词： 三江源　国家公园　特许经营

特许经营指政府作为特许人将国家的公共资源、公共物品的经营权许可给受许人经营，受许人向政府支付特许经营费，并在政府的监控下开展经营活动。由于三江源国家公园的公益性，它的特许经营是指国家公园管理机构之外的组织或个人通过租约、执照、地役权或许可等形式在国家公园内开展的商业经营活动。

2017年9月中共中央办公厅、国务院办公厅印发《建立国家公园体制总体方案》（以下简称《总体方案》），强调了特许经营在国家公园管理中的

---

*　李婧梅，青海省社会科学院生态环境研究所助理研究员，研究方向为生态经济、生态环境保护。

重要地位，提出"鼓励当地居民或其举办的企业参与国家公园内特许经营项目"，以期通过建立特许经营制度来实现国家公园资源的合理利用，促进周边社区经济发展，为生态保护募集资金。作为我国第一个开展国家公园试点的三江源国家公园，也在其2015年12月中央全面深化领导小组第十九次会议审议通过的《三江源国家公园条例（试行）》中明确规定"三江源国家公园建立特许经营制度，明确特许经营内容和项目，国家公园管理机构的特许经营收入仅限用于生态保护和民生改善"。目前，三江源国家公园试点工作已开展两年多，特许经营工作仍在摸索之中，遵循保护第一、合理开发、永续利用的原则，探索建立"政府主导、管经分离、多方参与"的特许经营，需要在立法、运行方式、产业选择、监督等方面建立健全体制机制，开创我国国家公园特许经营工作之先河。

一　加快推进三江源国家公园特许经营工作的重要性

三江源国家公园体制试点特许经营工作的开展是国家公园建设的重要内容，在实践和理论层面均有着重要意义。

（一）三江源国家公园特许经营工作是国家公园体制机制建设的重要环节

一方面，三江源国家公园是具有特殊性质的公共资源，设立特许经营制度是结合市场机制与行政监管的特殊机制，充分发挥政府的引导作用，创新管理方式和服务手段，规范三江源国家公园内不宜由政府直接提供的服务和经营行为。另一方面，国家公园的设立初衷是改善原有自然地保护体系中生产力与生产关系不相适应的部分，把资源利用和生态保护两者得以平衡，使得生态保护、经济发展与民生改善统筹发展。特许经营工作的开展使国家公园行政管理与产业经营分离，以保护国家公园内自然生态系统的原真性和完整性、保护和保存公园区域自然人文资源，并以合理费率向游客提供必要的服务，是国家公园体制建设的一部分。

（二）推进特许经营工作有利于当地社区的共享发展

三江源国家公园特许经营工作开展后，将在生态保护优先、实现绿色发展的前提下，以推动高质量发展、创造高品质生活为基本导向，按照政府引导、企业主体、市场化运作的要求，探索运用市场机制促进生态环境保护。以市场需求为导向，充分发挥市场在资源配置中的决定性作用，调动各类市场主体、社会组织的积极性，拓宽参与渠道，推动多元化主体共建共享，实现资源合理开发、永续利用的目标。实施特许经营，提高牧民专业合作社的组织化程度、建立有效的运行模式研究、调动企业和社会各界，特别是广大牧民群众参与国家公园建设的积极性，转产转业牧民有序增加，社区居民分享收益逐年增加，提升他们的存在感、获得感，共享国家公园红利。

（三）推进特许经营机制有利于三江源国家公园绿色发展

特许经营工作的推进将逐步淘汰与三江源国家公园功能定位不符、开发管制原则不符的产业，引导和培育生态型产业高质高效发展，探索生态产品交易等新型产业，改善三江源国家公园内产业发展效益整体偏低、市场主体培育不足、市场竞争力不足、产品附加值低等问题，使当地产业发展与资源环境承载能力相协调，生态产业规模不断扩大，进而重塑三江源国家公园产业发展格局，构建三江源国家公园生态产业体系，践行具有中国特色青海特点的国家公园绿色发展道路，探索重点生态功能区可持续绿色发展有效模式，为推进国家公园体制试点和国家公园示范省建设提供有效支撑，为全省乃至全国民族地区、欠发达地区、重点生态功能区提供可复制可推广经验。

二　国内外自然保护地特许经营的经验启示

美国、新西兰等国家的国家公园特许经营已有了较为成熟的体系，我国森林公园、自然保护区等自然保护地也开展过特许经营的工作，三江源国家公园特许经营工作可在借鉴国内外自然保护地的一些成功经验和做法基础之上，避免走弯路，加快国家公园建设的进程。

（一）生态保护优先

无论是国外国家公园，还是国内风景名胜区、自然保护区、森林公园、地质公园等多年来开展的特许经营的经验都表明良好的生态环境是特许经营者进行经营活动、创造收益的必要条件。"皮之不存毛将焉附"，国家公园各类经营活动都需要在自然生态系统可承载范围内进行，自然、文化资源保护是根本，利用、经营都应服从于保护，不可为弥补经费不足而放开对特许经营的管理。《总体方案》中也提出"要将自然生态系统和文化自然遗产保护放在首位""要最大限度服务和服从于保护"的根本原则。

（二）加强特许经营管理

全球各类自然保护地自然资源的脆弱性和稀缺性决定了其特许经营管理的复杂性和敏感性，使得这项工作需要周密的部署。一是特许经营机制的管理主体的确定。美国和新西兰将其国内的国家公园和各类自然保护区由一个部门进行管理，使得各类矛盾协调、相关问题处理都较为高效和及时，而我国自然保护地多头管理的现状使得各部门间难以协调，管理效率低下。二是引入竞争机制，国外国家公园特许经营权的获得只能通过招投标等方式公开竞争，由管理机构选择具有资质的第三方机构选择认同国家公园理念、对特许经营活动有较为清晰的计划、人员安排得当、资金管理有序、对环境影响小的企业或个人；而我国大部分自然保护地的企业经营权获取是由政府干预产权安排，没有通过竞标等方式引入市场机制，经营人受许人是国有或国有控股的国企集团。三是国外国家公园特许经营的受许内容只限于保护地的具体某一项产品或服务，不可整体租赁或经营，这种分散的特许经营方式保证了国家公园管理部门和特许经营者在保护生态环境的前提下提供各类服务，避免了经营者为了追逐经济效益而忽视生态环境的保护。

（三）以法律保障特许经营工作

特许经营制度的推行，需要有相应的法律、法规的支持，美国、新西兰等国在国家公园方面的立法已经十分健全，有专门针对特许经营的法律。这些法律赋予了国家公园保护部门对其辖区内的特许经营活动进行监督管理、收取特许经营费的权利，保障了特许经营者的权益，约束和规范了经营者在自然保护地的商业行为。我国在 2006 年的《风景名胜区条例》中吸纳了国外国家公园特许经营的理念，规定了特许经营的六条基本原则，但仍不够健全和细致，同时我国典型的自然遗产型景区在这方面还未完全与国家法律接轨，仍需进一步贯彻执行。

（四）注重社区参与

各类自然保护地的发展和建设绕不开当地社区的建设和发展问题，为解决好社区与各类自然保护地的关系，社区问题是自然保护地管理者与研究者所关注的。国外各类自然保护地从对社区居民的驱逐、忽视到重视和视为命运共同体经历了漫长的发展过程。在特许经营工作开展方面，他们鼓励社区参与特许经营工作。一是注重吸纳当地社区居民参与对特许经营者的监管；二是将更多的特许经营权优先赋予当地居民。国内方面，一直以来，大多数自然保护地的社区居民参与及受益情况欠佳，但值得一提的是九寨沟管理局通过管理机构主导、当地居民参与的股份制经营方式较好地保障了居民利益并保护了资源，与当地居民很好地融合起来。

三　加快推进三江源国家公园特许经营工作的对策建议

三江源国家公园试点工作正在进入稳步开展的时期，特许经营工作正处于探索阶段，较为成功的案例是在杂多县昂赛乡开展的环保体验和教育项目，主要做法是在建成的以雪豹为主题的全域化自然体验基地，吸收牧民参与服务工作，实现订单式管理，已接待 10 个体验团。通过这种探索适度特许经营的方式，每个团为每户牧民带来 2000 ~ 8000 元的收益。为使三江源国家公园特许经营工作尽快地开展，着重在参与主体、产业选择、展开形式等方面予以推动。

（一）特许经营参与主体

1. 授权主体

《总体方案》提出"整合设立国家公园，由一个部门统一行使国家公园自然保护地管理职责"，还明确了这个机构特许经营管理权力，负责协调当地政府与周边社区关系。2016 年三江源国家公园试点工作开始，并成立三江源国家公园管理局，2018 年国家发展改革委印发的《三江源国家公园总体规划》中明确了由三江源国家公园管理局统一行使三江源国家公园范围内国有自然资源资产所有者职责。

三江源国家公园管理局是参与特许经营的主要行政主体，负责国家公园特许经营的协调、管理和督导，制定管理实施细则，统一并细化特许经营实施与管理标准，明确各项行政措施，管理局向三江源国家公园内的特许经营者授权，负责三江源国家公园内项目特许经营政策制定和管理指导工作，各分区管委会负责各园区内有关项目特许经营的具体实施和日常监管工作。通过构建以国家公园产品品牌增值体系为主的特许经营机制，规范和拓展市场渠道，建立多渠道的资金投入机制，建立多样化的、合理的生态补偿机制。

2. 特许经营者

参与三江源国家公园特许经营活动的单位和个人，必须遵守三江源国家公园的各项管理规定，在三江源国家管理局及各分区管委会的监督、指导下，按照特许经营合同或协议规定的内容开展建设、经营活动。在特许经营期内自筹资金进行建设、经营，自负盈亏。特许经营者要遵守三江源国家公园有关法律法规，确保经营活动符合三江源国家公园规划要求，按时缴纳特许经营费，接受管理指导和监督，提供良好产品和服务等。

（二）特许经营的产业选择

特许经营项目必须符合三江源国家公园公益性、科学性和国家主导性的定位，特许经营产业的选择要对三江源国家公园自然资源、生态功能稳定发挥、生物多样性的影响最小化，与当地自然资源、文化资源相互协调统一，生产的产品和提供的服务有利于促进社区发展，有利于自然资源、生态价值的保护和保存。

1. 经营性项目

在生态保护的大前提下，可开展特许经营的项目包括：有机畜产品及其加工产业、支撑生态体验和环境教育服务业、中藏药开发利用、文化产业、旅游商品、餐饮、住宿等领域营利性项目特许经营活动，对当地牧民可鼓励开办牧家乐、民间演艺团体、民族手工艺品、生态体验等特许经营项目，给予政策扶持。

2. 国家公园品牌的特许经营

通过系统性挖掘三江源国家公园的市场价值，创立三江源国家公园品牌体系，打造三江源国家公园独特的价值基因，塑造三江源国家公园特有稀缺、绿色、纯净、静谧的品牌定位。授予特许经营者国家公园的名称、标识等有偿使用权，采用实体和"互联网＋"等形式销售国家公园纪念品；吸收故宫文创开发、销售的做法和经验，鼓励特许经营者开发、宣传、销售与三江源国家公园有关的新产品。许可授权不同领域产品使用三江源品牌体系进行特许经营，以国家公园品牌效益提升产业发展附加值。要求使用国家公园品牌的产品须有严格的溯源管理和质量监督体系，使特许经营产品符合国家公园定位。明确不同品牌的特许经营范围，完善品牌特许经营的独立运行体系，与经营性项目特许经营分别运行，保持特许经营品牌的唯一经营性，在特定领域只设立一个特许经营品牌。

3. 特许经营的其他形式

一是将体验营地、停车场、餐饮、住宿、交通车等服务设施的产权和运营权有偿转让给特许经营者，由其进行运营管理和维护，并在合约期满之后，再交回给特许经营管理机构；二是由特许经营者投资并承担国家公园的设计、建设、运行、维护、培训等工作，硬件设备及软件系统的产权归属特许经营者，各园区管理局每年向特许经营者支付系统使用费；三是鼓励通过与三江源国家公园内牧民、生态畜牧业专业合作社和企业的合作，引入社会资本，在同等竞争条件下，优先考虑社区居民参与特许经营项目；四是特许经营期限届满终止，如继续采用特许经营方式，由管理局重新选择特许经营者，原特许经营者在特许经营期内提供了符合约定的产品和服务的，在同等条件下享有优先权。

（三）展开的形式

1. 统一开展特许经营工作

从国家层面进行顶层设计，统一开展特许经营工作。《建立国家公园体制总体方案》提出，"统一事权、分级管理体制"，"整合组建统一的管理机构，履行特许经营管理等职责"，"合理划分中央和地方事权，构建国家公园中央和地方协同管理机制"。因此，可通过已建立的国家公园管理局对国家公园范围内的特许经营进行统一项目规划、招标分配及运营监管，同时根据国家公园的资源类型与保护目标对特许经营项目数量、类型、活动范围、经营时间等做出明确规定。

2. 国家公园根据发展状况提出计划

三江源国家公园管理局应该根据国家公园内部不同时期的发展问题和各业态经营状况，制定国家公园特许经营管理规划，统筹部署下一阶段的业态发展和提升问题，提出特许经营项目实施方案，实施方案中考虑项目所提供产品或服务需求、建设内容、投资额度、项目生命周期、投资回收期、经济社会和生态效益等综合因素，通过计算投入产出的周期确定合理的特许经营期限等，并委托第三方机构对实施方案进行论证。

3. 建立特许经营项目招标选拔机制

完善项目招标信息官方发布渠道，三江源国家公园管理局设置专门部门负责项目招标工作，鼓励更多企业参与国家公园特许经营项目，增强市场竞争性，以通过市场本身的竞争机制提高特许经营的资源开发效率，实现经济效益最大化。

4. 特许经营合同

特许经营在政府规制行为上，是以签订合同、协议等方式进行管制的模式。国家公园管理局通过招标的方式选择特许经营者后，双方协商一致后签订特许经营协议。协议必须包含以下内容：项目基本情况，特许经营地点、方式、内容、范围及期限，产品或者服务的价格、数量、质量和标准，投融资方案、投资回报机制，使用费的收取方式和标准，双方权利义务，设施的权属与处置、维护保养计划，履约机制，生态和文化保护计划、就业计划，协议变更、解除和退出机制，监督机制、争议解决方案及双方需要明确的其他约定等。严格按照特许经营协议或合同，对特许经营者执行法律、行政法规、行业标准、产品或服务技术规范，以及其他有关监管要求进行监督管理，并依法加强成本监督审查，确保经营者合法经营。

（四）特许经营工作开展后的管理

1. 资金管理

合理的利益分配机制可以保障国家公园资源的高效开发，更能促进国家公园建设生态保护目标的实现。特许经营收入既能为国家公园保护工作筹集资金，又能保证特许经营者获得合理的利润，引导其提供与国家公园保护目标一致的服务和产品。特许方通过经营获得利润，资源开发的效率越高，其经营收入越高。管理部门通过税收、征收特许经营费用获得收入，特许方的经营收入越高，管理部门的税收及特许经营费用收入也越高。因此，特许经营者须向国家公园管理局特许经营管理机构缴纳特许经营费，具体标准由管理局会同省级财政、价格主管部门制定；三江源国家公园管理局可在三江源试点设立国家公园特许经营市场税收体系，设置合理的特许经营费用征收标准，标准的设置应充分考虑经营者的利润与管理部门管理成本。试点区社区居民为特许经营者时，经认定可享受特许经营费用的折扣价；特许经营费中的 20% 用于公园系统的管理和规划费用，80% 作为公园生态保护和社区居民补贴的专项开支。

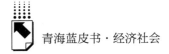

2. 建立监管机制

三江源国家公园的设立以保护当地的自然资源为主要目的，特许经营既要实现国家公园内经营活动的经济效益，也要确保三江源国家公园范围内的自然生态系统的原真性和完整性，兼顾生态效益与社会效益。为此，国家公园管理机构要定期对特许经营活动和经营者进行监督评估，来确定这些企业是否履行合同，并建立有效的监管机制，集中在三个方面：第一，特许经营活动是否损害资源环境；第二，国家公园内是否存在违规经营行为；第三，特许经营活动的开展是否遵照合同规定。根据监督的结果来评估特许经营企业的资质等级。同时，对不同类型的项目也对企业提出相应的资质等级要求，以充分保障特许经营企业的竞争性和提升质量的能动性。为明晰监管范围，应通过签订合同等形式明确特许经营企业与管理部门的权责划分，在特许经营合同中设置严格的资源开发与环境限制，建立定期的资源与环境审查工作机制。同时，可吸纳社会公众参与监管，并借助社会第三方力量提高管理部门监管能力。

3. 市场退出机制

市场退出机制是保护三江源国家公园资源的最后防线，指在特许经营有效期内特许经营权的终止。由于政策变更、生态环境保护需要、社会公共利益需要、单方面违法违约、不可抗力等外在因素，特许经营者无法继续履行协议约定义务时，特许经营者可在与管辖园区管委会协商一致，报管理局同意后，由管理局行使行政特权撤销其特许经营权，并可对其运营行使临时接管权，特许经营者将维持特许经营业务正常运行所必需的资产、档案移交管理局。管理局依法收回其特许经营权，辖区管委会实施临时接管，并向社会公告，按程序重新选择特许经营者。

四 特许经营制度的保障措施

三江源国家公园体制试点正逐步建立健全，特许经营工作将成为其试点工作中浓墨重彩的一笔，通过制定管理办法、完善配套政策、鼓励社区积极参与、提升管理水平等，保证三江源国家公园特许经营在促进三江源地区生态保护和社区经济社会发展方面发挥重要作用。

（一）制定管理办法

制定三江源国家公园产业化经营项目特许经营管理办法，编制产业发展规划，把握政策导向，做好项目引导、资金技术投入、人才引进等方面保障工作。严格履行特许经营准入制度，明确特许经营主体应履行的义务，严格生态环境管控，确保特许经营依法依规开展。同时，政府也亟须在金融、税收、人才等方面出台配套政策，对国家公园特许经营工作给予支持。

（二）鼓励社区积极参与

调动企业和社会各界，特别是广大牧民群众参与的积极性，提升他们的存在感、获得感，共享国家公园红利。处理好当地牧民群众全面发展与资源环境承载能力的关系，将产业发展与精准扶贫精准脱贫相结合，与牧民转岗就业、提高素质相结合，与促进牧民增收、改善生产生活条件相结合，使牧民充分享受到国家公园发展的收益和成果。

（三）提升管理水平

国家公园管理局要逐步提升特许经营项目的管理能力，在项目的决策论证、资产评估、成本核算、经济补偿、项目融资、合同管理等方面发挥积极作用，提高项目决策的科学性、项目管理的专业性以及项目实施效率。加快特许经营者服务体系建设，为特许经营者提供咨询、融资、市场开拓、管理提升等服务，促进特许经营者的规模化发展。通过多渠道培养、引进专业型的人才，对从业人员进行岗位培训，提高人员素质，提高管理与服务水平，使专业型人才在经营管理办法、规划设计、质量评价和类型划分等方面积极开展系列研究，达到最佳经营管理与服务水平。

参考文献

刘翔宇、谢屹、杨桂红：《美国国家公园特许经营制度分析与启示》，《世界林业研究》2018 年第 5 期。

安超：《美国国家公园的特许经营制度及其对中国风景名胜区转让经营的借鉴意义》，《中国园林》2015 年第 2 期。

钟赛香、谷树忠、严盛虎：《多视角下我国风景名胜区特许经营探讨》，《资源科学》2007 年第 2 期。

张晓：《对风景名胜区和自然保护区实行特许经营的讨论》，《中国园林》2006 年第 8 期。

骆梅英、马闻声：《森林公园旅游经营之转型：特许与政府规制》，《旅游学刊》2013 年第 8 期。

田世政：《九寨沟景区管理模式研究》，中国农业出版社，2010。

田里、吕宛青主编《旅游管理研究》，云南大学出版社，2009，第 481 页。

张朝枝：《基于旅游视角的国家公园经营机制改革》，《环境保护》2017 年第 14 期。

B.19

"一带一路"背景下推动青海
对外贸易发展对策研究

杨 军*

摘 要： 自西部大开发以来，随着青海对外开放步伐的不断加快，全省进出口总值保持了快速增长。但自 2016 年以来，受国际经济形势影响，加之青海外向型经济发展薄弱，全省进出口总值出现大幅下降。本文立足当前青海省对外贸易发展现状，从出口结构、国际市场、口岸体系、电子商务及外贸服务等方面分析了制约青海对外贸易发展的主要因素，并提出相关对策建议。

关键词： "一带一路" 青海 对外贸易

"一带一路"倡议提出五年来，青海省积极响应，主动担当，全面推进，积极融入国家发展战略，全力推进"一带一路"建设，基础设施建设快速推进，对外贸易结构不断优化，经贸合作水平日益提升，人文交流活动频繁展开，全省对外开放水平得到了新提升。但与此同时，全省对外贸易却呈现下降态势，经济中高速发展的背后出口贸易存在出口产品附加值低、出口贸易结构不合理、出口市场过于集中、特色产业优势尚未发挥、出口企业成本高利润低、电子商务发展利用不足等一系列问题。

---

* 杨军，青海省社会科学院经济研究所副研究员，研究方向为区域经济史。

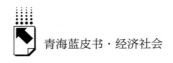

一 青海对外贸易发展现状

自西部大开发以来，随着青海对外开放力度的不断加大，对外贸易发展保持了连年增长的态势，发展质量逐步提升，进出口商品结构不断优化，机电产品、高新技术产品、纺织纱线、织物及制品等商品出口数量不断增长，加工贸易稳定增长。但近年来，受国际经济复苏乏力和青海外向型经济发展薄弱等因素影响，青海对外贸易发展增长缓慢，尤其自2016年以来，全省进出口总值出现了大幅下降的态势。

（一）进出口总值

2013～2015年，青海省货物进出口总额年均增长速度接近20%。2016年，全省完成货物进出口总值仅为100.78亿元，比上年下降15.9%；2017年，全年全省货物进出口总值仅为44.42亿元，比上年下降55.9%。其中，出口28.75亿元，下降68.2%；进口15.67亿元，增长50.7%（见图1）。

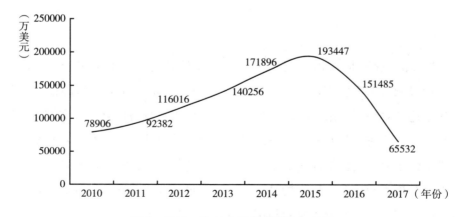

图1 2010～2017年青海省进出口总值

资料来源：《青海统计年鉴2018》。青海统计信息网，http://www.qhtjj.gov.cn/nj/。最后查看日期：2018年11月15日。

2018 年 1 ~ 10 月，全省进出口总值为 35.94 亿元，累计增速为 - 3.8%。其中出口总值 24.21 亿元，较同期增长 6.2%；进口总值 11.74 亿元，较同期下降 19.4%。全省对外贸易形势仍不容乐观。

从区域比较来看，近年来随着"一带一路"建设的逐步推进，中西部地区对外开放的步伐不断加快，外向型经济发展迅速。贵州、西藏等对外贸易原本落后的省区取得了较高的增长速度。陕西、新疆、甘肃、宁夏等省区进出口总值均呈增长态势。而反观青海，2017 年全省进出口总值仅为宁夏和甘肃的 13%（见表 1）。

表 1　2017 年西北五省区进出口总值及增速

单位：亿元、%

省份	陕西	新疆	甘肃	宁夏	青海
进出口总值	2715.2	1398.4	341.7	341.3	44.4
增长速度	37.4	19.9	- 24	58.6	- 55.9

资料来源：青海统计信息网西部数据，http：//www.qhtjj.gov.cn。最后查看日期：2018 年 11 月 15 日。

2017 年全省出口值的断崖式下降虽与统计口径和方式的变化有着直接的关系，但从区域间的横向比较来看，青海省对外贸易发展落后于相邻省份已成为不争的事实。2014 ~ 2016 年，青海省进出口总值在西北五省区中排名末位；2016 年，青海省出口总值排名第 11 位（见表 2、表 3）。

表 2　2014 ~ 2016 年西北五省区海关进出口总值情况

省　份　　　　总　值	2014 年（亿美元）	2015 年（亿元人民币）	2016 年（亿元人民币）
新疆	276.69	1225.27	1168.19
陕西	274.08	1895.66	1974.92
甘肃	86.5	496.79	452.48
宁夏	54.35	234.40	216.57
青海	17.19	119.86	100.78

注：① 资料来源：青海统计信息网西部数据。
② 2014 年海关进出口总额以美元计价，2015 年、2016 年以人民币计价。

表3　2016年青海省区海关进出口总额排名情况

单位：亿元

地区	进出口总额	位次	比上年增长（%）	增速位次
重庆	4140.39	1	-10.3	4
四川	3262.23	2	2.8	3
广西	3165.89	3	-0.6	9
陕西	1974.92	4	4.2	2
云南	1316.09	5	-13.4	12
新疆	1168.19	6	-4.6	10
内蒙古	767.01	7	-2.8	8
甘肃	452.48	8	-8.4	1
贵州	375.21	9	-50.7	7
宁夏	216.57	10	-6.3	11
青海	100.78	11	-15.9	6
西藏	51.67	12	-8.6	5

资料来源于青海统计信息网西部数据。

（二）外贸依存度

除总量小外，青海省对外贸易发展还存在与地区生产总值（GDP）不同步的问题。如2008年青海省GDP为1018亿元，2016年为2572亿元，增长152.6%，但同期外贸只增长74%，外贸增速低于同期GDP增速。全省外贸依存度长期处于4%以下，2017年仅有1.66%。[①]

（三）出口商品结构

近几年，全省主要出口商品以铁合金、铝材、焦炭为主。2017年，全省出口商品总值28.75亿元，其中铁合金、铝材、焦炭三类商品出口绝对数为13.7亿元，占出口总额的47.65%，且仍保持着较快的增长速度；而文化产品、服装及衣着附件、机电产品等商品出口均出现大幅下降（见表4）。

————————

① 此数据来源于西宁海关。

表4   2017 年青海主要商品进出口额及增长速度

指标名称	绝对数（亿元）	比上年增长（%）
出口总值	28.75	−68.2
铁合金	7.40	142.9
纺织纱线、织物及制品	5.45	−53.5
未锻轧铝及铝材	3.36	346.1
焦炭、半焦炭	2.94	265.2
文化产品	2.90	−59.5
服装及衣着附件	2.58	−84.3
农产品	2.34	104.1
机电产品	1.09	−95.2

（四）出口市场

近年来，青海省出口市场主要以亚洲市场为主，全省主要出口国家和地区有韩国、日本、巴基斯坦及中国香港等，与"一带一路"沿线国家和欧洲的经贸往来仍比较薄弱。2016 年以来，随着青海中欧班列的开通，青海与中亚、东北亚和欧洲的贸易往来有所增长，但由于中欧班列常态化开行困难，青海与"一带一路"沿线国家和地区的商贸往来仍需拓宽渠道，提升总量。

二   青海省对外贸易发展存在的主要问题

青海省对外贸易发展薄弱，甚至出现下降的态势，虽然这与国际经济形势有关，但特色出口产业发展不足、外贸服务体系建设滞后、企业发展困难多、出口市场过于集中等因素制约了青海对外贸易的发展。

（一）高新制造业发展薄弱，出口产品附加值低

由于经济发展底子薄、基础差、技术低、主体少，缺乏具有高新技术的出口加工龙头企业，硅铁、焦炭等高能耗产品仍占全省出口总量的 60% 以

上。这些产品缺乏科技含量，附加值低，且都属于国家"去产能"之列。高新技术产品出口额增长缓慢，2017年，全省机电产品和农产品出口额甚至较上年大幅下降。而新能源、新材料、盐湖化工、高原绿色家畜产品、文化产品等新领域特色产品仍处于培育阶段，产业优势尚未得到充分发挥，因此无法为提升青海外贸水平做出贡献。同时，部分企业特色农牧产品由于生产、加工环节技术水平落后，无法达到国际市场标准，且周边省区依托前期发展优势，对青海枸杞等特色农牧产品品牌进行压制，加之各类贸易壁垒的限制，从而制约了特色产业进一步做大做强。

从外商投资来看，目前青海省外商投资以中小投资者为主，缺少出口型、高科技型和长线、战略性投资项目。而对外投资则受国际投资环境的变化、企业风险防控能力弱等因素影响，投资底气不足，动力不强，规模不大。

（二）新兴市场开辟缓慢，出口市场过于集中

"一带一路"倡议提出五年来，青海省围绕"五通"目标，不断加强与沿线国家和地区的政策沟通，加快推进贸易通道建设，加强平台建设，扩大人文交流规模，但"一带一路"是一项长期的、系统的工程，短期内其成效难以显现。因此，目前青海外贸市场仍以韩国、中国香港、日本、沙特阿拉伯等国家和地区为主，海外市场比较集中，新兴国际市场尚未得到有效开发。集中的海外市场不仅使青海无法根据多元化的客户需求来针对性地进行产业结构调整，限制了青海外向型经济的多元化发展，导致出口产品结构单一，同时也增加了外贸风险。

（三）外贸企业数量少，产品出口难度大

长期以来，青海既不沿边、也不靠海的区位劣势限制了对外贸易的发展，外向型经济发展缓慢，外贸企业数量少、规模小。2017年，全省外贸注册企业有1066家，但实际开展外贸业务的只有150家，且规模都比较小。此外，由于加征关税和人民币汇率问题，企业进口原材料价格大幅上涨。以青海藏毯企业为例，藏毯织造的主要原料防火尼龙，2018年其价格涨幅达

到23%，为藏毯出口带来巨大的压力。同时，随着近年来人力成本的逐年升高，海外运输物流成本上涨，企业利润空间不断被压缩，从而影响了企业的国际市场竞争力。

（四）口岸体系建设滞后，无法提供有效服务保障

目前，全省虽开放了航空口岸，但由于缺少高附加值的出口产品，加之航空运输运价高，因而利用率不高。而陆路口岸建设仍处于规划建设阶段，曹家堡保税物流中心虽已建成，但企业入驻率低，商品品种单一，配套服务体系不够完善，导致业务量不大。综合保税区和自由贸易区申报建设进度缓慢。

（五）电子商务发展滞后，跨境电商业态亟待培育

在青海省对外贸易发展的过程中，跨境电子商务利用得不够充分。现阶段我国有较多地区利用跨境电子商务实现了自身出口贸易水平的提高，同时利用跨境电子商务进一步提升了自身产品的市场影响力。相比之下，现阶段青海对外贸易发展过程中，缺乏开展跨境电商等新型外贸业态发展的服务平台，跨境电商利用情况非常不足。

（六）外贸服务机构少，服务水平低

目前，全省专业代理报关企业有6家，但因人才缺乏、服务水平低，导致业务量小，无法为企业提供完善、周密的服务，得不到企业的认可。而全省大多数企业也没有专业的外贸人才，导致企业大多选择直接在口岸报关。青海省外贸服务企业能力的不强不仅无法为企业提供必要的服务，也导致了全省90%的进口和70%的出口未体现在本省，外贸业务流失严重。

三　加快推进青海对外贸易发展的对策建议

我们要深刻认识到贸易畅通是"一带一路"建设的核心内容和重要目

标。没有频繁、密切的经贸往来，青海"一带一路"建设也就成了无源之水、无本之木。今后，青海省"一带一路"建设要以贸易畅通和繁荣为首要目标，加强宏观指导，优化产业结构，大力培育出口加工业，完善服务设施和口岸平台，开辟贸易通道和多元化国际市场，全方位、多维度地为对外贸易发展营造良好环境，实现贸易振兴。

（一）加强宏观调控，强化平台建设

坚持开放贸易的政策，加快实施国际陆港建设和自贸区战略，充分利用外贸政策优势，努力营造公平、健康、可持续发展的贸易环境，加强与上海合作组织、亚太经合组织、中阿合作论坛等现有多边合作机制的沟通协调，借助欧亚经济论坛、中国国际投资贸易洽谈会、中国—南亚博览会、中国—阿拉伯博览会、中国西部国际博览会、中国—俄罗斯博览会等平台，加强国际宣传和推介力度，深化与"一带一路"沿线国家和地区的交流合作，积极发展多元化贸易。建立与相关国家和地区的联席会议制度，统筹协调推进重大项目和重大政策的落实，指导各地区各部门服务和服从大局，定期研究重大事项，协调解决重大问题，有序开展工作。加强与沿线国家和周边省区的沟通磋商，密切配合，在主要出口市场和重要目标市场设立相应的贸易促进机构，重点推进合作产业园、境外贸易合作区、外贸投资便利化等重大项目。

（二）培育壮大出口加工业，促进外贸稳步提升

商品贸易和产业合作是实现与"一带一路"沿线国家和地区交流合作的重要载体。针对青海省外贸依存度低的现实问题，一要在保持经济健康持续发展的基础上，实施青海外贸振兴战略，继续加快推进"千万美元潜力企业"和"出口自主品牌双育计划"，建立特色优势产品出口基地，为对外贸易提供强大的发展动能，实现产业发展与外向型经济发展的良性互动。二要抓住重点，给予资金扶持。加快推进"双育计划"，加强对青海省现有百万美元以上出口企业和千万美元以上进口企业的跟踪服务，将外贸专项资金用到"刀刃上"，力争能源资源企业进出口实现业务稳步提升。三要加快资

本、技术型产业的发展。推动加工贸易转型升级，进一步优化出口产品结构和企业主体结构。加大对国外先进技术与设备的引进与吸收，增强再创新能力；吸引和培养技术性人才，加大对高新技术的开发与研究，提高自主创新能力，切实推动产业结构向技术密集型产业转变，实现产业结构转型升级，促进产业协调发展。四要充分利用各类资源和各地力量，加强与中东部地区在出口加工产业方面的合作，尤其要加强与对口援青省市和中央企业的合作，通过与相关国家在青或在境外建设合作产业园区的方式，着力培育壮大出口加工业。五要加快布局发展临港产业。通过对口援青等东中西部帮扶援助机制，加强与相关省市的产业合作，依托即将建设的青藏国际陆港，积极承接对口援青省市外向型产业，加快布局以出口加工业为核心的临港产业集群。

（三）参与国际经济走廊建设，打通对外贸易通道

全力参与中尼（中国—尼泊尔）经济走廊和中巴经济走廊建设，积极对接新亚欧大陆桥和长江经济带，构建全方位的对外开放大通道。一要加快区域联通建设。加强区域协调，加快推进联通甘肃西北部、新疆中南部及长江经济带之间的铁路建设。加强与西藏自治区、尼泊尔中国商会的联系沟通，以格尔木为起点，加快在青藏公路（青藏铁路）沿线和中尼边境及尼泊尔境内布局国际商贸物流园区。二要加强口岸联系。加强与国内沿海港口的联系，与青岛港、天津港及阿拉山口口岸等积极沟通，在西宁、海东或海西设立内陆港。加快陆路口岸建设，以青藏国际陆港建设为契机，积极申报国家铁路一类口岸。三要推进中欧班列常态化开行。坚持东西双向开通，鼓励企业与沿海港口合作，开通东南方向铁海联运贸易通道。同时，按照"宜零则零、宜整则整"的原则，扩大青海中欧班列集货半径，提升集货能力，为青海中欧班列常态化运行提供货源保证。

（四）增强城市开放活力，推进节点城市建设

加快推进兰西城市群和青海省东部城市群建设进程，以建设"一带一

路"支点城市为目标,完善三个节点城市间全方位的联通,强化现代产业支撑。通过大力发展现代服务业,全面提升西宁市在青海参与"一带一路"建设中的政策、金融、人才、技术、智力等方面的服务功能,打造丝绸之路经济带区域特色金融服务中心;加快海东、海西现代物流枢纽设施和口岸建设,布局新兴产业,实现各有侧重的高新出口加工业集群化发展,使海东成为兰西城市群产业高地,海西成为青海向西、向南开放发展的战略支点。压实西宁、海东、海西等重点地区外贸增长责任,力争地区外贸增长有新的提高;鼓励青南各州充分挖掘特色优势产业,目光向外,实现外贸业务逐年增长。

(五)加快物流业供给侧改革,建立高效便捷现代物流

推动物流产业供给侧改革,加快建立与青海承东启西、南联北通的物流枢纽相匹配的现代高效便捷物流体系。一是加强物流基础设施建设。重点支持仓储设施、转运设施、运输工具和信息平台的标准化建设和改造,同时提升完善物流园区功能,培育壮大物流企业,支持具有公铁联运、航空物流、公路港职能的重点物流园区的发展。二是做大做强物流企业。大力宣传、推介青海未来在丝绸之路经济带、中巴经济走廊及中尼经济走廊中的主要通道和重要枢纽的优势,通过培育或引进第三方物流企业和平台集成运营商,以参股控股、兼并重组、合资合作、协作联盟等方式做大做强青海物流企业。强化国际采购、加工配送、跨境电商物流等国际物流服务功能。三是加快发展智慧物流。促进物流信息互联共享,加快物流公共信息平台建设,对内整合物流信息资源,对外联通全国物流信息平台,消除"信息孤岛",鼓励运输企业向现代物流企业转型,利用"互联网+"创新物流发展模式。

(六)完善人才交流培养机制,加快专业人才队伍建设

大力推进省内各地外贸企业孵化中心和对外贸易服务平台建设,大力引进外贸经营人才,加大现有人才的业务培训力度,提升外贸企业孵化能力和水平,扶持成立独立经营的专业外贸公司,为企业开拓国际市场、发展对外

贸易提供有力支撑。

依托青海民族大学、青海师范大学等院校，增设"一带一路"小语种专业和国际贸易、现代物流等专业，采取共同办学模式，加快培养一批既掌握"一带一路"沿线国家和地区语言、民风民俗，又懂国际商贸知识的跨国经营管理人才和高技能人才。组织商务、口岸、经信、海关、检验检疫、科研等部门及外贸企业、物流业等行业的管理干部和经营人员赴沿海省市挂职学习开放型经济的相关知识，培养一批当前急需人才。同时，协调对口援青省市派遣专业扎实、乐于援青的干部和专业技术人才到青海各对口部门任职，指导青海开放型经济中的产业发展、口岸管理、物流配送、外贸服务等工作，推进青海省开放型经济上新台阶。

（七）加快信息化建设，推进"互联网＋智能制造"

综合利用青海政务云平台和国际贸易"单一窗口"，打造特色产业智慧服务云平台，联通企业线上线下全产业链各环节，打造专业服务网络平台。梳理与分析国内主流电商平台及垂直销售平台，优化企业产品结构和质量，融合互联网和智能化生产的物联网数据，建立出口加工产业大数据库，实现商贸、金融、物流数据全面对接互通运用，最终构建网络化、智能化、服务化、协同化的市场开拓体系。

（八）加强组织领导，强化服务保障

一是继续健全完善青海省"一带一路"建设领导小组办公室及其下属机构，建立常态化的联席会议制度，加强顶层设计，强化统筹协调，整合各类资源，合力推进"一带一路"建设。二是强化任务分工。细化实化"一带一路"建设年度任务，厘清责任，加强督促落实，将各部门、各地区"一带一路"建设纳入年度考核内容。三是加强金融支持。放宽进出口企业信用评级和贷款审批，支持国家和国有控股等担保机构开展外贸企业出口融资担保服务。建立健全政策性担保机构与政府引导基金、再担保机构、银行等合作机制，加大对融资担保企业风险补偿资金支持。四是加大财政支持力

度。加大各级政府支持本地区开放型经济发展的投入力度，相关市州根据本地外贸发展情况，设立外贸发展专项资金，对本地区发展前景良好的出口企业予以资金扶持。省级财政部门和宣传部门应加大对科研院所的支持力度，设立"一带一路"研究项目库，鼓励科研机构加大对与青海对外经贸合作前景良好的"一带一路"沿线国家进行研究，从而为经贸合作提供智力支持。

参考文献

李宜江：《新常态下我国对外贸易发展问题及对策研究》，《经贸实践》2018 年第 2 期，第 1 ~ 3 页。

李毅、李正欣：《青海省对外贸易发展现状、存在问题及原因解析》，《中国市场》2015 年第 8 期，第 143 ~ 152 页。

苑莹：《"一带一路"视域下的青海对外贸易环境分析及对策研究》，《青藏高原论坛》2015 年第 3 期，第 70 ~ 77 页。

B.20
兰西城市群发展中西宁市的
城市竞争力及发展路径研究

刘　畅*

摘　要： 对西宁市的城市竞争力进行分析对兰西城市群青海部分的城市化发展战略的顺利推进、西宁市城市化进程的加强与经济的发展具有重要的理论指导意义。本文通过梳理西宁市在《中国城市竞争力报告》中的城市竞争力数据及排名，对西宁市的城市竞争力及其在兰西城市群内发展的优势与劣势进行分析，得出适于西宁市发展的路径选择。

关键词： 兰西城市群　西宁市　竞争力

　　兰西城市群内含"一带一路"沿线多个重要城市，其经济建设与发展对"一带一路"倡议的顺利开展、全面建成小康社会、全面落实科学发展观意义重大。与此同时，西宁作为兰西城市群中心城市之一，其发展状况与城市竞争力对于兰西城市群经济协调发展、西部欠发达地区可持续发展能力的提升乃至全国的"十三五"经济发展战略目标的实现都具有十分重大的战略意义。

　＊ 刘畅，青海省社会科学院研究实习员，研究方向为城市经济学与区域协调发展。

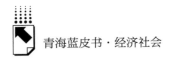

一 基于兰西城市群整体性发展的西宁市城市竞争力分析

（一）西宁市城市竞争力的现状

2017 年青海省第十三次党代会报告中提到在统筹区域协调发展过程中，西宁市要将绿色发展作为目标，建设宜居宜业的都市，竭尽全力打造核心增长极，充分发挥辐射作用，要完善西宁至重点县（市、区）通高速公路，所有乡镇及行政村通畅、通邮。综上，西宁市在兰西城市群青海部分的重要地位和中心作用显而易见。

西宁市城市竞争力的优势在于经济社会发展基础良好，具备显著的经济地理位置的优势，资源丰富，城镇布局良好，社会事业发达，总体发展水平较高。2016 年西宁市的城市化率为 85.74%，城市首位度为 5.31，而周边县域城市化率均未高于 30%。① 西宁市和周边县市的城市化率以及经济发展层面存在显著的差距。

与此同时，西宁市的周边城镇发展迅速。区域下辖 53 个城镇，包括 8 个人口超过 5 万的城镇，9 个人口 3 万~5 万的城镇，城镇人口高达 155.38 万人，城市化率 45.51%。② 此外，西宁市及其周边地区的地理生态环境良好，资源的承载能力较强，特别是东部区海拔相对较低，水草丰美，气候宜人，是青海省为数不多的宜居区域。

西宁市及周边地区良好的基础设施设备网络也是西宁市城市竞争力提升的优势之一。兰西高速公路、平阿高速公路、青藏铁路西格复线、兰新铁路等重大的交通基础设施形成城市群交通骨架网络，在主要城镇与产业集聚区之间形成通联。西宁市曹家堡机场共拥有三十余条航线，通往二十余个城市。通信网络遍及全境且无死角，随着兰西城市群建设的加强，西宁市区与

---

① 数据根据青海省统计年鉴计算得出。
② 资料来源：西宁市 2017 年国民经济和社会发展统计公报。

各县城的给排水与供电以及供热管网将得到充分的改进与优化。

本文选取《中国城市竞争力报告》长期竞争力的数据对西宁市城市竞争力进行评价,该评价指标由8个分项组成:宜居城市、宜商城市、和谐城市、生态城市、知识城市、全域城市、信息城市、文化城市。通过8个指标下西宁市的测算结果,及其在全国的排名位置不难发现,西宁市的经济实力、规模、结构框架等层面的竞争力均有较大提升空间。

(二)西宁市城市竞争力的纵向变动分析

《中国城市竞争力报告》选择了全国港、澳,以及地级以上287个城市为样本,对样本城市的综合经济竞争力和可持续竞争力进行排名。根据西宁市在综合经济竞争力、可持续竞争力,及其涵盖的8个分项竞争力的数据结果,本文截取2012~2016年五年的排名情况,汇总情况如表1、表2所示。

表1　2012~2016年西宁市综合经济竞争力与可持续竞争力排名

年份	2012	2013	2014	2015	2016
综合经济竞争力	193	188	187	175	160
可持续竞争力	153	125	107	129	115

资料来源:《中国城市竞争力报告》。

表2　2012~2016年西宁市城市竞争力指数排名

类型＼年份	2012	2013	2014	2015	2016
宜居城市	251	77	79	80	121
宜商城市	90	97	88	71	79
和谐城市	204	187	162	156	217
生态城市	253	222	227	229	232
知识城市	66	86	71	71	51
全域城市	105	31	99	108	128
信息城市	109	130	119	128	132
文化城市	177	136	117	100	75

资料来源:《中国城市竞争力报告》。

由表1可见，西宁市综合经济竞争力排名较为靠后，但总体呈上升趋势，证明西宁市的综合经济实力在稳步提升，但是速度较慢。在可持续竞争力方面，西宁市的排名略好于综合经济竞争力，在全部287个城市当中处于中游水平，说明西宁市现阶段的发展虽然略有不足，但是具备一定的发展潜力。综合经济竞争力排名2013年、2014两年可持续竞争力有显著提升，竞争力发展势头良好。

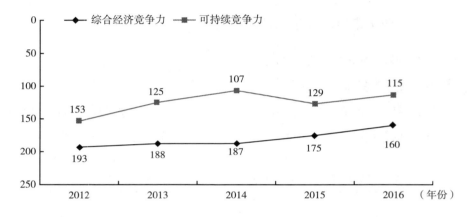

图1　2012～2016年西宁市综合经济竞争力与可持续竞争力排名情况

由图1可见，西宁市可持续竞争力走向暂未形成有规律的走势，上下波动比较明显。虽然2016年的排名较2012年有所提升，但是与2013年存在较大差距，且这种差距不仅没有在2014年、2015年形成回转，还有继续加大的可能。

由表2可见，西宁市在宜商城市与知识城市方面表现较为突出，2013～2015年在宜居城市方面，2013年、2014年在全域城市方面，2015年、2016年两年连续在文化城市方面都有较好的名次。

宜居城市评价主要考虑城市的社会环境、市政设施、生态环境、人口素质几方面。2013～2015年在宜居城市方面，西宁市排名较高，处于全国第一梯队。2012年，西宁市宜居城市排名靠后，主要是因为：第一，西宁市空气污染较为严重，且人均绿地资源不足。第二，城市交通设施不足，交通较为拥挤，市民对交通状况评价不高。第三，西宁市房价一直处于增长状态，房价与居民收入比值较大，存在居民住房可支付能力较弱的问题。

全域城市是指通过城乡统筹，实现城乡一体化的城市体系。全域城市排名较好，说明西宁市基本达到了城乡一体化的平均水平。这是因为西宁市作为青海省政治、经济、文化中心，依托省会城市的优势，坚持城乡互动与区域协调发展，城镇化推进积极稳妥。

西宁市知识城市排名一直处于全国城市前列。知识城市一般来说具有三个特点：第一，产业附加值较高，创新能力强，规模经济明显；第二，知识教育体系完善，文化多样性强；第三，城市对外联系密切。[①] 知识城市排名较高，说明西宁市在技术创新、将科研成果转化为生产力以及提高产业科技含量等方面投入尚可。西宁市为青海省的省会城市，集中了省内优质高效的研究机构，在教育科研领域资源集聚明显，这也是西宁市知识城市竞争力排名较高的重要原因。2016 年，西宁市高技术产业工业增加值 57.22 亿元，战略性新兴产业工业产值 94.54 亿元[②]，对西宁工业发展发挥了积极拉动作用。但是，西宁市数值与其他省会城市相比还是存在明显的差距，总体产业发展缺乏后劲，创新驱动能力不强，产业结构偏重偏粗偏短，产业支撑力不足。

西宁市的文化城市竞争力排名较高，是西部地区为数不多跻身前百名的城市之一。根据《中国城市竞争力》给出的文化城市竞争力衡量指标，可以说明西宁市与外省市文化交流较为密切、对于文化差异性包容度较高。

表 2 着重标出了西宁市排名连续五年都较为靠后的分项，即和谐城市与生态城市，由于可持续竞争力由知识城市竞争力、和谐城市竞争力、生态城市竞争力、文化城市竞争力、全域城市竞争力，以及信息城市竞

---

① 倪鹏飞：《中国城市竞争力报告 No. 11》，社会科学文献出版社，2013。
② 资料来源：西宁市 2016 年国民经济和社会发展统计公报。

争力综合测算，西宁市和谐城市竞争力与生态城市竞争力排名落后不只体现西宁市城市竞争力的短板，同时也拉低了西宁市可持续竞争力的总体水平。

（三）西宁市城市竞争力的横向比较分析

根据2016年出版的《中国城市竞争力报告No. 15》兰西城市群内主要城市在综合经济竞争力、可持续竞争力的排名见表3。

表3　2016年兰西城市群主要城市竞争力排名情况

指标	兰州	西宁	白银	定西
综合经济竞争力	105	160	279	283
可持续竞争力	62	115	264	254

资料来源：《中国城市竞争力报告No. 15》。

在综合经济竞争力与可持续竞争力两个指标当中，西宁市在兰西城市群主要城市当中排名靠前，仅次于兰州市。一方面说明兰西城市群整体经济水平较低，发展水平较弱；另一方面也说明西宁市在综合经济和可持续发展方面在兰西城市群中起到中心带动作用。在宜居城市、宜商城市、和谐城市、生态城市、知识城市、全域城市、信息城市和文化城市方面，西宁与兰西城市群其他主要城市的排名情况见表4。

表4　2016年兰西城市群主要城市竞争力排名情况

城市	宜居城市	和谐城市	生态城市	知识城市	全域城市	信息城市	文化城市
兰州	115	115	185	28	153	98	48
西宁	121	217	232	51	128	132	75
白银	254	68	263	267	216	182	279
定西	264	90	143	283	284	284	262

资料来源：《中国城市竞争力报告No. 15》。

兰西城市群宜居竞争力总体较弱，主要城市中仅有两个城市进入百强，西宁市排在主要城市第2位；在和谐城市方面，西宁位于最末，在城市群中最不具有竞争力；在生态城市方面，兰西城市群整体较弱，西宁位于第3位，处于最不具有竞争力的行列；在知识城市方面，西宁表现较为突出，仅次于兰州市，列第2位；在全域城市方面，兰西城市群整体竞争力较弱，西宁在本项排名略高于兰州市，列第1位；信息城市和文化城市两项中，西宁都列第2位。整体来看，西宁市各项指标综合能力位于兰西城市群前列，在兰西城市群各主要城市当中，西宁市与兰州市竞争力总体较强，具有较为明显的中心城市拉动与辐射的作用。

（四）兰西城市群中心城市竞争力比较分析

就城市群培育及发展的成熟程度而言，兰州都市圈的概念在2003年就已经提出，经过五年的讨论验证，于2008年正式确立下来，而青海省东部城市群概念提出的要早。兰州都市圈中心城市兰州市作为西部的重要枢纽城市，在人口、经济发展基础、对外开放程度、科学研究实力、城镇化水平方面均优于西宁市。就城市竞争力而言，在综合经济竞争力和可持续竞争力两项指标中，兰州市都位于全国中游，而西宁排名较为靠后，综合竞争力在西北地区除拉萨之外的省会城市中处于最末。就人口增长而言，2012~2015年，西宁市常住人口净增长3.79万人，城市人口净增长11.21万人，增长7.4%；与此对应，兰州市常住人口净增长2.71万人，其中城市人口净增长16.37万人，增长8%。可见两市城市人口增长幅度相近。从三次产业比重来看，西宁市由2012年的3.66∶51.64∶44.70调整为2016年的3.2∶47.7∶49.1，第三产业比重明显上升，产业趋于优化。兰州市产业结构由2012年的2.89∶47.6∶49.51调整为2016年的2.67∶34.89∶62.44，第三产业比重增加12.93个百分点，远超西宁市的4.4个百分点。在社会消费品零售总额方面，西宁市2012~2014年增加值为195.61亿元，兰州市这一指标为316.27亿元，仅增加值就高于西宁市120.66亿元。2016年兰州市社会消费品零售总额达 1065.39 亿元,是西宁市 513.07 亿元的将近两倍。① 兰州市在产业结构、市场容量、消费需求方面都要优于西宁市,体现出发展程度更高的城市素养,除此之外,随着西宁市与兰州市交通便捷性的不断提升,兰州市的物资、劳动力、信息等都与西宁市相互影响,而在与兰州市竞合过程当中,西宁市都明显处于较为弱势的地位。在宜居指数方面,兰州市与西宁市的对比见表 5、图 2。

表 5　兰州与西宁宜居竞争力分项排名比较

城市	优质的教育环境	健康的医疗环境	安全的社会环境	绿色的生态环境	舒适的居住环境	便捷的基础设施	活跃的经济环境
兰州	14	13	207	163	227	284	204
西宁	33	1	198	185	229	280	237

资料来源:《中国城市竞争力报告 No.15》。

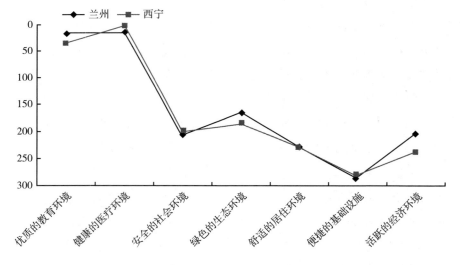

图 2　西宁与兰州宜居竞争力的比较

① 数据根据 2012~2016 年西宁市国民经济和社会发展统计公报、兰州市国民经济和社会发展统计公报计算所得。

兰州和西宁在宜居竞争力方面各指标排名较为接近，其中在健康的医疗环境一项，西宁居全国首位。这是因为西宁市集中了全省的优质医疗资源，全市拥有的三甲医院数量在西北地区仅次于西安，以至市内每万人拥有的医生数量超过了其他城市。其他分项指标西宁与兰州都较为接近，两市都反映出医疗、教育资源集中度高和生态环境较差，基础设施等公共服务供给不足的问题。除此之外，在活跃的经济环境一项，西宁与兰州拉开了相对较大的差距，究其原因，除了社会消费品零售总额所反映出的消费需求与市场的差距之外，企业数、创业园区数、金融、租赁和商业服务从业人员数都对这一指标有重要影响。除此之外，对经济商贸活动的政策扶持与有力执行，商业活动行政审批中产生的关系成本，等等，对经济环境是否活跃都有显著的影响。

立足城市群角度来看，西宁市城市竞争力短板明显，一方面由于西宁市发展起步晚、速度慢，虽然依托省会城市及与中心城市距离上的优势，在兰西城市群中具备一定的竞争力，但是，由于市场需求不足、对外开放程度较低、人口少、经济体量小、服务业占有率较小，西宁市的人口和资源流动要弱于兰州，城市发展的整体水平落后于兰州，在竞争与合作方面呈现不匹配的状态。在兰西城市群区域协调发展的过程中，怎样才能更好地协调兰州和西宁之间的资源配置，更好地实现兰州和西宁以相近的速度、规模以及城市化水平的合理匹配，是兰西城市群发展过程中西宁市必须首先考虑的重要问题。

二 基于兰西城市群整体性发展西宁市的优势及制约因素

（一）兰西城市群整体性发展中西宁市的优势分析

第一，西宁市现阶段处于较为有利的机遇期，抓住发展机遇有助于提升西宁市的城市竞争力。十八大提出重点建设兰西城市群的契机，是在东部城市群的基础上，将西宁的战略地位提升了一个等级，同时，也将西宁市的发展契机提高了一个等级。此外，"一带一路"倡议的提出，对于西宁对外开放水平的提升、发挥西宁市的民族文化优势以及推进与甘肃省、兰州市的合作等方面都有深远的影响。在对外开放方面，要向东开放，也要向西发展，要加强与东部沿海城市的交流与合作，承接东中部地区的产业转移，也要增强与"一带一路"沿线国家开展合作的能力。既要作为西部沟通"一带一路"与成渝经济区、长三角经济区的交通枢纽，又要加强国家级和省级出口基地建设，建设特色鲜明的外向型产业基地，引导特色优势产业企业积极参与国际产能合作，搭建国际丝绸之路区域经济合作网上平台，提升开放合作水平。

第二，绿色发展战略的提出有助于发挥西宁市的地域优势。首先，在青海省推进绿色发展具有先天优势。青海是国家生态环境保护和建设的战略要地，生态地位和生态功能不可替代。绿色发展符合青海省在重点地区生态环境保护和建设工程、改善生态环境以及逐步恢复草场、湿地、森林、河流、冰川等生态系统功能的重大战略选择。同时，也是对传统发展模式的革新，是协调保护与开发关系的平衡点，是兼顾生态保护和经济发展的立足点，也是寻求经济社会健康协调发展的青海特色发展模式和路径的有益探索。绿色发展的本质要求是资源节约型和环境友好型的发展，强调在资源开发过程中注重提高综合利用率，在产业发展中注重产业集聚、集约。践行绿色发展，对于西宁市乃至整个青海省而言，对于促进各类资源和要素的集聚、实现经济可持续发展有重要的作用。

第三，西宁在与城市群其他城市融合中存在优势。兰西城市群甘肃部分城市以工业城市居多，西宁与其他城市存在较强的生产要素与经济互补性。兰州作为工业城市，在其工业发展过程之中，受原材料价格不断上涨、自身资源短缺的影响，存在本地原材料不足的瓶颈制约。西宁及其腹地石油、天然气、盐湖资源、有色金属资源具备明显优势，可以与兰州石化工业的发展形成互补。医药制造业是西宁市工业发展一个重要增长点，但是在医药制造过程中，西宁同样面临着原材料的缺乏、行业发展受到制约的问题。兰西城市群甘肃部分的定西市具有极为丰富的药材资源，青海药材市场与定西市的对接可以较好地保障青海省医药制造业的发展。近年来青海省经济发展虽有盐湖化工、有色金属、水电、石油天然气等四大支柱产业，但是主要产业缺乏一直制约着青海省的经济发展。同时，青海省内部还存在结构单一、技术落后、高技术人才不足等问题。西宁把握融合兰州市巨大的科技优势，一方面有利于西宁自身竞争力的提高，另一方面可以使兰西城市群内各城市之间达到互惠共赢的良好局面。

（二）兰西城市群整体性发展中西宁市的制约因素分析

第一，西宁市及周边地区蕴含较为丰富的资源，但是由于处于青藏高原向黄土高原的过渡地带，生态环境极其脆弱。加上长期以来，西宁市及周边地区的发展中，一直以石油天然气、电力、盐湖化工、有色金属等作为支柱性产业，产业结构相对落后，高污染、高消耗的问题较为突出。同时，西宁市单位 GDP 耗电量较高，二氧化硫排放较高，都是导致生态城市竞争力较弱的重要原因。

第二，西宁市在软环境构建方面仍处于落后的态势。和谐城市建设的主要内容包括政府治理、社会公平、社会保障以及社会安全。[①] 在政府治理方面，2017 年公布的《2017 市级政府财政透明度研究报告》显示，在该报告研究的 295 个样本城市当中，西宁市列 260 位，处于最末一级，虽然西宁市市政府在财政数据公开方面一直有所改善，但是整体效果不佳，公开程度不够。此外，政府作为公共服务的主要提供者，政府角色仍处于管理者向服务者职能的转变过程当中，西宁市市民与政府间互动的渠道有限，政府与市民的公共服务需求存在信息不对称的问题，这都直接或间接导致了政府治理方面的竞争力不足。在城镇化进程中，政府起主导作用。西宁市土地财政较为明显，政府通过土地财政解决了城市建设方面大部分资金问题，但同时也加剧了由于房地产价格上涨而导致的住房压力。同时，大部分城市居民的住房压力与快速向房地产经营者聚拢的社会财富还会拉大贫富差距，加深社会不

---

① 倪鹏飞：《中国城市竞争力报告 No.12》，社会科学文献出版社，2014，第 151～152 页。

公平程度。在拆迁与重建过程中，容易造成社会矛盾，此类矛盾有可能转化为不稳定因素，成为社会安全的隐患。

第三，西宁市中心职能水平较低、辐射带动力发挥不足。将兰西城市群以中心城市兰州和西宁分别所属的行政区划为标准分成两个部分，分别是兰西城市群青海部分与兰西城市群甘肃部分，西宁市作为省会城市，同时也是兰西城市群青海部分的中心城市，在经济发展的过程中具有较为明显的极端化特征，与附近区域在城市化、经济实力方面呈现较大的差距。这说明兰西城市群青海部分整体发展水平较低、工业化水平有待提高，同时也体现了西宁市基本集聚了后期发展所需的动力。青海省只有西宁市一个增长中心，城市经济增长模式长期以来过于单一，直接导致了西宁市城镇化发展过快，与城市发展速度不匹配的基础设施建设问题、交通拥挤问题、环境恶化问题等"城市病"进一步凸显。由于受西宁市的地理环境及其他因素的综合影响，其发展对周边城市和区域出现明显的带动作用较弱问题，中心的职能水平有待提升。

第四，兰西城市群青海部分城镇体系尚未健全限制了西宁市城市竞争力的提高。兰西城市群青海部分只有一个大城市西宁，其余海东、大通、湟中、湟源、平安、互助、乐都、民和八市（县）都是人口50万人口以下的小城市，且多为人口不足20万人的小城镇，尚未形成大中小城市协调发展格局，总体规模偏小。在城市群建设过程中，区域内在规划组织实施、重大基础设施建设、资源配置利用、社会事业发展、统筹改革开放等方面的一体化体制机制尚未成熟阻碍了西宁市城市竞争力提升。区域内的合作共赢意识不强，区域内城市在发展进程中竞争远大于合作；区域生态、资源环境等共同开发与管制的深层次机制没有形成，基础设施、社会事业、城乡统筹、市场体系等方面的互联互通不够紧密；缺乏相互衔接、实施度高的统一规划，西宁和海东两市及区内各县长期以来自谋发展，没有形成宏观统一的发展规划，在地域竞争中往往有意识地限制地方财政投入行政边界地区，导致本应一体融合发展的地区边缘化问题严重。这些问题都制约了西宁市扩大市场，加深地区联系与合作，优化资源配置，合理进行产业布局的行动路径，对西宁市城市竞争力造成不容小觑的影响（见图3）。

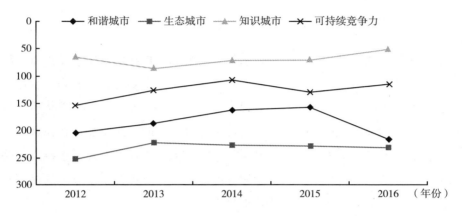

图3　2012～2016年西宁市主要竞争力指标排名比较

三　基于兰西城市群整体性发展西宁市的路径选择

（一）增强宜居竞争力，践行绿色发展理念

宜居城市竞争力就是用城市的社会环境、市政设施、生态环境、人口素质几个方面综合地审视城市建设。由于城市的宜居竞争力包括了城市布局、基础设施等公共产品和服务的提供，所以在这个过程中政府担任重要的协调、管理和配置的角色，应当加强宏观管理，优化资源配置，从政策角度为提升西宁市宜居竞争力提供保障。西宁市在生态文明建设、经济社会可持续发展方面并没有走在全国的前列，这是与西宁市的生态战略定位、绿色发展要求所不符的。及时抓住绿色发展机遇，转变以资源开发为主导的工业产业结构，转变发展理念，坚持全面、协调、可持续的经济发展模式，对绿色发展提供政策支持，西宁市必将扭转弱势地位，在经济发展中形成与西宁市乃至青海省具体情况相符合的特色优势。要坚持绿色发展，推进生态文明建

设。要结合西宁市的自然环境，做好节能减排，推进西宁市自然系统的保护和修复。

（二）合理布局，提升城市软环境

首先，功能导向的宜居竞争力的核心是依据城市功能定位，贴合城市环境要求，在规划城市、建设城市、管理城市的过程中要有大局意识，合理布局以教育、医疗、公共交通等基础设施为主的公共资源。一要培养优质的教育环境。在加大对优质中学、高校的扶持力度的同时，应当加大在公共教育设施方面的投入。二要努力营造健康的医疗环境，要提升医疗覆盖率及对公共卫生事业的投入，提高公共卫生服务均等性。三要提升基础设施的便利水平，加大公共交通投入与信息化建设的力度。

其次，应当立足城市群区域协调发展的视角，清楚认识与相近城市、另一个中心城市兰州之间的空间溢出与空间互动的作用。避免目光仅着眼于一城一地的发展，要用城市群发展的视角与高度看待宜居城市竞争力的提升。一要提升与相邻近城市道路交通与信息网络的通达性，避免因信息不对称而做出错误布局，造成相邻城市间的重复建设与资源浪费。二要改善投资环境，促进西宁市产业结构转型升级，加快经济转变方式，依托国家级循环经济示范区，培育新能源、新材料以及生物医药等新兴产业。

（三）加快产业发展，提升西宁产业竞争力

在实行与兰西城市群甘肃部分协同发展过程中，西宁市应该重视与兰州市之间的优势互补，实现在不同产业领域的分工协作，培育良性互动，为兰西城市群一体化发展打下坚实的基础。除此之外，西宁市应当着力改造与升级现有工业结构。发展优势产业是西宁市发展的必然诉求，产业规模与产业品质是优化提高的重点领域。重点要依托高原特色产业，寻求科技化、差异化发展方向，大力倡导产业延伸和产业集聚。同时，要弥补西宁市在科学技术的研发与应用方面的不足，加大科研投入，产、学、研相结合，提升高原特色产业的综合竞争力。西宁市为了更好地融入兰西城市群一体化建设，就

要倡导产业向高技术、高附加值的方向发展。

提高园区的产业集聚水平，促进产业集聚发展。搭建产业园区时应当以产业布局为核心，以产业集聚发展为目的，充分考虑到市场的发展状态和资源的使用情况。对于城市产业的发展也要以产业聚集的形式出现，同时以相关产业园区为发展基础，完善相关产业的布局与配套设施。此外，对于优势产业要加强政策和资金支持，对于发展优势欠缺的产业可以采取招商引资的方式，引进国内外竞争力较强的企业投资建厂，带动弱势产业发展。要坚持政府引导与市场推进相结合，加强基础设施建设、加大资金投资力度、提供更多的利好政策并发挥产业聚集的积极作用。对于特色产业的发展要以构建完整的产业链为目的，要在特色产业发展的同时，大力发展特色产业的配套产业。要创新园区发展机制，在产业园区的发展过程中简政放权，促使产业园区自主发展、科学发展。

（四）加强与周围城市的地区间合作

要加强西宁市与周围地区间的合作，首先要密切政府间交流与沟通，建立可行的定期沟通机制。

首先，可以以政府推动和市场导向相结合，由国家和省级层面专门协调，成立兰西城市群管理机构，共同商议兰西城市群的成长思路。成立兰西城市群管理机构是为了减少区域行政的隔阂，以资源配置、资源共享为主要手段，以兰西城市群为核心带动周边城市的经济发展。促进兰西城市群各城市之间的信息资源、技术资源、人才资源和资金等不断交流并实现优势互补。通过政府的宏观调控，将有效的资源转移到需要的城市中，同时发挥各自的产业优势带动相关产业发展。

其次，应当制定差异化的政策，支撑城市群经济发展。兰西城市群目前尚处在城市群发展的初期阶段，同时也是城市群发展的最佳战略机遇期。一方面，可以从政府的角度给予兰西城市群相关的政策支持，包括招商引资政策、企业发展税费补贴政策等。另一方面，利用兰西城市群的生态价值，带动清洁能源相关产业的发展。生态安全、环境保护是兰西城市群产业布局的前提和基础，对于城市群重大项目、特色优势项目、基础建设项目等应当给予政策的支持，优先布局。

最后，改善兰西城市群的城市规划，优化城市布局。按照中心—边缘理论，中心城市与边缘城市共同构建了城市集群。而中心城市要带动边缘城市形成完善的城市群一体化发展形态。城市集群的规划应该与产业的规划相互配套，目前西宁市应将经济发展的区域向东面迁移，构建中心城市和周边县城的小规模城市集群，发挥西宁中心城市的积极作用，辐射周边县城的经济发展。

参考文献

李辉：《协同视域下地方政府竞合机制构建研究》，苏州大学，2014。

司林杰：《中国城市群内部竞合行为分析与机制设计研究》，西南财经大学，2014。

王绮：《长三角城市群内部的竞合关系与南京的战略选择》，东南大学，2005。

杜娟：《成渝双核型空间结构及竞合关系研究》，西南交通大学，2007。

丁生喜、甘佩娟、霍海勇：《西部区域经济合作问题研究——以兰州、西宁、银川地区为例》，《开发研究》2012年第1期，第4~8页。

刘松先：《基于核心竞争力的城市发展战略的研究》，《工业技术经济》2006年第7期，第74~76页。

朱海伦：《关于城市核心竞争力的探讨》，《生产力研究》2004年第12期，第107~108页。

对祁连山国家公园南麓生态环境
综合治理的对策建议

马生林　魏　珍*

摘　要： 绵延千里的祁连山地处祖国西北部，既是我国西部重要的生态屏障，也是矿产资源、动植物资源、水资源、旅游资源的富集之地，有"中国乌拉尔""东方瑞士""世界公园"等美誉。其独特的地质地貌、自然环境、人文景观组成了有机整体，历经岁月的沧桑孕育了区域性、历史性、民族性极强的生态文化。本文在探析其生态环境存在问题和治理状况的基础上，以习近平总书记重要指示为统领，提出了对其综合治理的对策建议。

关键词： 祁连山　生态环保　国家公园

　　2017年6月26日，由习近平总书记主持召开的中央全面深化改革领导小组第三十六次会议审议通过的《祁连山国家公园体制试点方案》强调指出，祁连山是我国西部重要的生态安全屏障，既是黄河流域重要的水源产流区与黑河上游水源涵养林原始地，也是青藏高原西北部生物多样性保护的优先地区和重点区域。

　　2018年10月29日，祁连山国家公园管理局在兰州挂牌成立；11月30

---

* 马生林，青海省社会科学院经济研究所研究员，研究方向为生态环保；魏珍，青海省社会科学院经济研究所助理研究员，研究方向为应用经济。

日，祁连山国家公园青海省管理局在西宁挂牌成立，标志着祁连山国家公园已由体制试点正式进入了全面推进和综合治理的新阶段。

祁连山是黄河水系与内陆水系的分水岭，其南麓在青海境内主要包括海北藏族自治州的祁连县和门源县、海东市的互助县、海西蒙古族藏族自治州的柴达木盆地，涵盖区域近 15 万平方公里，占青海国土面积的 21%，使其不但在全域性的生态保护中具有举足轻重的地位，而且在国内外都有不可忽视的重大影响。

地处祁连山南麓的祁连县国土面积为 1.57 万平方公里，是整个祁连山地域生态环保的重中之重。这里汇集了原始的繁茂森林、保存较好的天然草地，栖息有雪豹、猞猁等稀有动物，生长有雪莲、冬虫夏草等珍稀物种。所以，我们在此探析祁连山南麓生态环境深度治理问题，就是以祁连地区为重点来进行论述的。

祁连自古有"百峰连千里，八宝溢天下"的美誉，矿产资源、动植物资源、水资源和生态旅游业极其富集，有"中国的乌拉尔""东方瑞士"等之称。以独特的地质地貌、气候特征、雪山草地、森林植被、山川河流、民俗风情等组成了有机整体，展示了一幅区域性明显、文化积淀深厚、各民族团结和谐的壮美画卷。尤其是世居在此的藏族、蒙古族等少数民族特有的生态环保理念代代相传而值得称颂，彰显出极强的时代特征、民族特征与原生态优秀文化特征。

一 祁连山生态地位的极其重要性

气势磅礴的祁连山脉位于青海东北部与甘肃西部接壤，由多条西北—东南走向的平行山脉和宽谷组成。祁连山南麓青海境内大多海拔 4100~5600 米，最高峰疏勒南山团结峰海拔 5808 米。有冰川 3317 条，面积为 2057 平方公里。

《中国国家地理》2006 年第 3 期就祁连山对中国西部生态安全的重要性有如此阐述："祁连山在太平洋季风的吹拂下，是伸进西北干旱山区的一座湿岛。正是有了祁连山，才养育了河西走廊。所以，祁连山对中国西部最大的贡献，不仅造就了南北两麓的青山绿水、古丝绸之路的繁荣和河西走廊的绿洲，而且传承了青藏高原的多元文化。"祁连山中段被誉为"冰源水库"的八一冰川及其冰缘面积达 872 平方公里，主冰崖达 2.6 公里，储水量达 570 亿立方米，为典型的高原冰川，黑河源头 70% 的冰雪融水就来自于此。

黑河是我国仅次于塔里木河的第二大内陆河，流经青海、甘肃、内蒙古三省区，全长 821 公里，径流总量为 70 亿立方米，流域面积为 7.68 万平方公里。主干流（西岔）是正源，发源于八一冰川海拔 5567 米的素珠莲峰，冰川末端海拔 4578 米。流向东北与第一大支流八宝河（东岔）在宝瓶河汇合，转向北流 303 公里，出莺落峡口成为青海与甘肃的界河。青海境内的黑河大峡谷长 450 余公里（70 多公里为无人区），峡谷均深海拔 4100 米，以其高差跌宕、雄伟神奇及丰富的动植物资源和众多名胜古迹形成了高原奇特迷人的风光，是上游；中游经河西走廊的张掖、临泽等 6 县市，流程为 285 公里，既是黑河流域的富庶之地，也是需水量最大、沙尘暴频发区域，有"河西走廊母亲河"之称；下游 233 公里从正义峡口称弱水，在内蒙古额济纳旗消失在居延大漠，给世人留下无尽的追忆与思索。千百年来，在南起祁连山、东至山丹岭、北到额济纳旗的辽阔区域，黑河滋润和哺育着祁连山南北的各族儿女，使世代的繁荣与文明经久不衰。唐人笔下"大漠孤烟直，长河落日圆"的绝句，是对黑河流域美景的真实写照。但 50 年来，祁连山原始生态受损严重，冰川消融、湿地枯竭、森林锐减、草地退化、植被下降。祁连山生态告急，"保护祁连山、救救黑河"的呼声不绝于耳。

二 生态恶化趋势不容忽视

祁连山曾是"芳林漠漠青山碧，风光旖旎如烟织"的"仙境"，禹导弱水、周穆王与西王母、老子西游、青牛还乡等故事在黑河流域广为流传。"祁连山下好牧场"就是对草丰水美草场的由衷赞美，历史上祁连山南北古树参天、珍稀动植物随处可见。但这里山川虽然秀美，生态环境却极其原

始、敏感和脆弱，不适宜大规模开发。长期以来，因"天灾人祸"的双重
影响，特别是人类自身的需求，对原始森林进行了肆无忌惮的砍伐，大片天
然草地被开垦至今寸草不生，沙化蔓延势头加快，马麝、雪豹等珍稀动物遭
到毁灭性猎杀，黑河水量大减，加之人口增加等诸多原因，使生态恶化趋势
日益严峻。

（一）沙化加重

祁连山地区自唐中叶之后的1200余年，沙漠化趋势一直未得到有效遏
制，疏松地表直接裸露，形成流动沙丘，危及绿洲。这一过程在祁连山生态
变迁中十分典型，说明历史上干旱、高海拔地区沙漠化一旦形成，无法在短
期内恢复。

（二）人口增加的后果

尽管我国从20世纪70年代已实行计划生育政策，但祁连山南北人口还
是从中华人民共和国成立初期的57万人增长到目前的230多万人，而中游
就有160余万人，使本就紧张的人与耕地矛盾更加突出，故向森林、草原要
耕地就成为必然。沉重的人口压力使本已脆弱的生态环境雪上加霜，形成
"人增—耕进—林草退—耕地沙化—生产力下降弃耕撂荒"的恶性循环，致
使沙尘暴频发。尤其无序采挖冬虫夏草、雪莲等名贵药材，破坏了天然植
被，百年之内难再复现昔日繁茂。

（三）冰川速融

历史上的黑河"巨浪滔天大石浮，龙形滚滚向东流"，全部注入居延
海。但随着厄尔尼诺现象的持续和全球气候变暖，加之人类活动频繁，祁连
山及其周边冰川速融加快，使雪线上升至海拔4500～4700米，比古雪线
3500～4000米上升700～1000米，严重地区年均上升10～22米，余则也以
年均2～6米的速度后退。20世纪70年代祁连山年出山水量为80亿立方
米，现不到30亿立方米。上游冰川大面积消融带来水资源的枯竭，危及黑

河的长流不息，会使祁连山富集的生物多样性遭受灭顶之灾。中游国家粮油基地河西走廊无疑会被黄沙侵蚀而成为"沙尘走廊"，古丝绸之路曾经的辉煌难以在当今的"一带一路"倡议中发挥持续作用。下游额济纳旗绿洲、黑城遗址大量文物古迹及国防战略重镇——酒泉卫星发射基地也在遭受沙丘吞噬的威胁。黑河上游少水、中游争水、下游无水的情况如得不到缓解或根本解决，300多年前回归祖国怀抱的土尔扈特蒙古族面临着第二次搬迁，20年后或许更短，整个祁连山生态屏障溃决并非危言耸听。

（四）保护珍稀物种刻不容缓

祁连山南麓是青藏高原生物多样性最丰富的地区之一，不仅原始森林茂密，而且珍稀物种繁多。如只有在祁连生长的小叶杨俗称龙皮大白杨（因树皮酷似龙的鳞片，故名）粗壮的两三人不能合抱，其树龄大多在数百年、甚至千年以上，虽历经沧桑，可保存得还算完好。但中华人民共和国成立以来无休止的滥采乱伐和祁连新城区扩建，使这一珍贵的树种所剩无几，与此相伴相生的沙柳、沙棘、红柳等同样未能幸免。还有，冰沟河谷的原始林区40年前蓝马鸡、马鹿、白唇鹿、黄羊等随处可见，但因保护不力，如今不要说马鹿、白唇鹿等珍稀野生动物，连野兔都难得一见。几棵孤零零的龙皮大白杨，被当地民众称为"最后的守望者"，既是县城周边仅存的一片原始混合林区，也是研究祁连山地区生物多样性的"活化石"。如果不尽快进行保护和抢救，那么一两年、或许几天间就会被毁灭。因为在这片林区没有任何保护措施，羊群随意践踏、采沙挖石把河床破坏得千疮百孔。八宝河谷、冰沟河谷、拉洞河谷、扎麻什河谷是如此，整个黑河流域、祁连山南麓更是如此，有多少这样的原始林区每年、每天在消失。所以，对其综合治理和保护刻不容缓，其严重性不言而喻。只要到此一看，无不触目惊心，如果真到了那天，我们还能说什么呢？

（五）旅游不当的危害

旅游是把双刃剑，在增加农牧民收入、提高地方知名度的同时，不可否认给祁连山的原始生态带来了不可挽回，甚至是毁灭性的灾难。亘古以来，这里除了蓝天白云、青山绿水、清风和晶莹剔透的冰雪外，是人烟稀少之地，几乎没有外界的"骚扰"，一直保持着干净、宁静、神秘与神圣，但随着旅游业的升温，给祁连山或多或少带来了不可否认的负面影响。以八一冰川为例，尽管目前对前往冰川一带的旅游者有所限制和禁止，但依然未能实现零控制，在其管理中还有许多不尽如人意之处。再如，每当盛夏时节，除参加旅行社的部分游客外，来祁连旅游、探险、采风、写生的基本以自驾游形式活动为主，边游边住、随心所欲，在保护区内垃圾随处扔、树木随便砍、帐篷随意搭、野炊随时搞，不但使生态环境受损，而且存在极大的火灾隐患。所以，在祁连山地如果规划不科学、管理不得当、生态不优先、观念不转变就不适宜大规模生态旅游开发。

三　祁连山南麓生态修复任重而道远

（一）冰川大面积消融使黑河来水量锐减

祁连山南麓多雪峰和冰川，均为高原大型古冰川，是经数亿万年地质演变和气候变化凝聚的稀缺资源，其融水涵养着森林和草原，为数以万计的动植物提供了理想的栖息地与生长地。唐人笔下"巨浪滔天大石浮，龙形滚滚向东流"的诗句就是对黑河曾经的气势的赞叹。但近50年来，随着全球"温室效应"的持续，加之祁连山两麓人口增长过快，对水的需求量增加。在"天灾人祸"的双重影响下，给当地生态环境带来的危害依然严重。

20世纪70年代祁连山年出山水量达80多亿立方米，现不到30亿立方米。此乃黑河源头冰川消融使来水量日趋枯竭。长此以往，将会给祁连山地区，尤其对南麓野牛沟、高大坂、扎麻什、大拉洞、冰沟三岔、祁连县城周边、黑河大峡谷一带保存较为完好的原始森林以及生物多样性带来灭顶之灾。

2016 年 8 月，笔者针对八一冰川面临的毁灭性破坏，以《八一冰川正遭受灭顶之灾》进行了报道。祁连县委、县政府对此高度重视，县环境保护和林业局、县旅游局于 2017 年 8 月 14 日将其永久性封闭。尔后，虽然汽车进不去、游客少了，但一些散客"挖空心思"以摩托车、攀岩小道等方式进入冰川核心地带，在冰面上拍婚纱、玩滑板，更有甚者在此"安营扎寨"，说什么要触摸离天最近的月亮、呼吸远古纯净的空气、品尝数亿万年前的冰块、感受空旷的孤独，等等，对冰川及其周边生态保护未能达到预期效果。

（二）保护珍稀物种刻不容缓

祁连山南麓曾是"芳林漠漠青山碧，风光旖旎如烟织"的佳境，生态环境不但保存完好，而且有许多神话故事在此广为流传，如夏禹疏导弱水、周穆王与西王母相遇、老子游天山（祁连乃匈奴语"天山"）等故事都发生在黑河流域。

然而，时过境迁，祁连山南麓的生态环境已大不如前。自清雍正元年（1723）以来的近 300 年间，人类活动给祁连山局部的生态破坏是毁灭性的，浅山地带的森林消失殆尽，许多原有的林地数百年来寸草不生。

祁连山南麓久负盛名的雪莲、冬虫夏草等稀有中药材因生长地遭到重创，数量日趋减少、品种日渐消亡。同样如此，这里作为藏雪豹、藏雪鸡、藏野驴、野牦牛、香獐、猞猁等为代表的一批野生动物栖息地环境也在持续恶化。尽管近年来林业部门在此区域多次拍摄到藏雪豹、猞猁等不时出没的活动痕迹，但其栖息地生态修复与保护措施没有跟上，在经济利益驱动下，猎杀野生动物案件时有发生，其种群灭绝率居高不下。

还有，只在祁连县城周边生长的小叶杨（俗称龙皮大白杨）粗壮得两三人不能合抱，其树龄大多在百年，甚至数千年以上。如今所剩无几，与此相伴共生的沙柳、沙棘、红柳等同样未能幸免。现仅有几棵半死不活地留存在八宝河谷和扎麻什一带，被当地民众称为"最后的守望者"。这些林区既是祁连山南麓少有的树种混合林地，也是研究整个祁连山地区生物多样性的"活化石"。

（三）生态旅游资源开发有待于加大保护力度与探索创新模式

祁连的自然风光造就了独特的旅游资源，使其成为国内外地质研究者、气象观测者、摄影爱好者、大批旅游者向往的胜地，但因旅游管理与开发不当产生的负面影响也较突出。旅游热在推介祁连山、提高祁连知名度，增加当地民众收入方面有积极作用，但生态旅游业是把双刃剑，特别对原始生态极其敏感、脆弱的祁连山来说，如何实现"在保护中开发，在开发中保护"就显得尤为重要。为此，加大其保护力度与探索生态旅游新模式就迫在眉睫。

《祁连山国家公园体制试点方案》已上升为国家公园建设阶段，但在生态旅游业资源的优化配置，当地民众对其方案实施的紧迫性、必要性、长远性认识的宣传有待普及和加强。对"绿水青山就是金山银山"科学内涵的领会和付诸实践有待于一级抓一级、层层抓落实、件件有成效，在此落地开花。如规划不科学、管理不得当、生态不优先、观念不转变就不宜大规模搞生态旅游。

四 深度治理祁连山南麓生态环境的对策建议

随着祁连山国家公园的全面付诸实施，其南麓全域性的生态环保已成为国内外关注的热点地区之一。为此，要以高度的政治责任心和现实紧迫性建议从以下方面有所作为。

（一）高起点统领全方位监管

祁连山南麓生态环境深度治理，要切实以习近平总书记"四个扎扎实实"、党的十九大报告、习近平新时代中国特色社会主义思想为统领，依据祁连山南麓生态深度治理的特殊性、紧迫性、艰巨性和长期性特点，使省委"五四战略"落到实处。在其实践中探索新路径，把生态修复与乡村振兴战略有机融合，抓住生态环保体制与生态旅游机制创新这个关键环节，在系统保护和深度治理、生态修复与民生改善、资源配置与旅游开发等方面全方位、多领域、各部门、全社会密切协作、统筹兼顾，以生态文明建设促进生态治理工程。真抓实干，及时清理、关停、封闭一切不利于生态环保的违法违规项目。特别要强化监管和严禁以生态修复、发展旅游、乡村振兴、增加群众收入等巧立名目占山圈地、开垦草原、采沙挖石、炸山填河、毁林建房等牟利行为。

（二）将黑河大峡谷申报为世界自然遗产

世界第二大峡谷——黑河大峡谷（我国雅鲁藏布江大峡谷第一、美国科罗拉多大峡谷第三）闻名遐迩，集动植物、矿、水、游等为一体，其中的祁连翠，早在唐代就以"夜光杯"名扬天下。峡谷内有青海省级文物保护单位青铜器时期的扎麻什寺沟遗址、卡约文化时期的铜矿山、夏塘台、黄藏寺、郭米寺等。早在 5000 年前，我们的先民就在这片古老的土地上繁衍生息，创造了博大精深的高原文化，彰显了祁连各族人民互通共荣、和谐共处、天人合一的生态理念。

黑河大峡谷海拔 4600 米以上为冰蚀高山，属高原冷旱区。其地形东西高而中部低，黑河在宝瓶河大拐弯处海拔突降至 2200 米，落差 2400 米。这里年均气温 9～17℃，年降雨量 80～560 毫米。生长有落叶阔叶林、枇杷、肉苁蓉、野枣、白刺、皂角、杜鹃、河西菊、沙漠玫瑰、罗布麻、紫秆柳等温带珍稀植物。可可里、高大坂、盘夹峡、酥油大坂、青大坂等海拔均在 4200 米以上，山峦起伏、苍松耸天，古柏成荫。分布有冬虫夏草、雪莲、黄芪、羌活、秦艽、藏茵陈、柴胡等 380 多种中药材。十余年来，生态修复初见成效，以青海云杉、祁连圆柏、桦、杨、柳、沙棘等为主的天然林保护有成效，野牦牛、盘羊、白唇鹿、马鹿、岩羊、雪豹、香獐、玉带海雕、藏雪鸡、蓝马鸡等野生动物时常出现。可见，黑河大峡谷不论是长度、宽度、深度还是落差在国内外少有，而且黑河流域面积、栖息的生物多样性、在祁连山地区的生态重要性等都是无与伦比的。

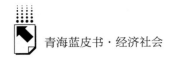

（三）将八一冰川申报为世界自然遗产

八一冰川最大的贡献，不仅滋润了河西走廊、成就了古丝绸之路的繁荣，而且使祁连山的生物多样性更加丰富、保证了黑河的永续长流、湿地与绿洲的并存。因此，将八一冰川申报为世界自然遗产是世界财富、国家所需、民心所向、形势所迫。祁连山脉最大的冰川——八一冰川在青海祁连境内，又是黑河的发源地和主要水源地，其申报工作的重要性、紧迫性与必要性应高度重视。

（四）设立油葫芦省级自然保护区

油葫芦地处祁连山南麓野牛沟乡境内，四面环山、资源富集、外小里大、状如葫芦，故名。东西长27.6公里、南北宽14.57公里，其面积为402平方公里，平均海拔4050米，核心地带东距祁连县城67公里。由于此地山大沟深、地广人稀，原始生态保存得相对完好。动植物资源极为丰富，其种类不但多而量大，且珍稀物种占优势。青海云杉、祁连圆柏、沙棘、高原柳、金露梅、银露梅、冬虫夏草、藏雪莲、红景天、秦艽、黄芪、藏茵陈、柴胡、大黄等漫山遍野，国家重点保护动物雪豹、野牦牛、猞猁、藏雪鸡、白唇鹿、马鹿、狗熊、玉带海雕、香獐、大头盘羊等时而出没，珍禽异兽和奇花异草组成了生物多样性的"宝库"。加之独特的地质地貌，在其演变中还有大量水晶石、孔雀石、玉石等至今依然保留着原貌，有极高的科考价值。据此，为了子孙后代，保护这片祁连山中的"净土"，将其先设立为省级自然保护区，尔后晋升国家级自然保护区。

（五）以集中人口拓展生态环保空间

祁连山南麓不是人口稠密区，祁连现有常住人口为5.2万人，其密度为3.3人/平方公里。近年来通过实施退休养老地建设与游牧民定居点工程，人口主要聚居在县城所在地八宝镇，占全县总人口的75%以上。地处祁连山腹地的央隆、野牛沟、扎麻什、阿柔、峨堡5乡（镇）既是祁连山生态修复的核心区域，也是祁连的主要牧业地，与生态环境综合治理关系密切。祁连之所以誉为"东方瑞士"是因山川地貌、自然风光与其相近，对生态保护、旅游有许多启示。对以上几个乡镇和八宝镇的营盘台、冰沟、拉洞、拉洞台、卡力岗、黄藏寺、白杨沟、麻拉河村的人口借鉴三江源生态移民模式，采取相对集中和异地搬迁措施，实施有机畜牧业（舍饲圈养）生产、退耕还林、退牧还草，不仅对天然草原有所缓解，而且会遏制生态恶化。实现"从农牧民单一的种植、养殖、生态看护向生态生产生活良性循环的转变"，安排好移民的生产生活，从政策、资金、教育、培训、就业、医疗、基础设施建设等方面使后续产业得以持续发展。

（六）合理开发旅游资源

"东方瑞士"的祁连正成为5A级景区，其优势是雪山、河流、草地、森林等独特的自然风光和积淀深厚的历史与民族文化。丹霞地貌卓尔山、神奇神秘神圣的牛心山、鬼斧神工佛爷崖、"海市蜃楼"沙龙滩、丝路古道峨堡城、拉洞白垩纪化石边墙、"倒淌"八宝河等都是旅游胜景，使"黑河文化"的影响力在国内外日益显现，故整合旅游资源、修复生态使其二者实现"鱼与熊掌兼得"。

目前，强化、有效管理祁连的旅游资源开发刻不容缓。2016年旅游旺季发生在卓尔山的游客伤亡事件并非偶然，既暴露了景区建设中的诸多弊端，又是道路狭窄、强行拉客、欺行霸市等问题的具体表现。那么，要保留原汁原味的自然风光，使原始生态不被破坏，就不应在卓尔山、牛心山景区一带大兴土木。景区到县城不到3公里，游客吃住都很方便，这两处景区现在不但是青海的王牌景点，也是祁连山地区保存较为完整的成片原始森林，在此大搞基础设施建设，一方面对原始生态的毁坏在所难免；另一方面，一旦发生火灾其后果不堪设想。

（七）齐心协力为筑牢祁连山生态安全屏障尽职尽责

如果祁连山生态溃决，那青海北部乃至整个中国西部的生态环境将失去平衡。对此，各级党委和政府要切实贯彻省委、省政府重大决策，以《青海省祁连山省级自然保护区晋升国家级自然保护区规划》为依据，凝聚全省智慧、创新思路、主动作为，敢于担当、齐抓共管、各负其责、层层落实，使"生态优先"理念不但家喻户晓，而且编著乡土教材，使其教育从娃娃抓起，将各族人民固有的生态环保传统发扬光大，将祁连山生态修复工程上升到国家未来生态安全格局，富有成效地提高民众保护祁连山生态安全屏障的自觉意识。

（八）多措并举促生态环境全面治理

一是从发展的视角将祁连山生态环境综合治理重新审视，因祁连山百年，特别是改革开放近40年来，其生态环境持续恶化不仅影响青海自身的发展，还事关全国的生态安全及东南亚的生态格局。只要有了这种时代感、紧迫感、危机感和忧患意识，才能在水土保持、水源涵养、湿地生态系统和野生动植物栖息地修复等方面有所成效。二是立足当前，着眼未来。统筹协调生态环保与经济社会发展的关系。在综合治理中，将生态修复、优化产业结构和转变经济发展方式相结合，制定异地搬迁的具体方案、时间表和路线图，确保生态移民"迁得出、稳得住、能致富"。三是落实综合治理的各项机制，处理好生态保护、区域发展、民生改善的关系，将硬制度与文化软实力相结合，深化其旅游内涵。四是作为生态环保"主力军"的农牧民群众，在其治理中的作用至关重要。故要充分发挥他们的主体作用，使其成为生态修复工程的积极倡导者、踊跃参与者、有力推动者和切实受益者。认真汲取祁连山近百年生态变迁的得与失，将先辈们珍爱生态、和谐共存的发展理念代代相传。

（九）为筑牢祁连山生态安全屏障凝聚起强大的社会合力

尽管祁连山南北两麓生态修复初见成效，但因长期的"日积月累"，其深度治理并非"立竿见影"和一蹴而就。故要凝聚起强大的社会合力与民众智慧，各级政府、广大农牧民群众要充分认识修复祁连山生态屏障的必要性。各级党委和政府要从媒体宣传、实际操作、责任落实等方面凝聚全省智慧、创新思路、主动作为，使"生态优先"不但成为共识，而且编著乡土教材，使其教育从中小学抓起，将藏族、蒙古族等世居民族固有的生态环保理念传承且发扬光大。

同时与甘肃省就其生态深度治理进行沟通，取长补短，力戒"各自为政"的弊端。按照中央统一部署，切实领会习总书记"生态环境没有替代品，用之不觉，失之难存"的指示精神，在政策共享、信息互通等方面强化合作、创新思路、共同治理，从政府行为、民间组织、民众参与等方面凝聚起强大的社会合力。

（十）确定其深度治理的时间表与路线图

祁连山国家公园体制试点范围内存在的最大问题是保护、修复的核心区大多也是农牧民生产生活的居住区，重叠现象突出、不确定因素增加。所以，一是要从人与自然和谐相处、可持续利用的理念提升其治理深度，以强烈的时代感、使命的神圣感、责任的紧迫感、现实的危机感明确其深度治理的重要性。二是力戒"雷声大而雨点小"，确定调查研究、科学谋划、付诸实施、模式创新、总结经验的时间表和路线图。在深度治理中，将生态修复、优化产业结构和转变经济发展方式结合起来，制定如央隆、野牛沟、默勒等乡镇生态移民事宜，使其移民"迁得出、稳得住、能致富"。三是探索和落实深度治理机制，处理好生态持续、经济发展、民生改善的关系，实现其"鱼与熊掌兼得"。四是作为生态治理"主力军"的农牧民在其过程中要发挥他们的主体作用，成为这一工程的积极倡导者、踊跃参与者、有力推动者和切实受益者，探析祁连山近百年生态变迁的得与失，从中得出启示，为当今的深度治理提供理论依据和可复制可推广的经验。

（十一）切实将农牧民群众的切身利益放在首位

要领会习总书记"绿水青山就是金山银山"的深刻内涵，严禁有些部门和官员以"生态保护"为由，不顾群众利益搞大拆大建和挫伤群众感情的行为。要将群众利益放在首位，以实施乡村振兴和谋求群众利益为出发点和落脚点，从政策机制、后续产业、文化保护等方面实现生态保护、经济发展和民生改善的"多赢"，感受到"生态环保我参与、我自豪、我受益"，从中拥有更多、更实、更美好的获得感和幸福感。

参考文献

牛亚菲：《青藏高原生态环境问题研究》，《地理科学进展》1999 年第 18 期。

杨志峰、李春晖：《黄河流域天然径流量突变性与周期性特征》，《山地学报》2004 年第 22 期。

秦长海、裴源生：《黑河流域经济发展预测模型》，《水利经济》2004 年第 22 期。

李云玲、严登华等：《黑河流域景观动态变化研究》，《河海大学学报》（自然科学版）2005 年第 33 期。

马生林著《青藏高原生态变迁》，社会科学文献出版社，2011。

藏区专题篇

Regional Reports（Tibetan Area）

B.22

青海藏区文化生态保护实验区建设研究

胡 芳　张生寅*

摘　要： 文化生态保护实验区建设是我国推进非物质文化遗产保护和
区域文化发展的重要举措。文章从文化生态保护实验区建设
的现状、存在的主要问题及加强建设的对策建议等三方面，
对青海藏区的热贡文化、格萨尔（果洛）文化、藏族文化
（玉树）等国家级文化生态保护实验区的建设作了初步的考
察研究。

关键词： 青海　藏区　文化生态保护实验区

---

* 胡芳，青海省社会科学院文史研究所研究员，研究方向为民俗文化和青海地方文学；张生寅，
青海省社会科学院文史研究所所长、研究员，研究方向为青海区域历史与文化。

国家文化生态保护实验区建设是我国非物质文化遗产生态保护的新举措，也是我国推进区域文化发展的重要手段。青海省是我国第二大藏区，也是藏族特色文化生态的富集地，由原文化部批准设立的热贡文化、格萨尔（果洛）文化、藏族文化（玉树）三个国家级文化生态保护实验区均分布在青海藏区。全面推进青海省藏区文化生态保护实验区建设，不仅有利于藏区非物质文化遗产的整体性保护和传承发展，有利于维护藏区文化生态系统的平衡和完整，还有利于推动"一优两高"战略、文化名省建设、民族团结进步等工作，有利于青海省经济社会文化持续稳定协调发展。省委、省政府高度重视文化生态保护实验区建设，在组织领导、政策引导、资金投入等方面提供了有力保障。各文化生态保护实验区在文化部的大力指导下，上下联动、注重实践，坚持保护中发展、发展中保护，走出了一条少数民族地区整体性保护文化遗产的新路子。本文在实地调研和专家访谈的基础上，对青海藏区文化生态保护实验区建设的现状、存在的问题及加强建设的对策等进行了考察研究，供有关领导和相关部门参考。

一 青海藏区文化生态保护实验区建设现状

热贡文化生态保护实验区于 2008 年 8 月设立，保护区涉及黄南州同仁、泽库、尖扎 3 县，是青海藏区第一个正式批准设立的国家级文化生态保护实验区；格萨尔（果洛）文化生态保护实验区于 2014 年 7 月设立，保护区涉及果洛州 6 个县、44 个乡镇、188 村。藏族文化（玉树）生态保护实验区于 2017 年 1 月设立，保护区涉及玉树市及称多、治多、囊谦、杂多、曲麻莱等县。由于设立时间前后不一，三个文化生态保护实验区的建设进度和发展状况有较大差异，其中，热贡文化生态保护实验区由于建设工作开展良好，已成为全国文化生态保护实验区建设中的"地方范本"，其建设经验得到了国家层面的肯定和高度评价，而果洛和玉树的文化生态保护实验区建设正处于初建阶段。目前，青海藏区文化生态保护实验区建设的总体状况如下。

（一）管理机制和政策体系初步构建

文化生态保护实验区管理机制建设方面，省委于 2010 年 2 月批准成立了副厅级建制的黄南州热贡文化生态保护实验区管理委员会，核定编制 8 人，内设综合办公室、保护建设科，这是全国设立的首个文化生态保护区专职管理机构。2010 年 4 月，青海省热贡文化生态保护实验区建设领导小组成立，黄南州热贡文化保护建设工作领导小组随之成立。管委会和省、州级层面领导小组的成立，为推进热贡文化生态保护实验区建设提供了强有力的管理保障。文化生态保护实验区政策体系建设方面，2010 年以来，为贯彻落实《中共中央办公厅国务院办公厅关于实施中华优秀传统文化传承发展工程的意见》《文化部关于加强国家级文化生态保护区建设的指导意见》精神，省委省政府和省文化厅先后制定了《关于加强文化生态保护实验区建设的指导意见》《关于进一步推进热贡文化生态保护区建设的指导意见》等指导性文件，初步构建起了青海省藏区文化生态保护实验区的政策体系。文化生态保护实验区规章制度建设方面，黄南州根据工作实际，先后制定了《热贡文化生态保护区总体规划》《热贡文化生态保护区总体规划实施方案》等整体指导性文件，编制完成了《黄南州非物质文化遗产项目代表传承人认定与管理暂行办法》《黄南州州级工艺美术师、民间工艺师评审认定细则（试行）》《热贡唐卡青海省地方标准》《热贡唐卡矿物质颜料联合企业标准》《金融支持热贡文化产业发展的指导意见》等具体指导性文件，为热贡文化生态保护实验区建设的有序推进提供了强有力的规章制度保障。

（二）非物质文化遗产的整体性保护初现成效

热贡、果洛、玉树三大文化生态保护实验区以"项目丰富、氛围浓厚、特色鲜明、民众受益"为建设目标，依据各自的文化资源特色与优势，逐步探索具有区域特色的文化生态整体保护路径，成效显著。如黄南州对唐卡、雕塑、堆绣等较易走向市场的非遗项目实施"生产性保护"，对热贡六月会、土族於菟、藏戏等丰富群众精神生活的公益性非遗项目实施"抢救性保护"，不仅形成了传承保护与经济发展互动双赢的新格局，还推动了保护区核心区域的整体性保护。从 2011 年至 2017 年，热贡保护区文化从业人员从 1.31 万人增加到 4.12 万人，文化产业销售收入从 2.4 亿元增长到 7.8 亿元①；黄南民间藏戏团由原来的 4 家恢复至 16 家，藏戏艺人增至 500 余人，演出剧目 37 台，每年演出达百余场②；热贡六月会的范围和规模不断扩大，活动由原来的 12 个村发展至 24 个村。果洛州通过修缮重建非遗传习基地和传习点、启动《格萨尔》史诗音乐抢救工程、培训非遗传承人群等措施，不仅加强了格萨尔文化的抢救保护工作，还帮助传统工艺提升研创能力，创新研发出具有当地文化特色的班玛藏黑陶、掐丝唐卡、果洛银饰、树脂银壶、格桑花包等非遗创意产品六大类近 200 件，全州有 2000 多人从事民族服饰、皮具、藏医药等产业，文化产业收入达 1351 万元。玉树州则将整体性保护与传统村落保护有机结合起来，注重保持传统村落的自然生态和文化特色，大力支持传统村落进行非遗保护传承，组织开展卓舞、依舞等群众性民俗文化活动，增强传统村落的文化氛围，全州从事玛尼石刻、安冲藏刀、藏族手工编织、藏族服饰制作等工艺品制作人员 5500 人，文化产业收入达 1.3 亿元。

（三）基础设施建设有了较大改善

在中央非遗保护专项资金、各相关地区财政的支持下，热贡、果洛和玉树三个文化区的核心展示场馆、传习场所等非遗基础设施建设有了较大改善。黄南州热贡艺术博物馆总投资约 1.1 亿元，分 11 个展厅，功能齐全，设施完善，是目前藏区最大的博物馆。热贡地区国家级传承人娘本、夏吾角及省级传承人扎西尖措等为代表的民间艺人，在同仁县城附近建设了 47 个非遗传习中心，其中年收入超过 1000 万元的热贡画院、仁俊热贡艺术传习

---

① 参见罗云鹏《热贡文化生态保护实验区设立 10 年："花开墙内名扬世界"》，中国新闻网，2018 年 5 月 8 日。

② 青海省文化和新闻出版厅非物质文化遗产处：《青海省黄南州藏戏民间剧团恢复至 16 家》，青海新闻网，2017 年 9 月 26 日。

院、热贡民族文化宫、龙树画苑等非遗企业，均建造具有藏式风格的综合性办公大楼，内设展厅、传习和生产场地。果洛州的格萨尔狮龙宫殿、中国格萨尔博物馆、雪域格萨尔文化中心等非遗场馆和相关传习中心即将修建完成，而甘德县的格萨尔酥油花展馆、德尔文《格萨尔》史诗村的传习中心已投入使用。玉树州博物馆于 2017 年 7 月投入使用，是玉树州灾后重建后的十大标志性建筑之一，玉树州非遗保护中心改造工程积极推进，新建了玉树卓舞传承人之家和格萨尔传承艺术展演基地等。这三个文化生态保护实验区的博物馆、文化中心和传习中心正成为青海藏区传播弘扬、保护传承非物质文化遗产的重要基地。

（四）传承保护工作有条不紊推进

一是不断挖掘整理保护区的非物质文化遗产资源，完善更新非物质文化遗产四级名录。三大文化生态保护实验区深入挖掘本地的特色文化资源，积极推进非遗代表性项目名录体系建设。如热贡文化生态保护实验区现有各级非遗项目 274 项，其中联合国教科文组织人类非物质文化遗产代表名录 2 项、国家级 6 项、省级 17 项、州级 131 项、县级 118 项；各级代表性传承人 215 名，其中国家级 15 名、省级 22 名、州级 59 名、县级 215 名。除这些已公布的各级非遗项目之外，黄南州又对本地的非遗项目进行了拉网式普查，全区登记入册的非遗项目多达 181 项。二是积极推动非遗传承保护和非遗人才的培训工作。如热贡文化生态保护实验区经过多年的扶持和引导，形成了个体传承、家族传承、学校传承、非遗传习中心传承等多种传承方式并存的传承格局，非遗传承人群扩大，传承基地增多，传承渠道多元化，传承区域拓宽，形成了寺院、村落、家庭、企业、学校共同传承热贡艺术、培养热贡艺人的发展格局，其中，热贡的各类非遗传习中心每年培训文化从业人员 2000 余人。按照"中国非遗传承人群研修研习培训计划"，上海大学、北京服装学院、青海民族大学、青海师范大学等相继举办了黄南热贡艺术、果洛手工艺、玉树服饰等国家级、省级非遗项目培训班 26 期，累计培训 1300 人次。三是稳步推进非遗数字化记录工程。热贡文化生态保护实验区正在组织专业人员，运用录音、录像及文字记录等方式，将非遗名录项目的技艺展示过程等记录下来，分类整理，建立档案或数据库，进行数字化保护。果洛地区则启动了《格萨尔》史诗音乐抢救保护工程，采访格萨尔传承艺人 60 多名，搜集整理各类格萨尔唱调 120 余首。[①] 四是加强了非遗传习设施建设。黄南州建成了热贡画院传习中心等 47 个各类非遗传习中心，果洛州建立了格萨尔博物馆、雪域格萨尔文化中心、狮龙宫殿藏戏传习中心，德尔文《格萨尔》史诗传习中心等 14 个格萨尔文化展示场所和传习点，玉树州建立了藏娘唐卡、新寨曲卓、称多白龙卓舞等 17 家传承艺术展演基地和传习所。

（五）文化展演和对外宣传工作有声有色

热贡文化生态保护实验区以文化展演和热贡艺术精品展为重要载体，借助新闻媒体的文化宣传工作，有效扩大了热贡文化的影响力。近年来，省政府连续举办了五届青海国际唐卡艺术与文化遗产博览会，相关部门举办了热贡唐卡艺术博览会、青海唐卡艺术精品展、全省民间藏戏会演等文化展演活动，黄南州主持举办了热贡唐卡博览会、四届唐卡绘制大赛、两届黄南藏戏会演、非遗保护传承成果展及热贡艺术精品展等活动，并先后在北京、上海、天津、西安、深圳等多个城市以及法国、日本、韩国等国家举办了热贡艺术画展，支持国家级代表性传承人娘本、夏吾角在国家博物馆、北京民族文化宫举办个人精品展及在国外举办精品唐卡展和开展对外文化交流活动，支持热贡艺人在全国开设了近 200 家热贡唐卡展销窗口，同时，大力借助央视、凤凰卫视、东方卫视和青海电视台及《人民日报》《光明日报》《青海日报》，以及网络、微信平台等新媒体，多次宣传非遗成果和报道保护区建设，并制作《热贡艺术》《世界石书奇观——和日石经墙》等非遗宣传片在百度、优酷等网络视频中播放。通过这些举措，极大地宣传了热贡文化，提升了保护区在国内外的影响力，从而使热贡艺术走出省外、走向世界，成为

---

① 《果洛州格萨尔文化生态保护实验区建设情况》，果洛州人民政府网，2018 年 8 月 20 日。

在国际上享有盛名的藏区文化品牌。在文化展演方面，果洛州成立了格萨尔史诗童声合唱团等艺术团体，在北京等地展示演出，获得好评。2018 年 7 月，果洛州在上海组织开展了非遗文化和旅游展示周活动，开展文艺演出 60 余场（次），并组织 11 家文化企业推介果洛的传统手工艺作品，社会反响良好。在对外宣传方面，果洛州借助《中国文化报》《青海日报》等报刊和新浪网、网易等网站，并通过开通"文化果洛""今日果洛"等微信平台，加大了果洛传统工艺的宣传力度。

二 青海藏区文化生态保护实验区建设面临的主要困难

（一）管理机构和管理力量亟待完善加强

目前，青海省藏区的三个文化生态保护实验区中，热贡文化生态保护实验区建立了副厅级建制的专门管理机构，有效地推动了保护区内各项工作的开展，而果洛和玉树尚没有建立相关的管理机构与协调机构。如果洛在州文体广电局挂牌成立了科级架构的格萨尔文化生态保护实验区管理办公室，由州图书馆馆长负责具体事务，这只是个名义上的常设机构，虽然对外有牌子，但没有人员，更没有编制，基本上只能应付上级检查，没办法开展具体工作。格萨尔文化生态保护区的编制、人员紧缺问题十分严重，其政策制定、工作推进、保护措施、保护力度、资金监管等工作难以有力有序开展。

（二）保护资金投入严重不足

青海藏区三大文化生态保护实验区基本属于贫困地区，是典型的依赖中央财政生存的地区之一，受财力约束，其基础设施建设、特色产业建设、非遗保护资金、研发资金等财政投入严重不足，直接影响了文化生态保护实验区建设和非遗保护工作的开展。以非遗保护资金为例：三大保护区的非遗项目传承保护主要靠国家和省级财政支持，州县两级财政无专项经费，导致州、县两级代表性传承人的传习补助一直未能落实；省级非遗

项目的保护经费十分有限，省级和州县级非遗项目的数字化记录工程推进缓慢。

（三）专业保护与管理人才十分匮乏

热贡、果洛和玉树本属于人才缺乏地区，尤其是果洛和玉树两个文化生态保护实验区，极度缺乏专业性的非遗保护与管理人才，而现有人才的专业素养也有待进一步提高。热贡文化生态保护实验区的人才队伍建设虽相对较好，但文化产业管理、营销、研培方面的人才也十分缺乏。人才问题已成为制约青海省藏区文化生态保护实验区发展的主要瓶颈之一。

（四）发展不平衡的情况较为突出

青海藏区文化生态保护实验区发展不平衡主要表现在两个方面，一是三大保护区之间发展不平衡，区域差异较大。热贡文化保护区经过 10 年建设，提前 3 年完成了远期规划，形成了较为成熟的热贡经验和热贡模式。而果洛和玉树两大保护区正处在初建阶段，各项工作尚处于探索之中，非遗传承保护还有很长的路要走。二是各非遗保护项目之间传承发展不平衡，差异很大。唐卡、雕塑、堆绣等生产性保护项目，由于产品较易走向市场，保护发展状况比较好，如热贡的唐卡、堆绣等已成为保护区的龙头产业，产生了较好的社会经济效益。藏戏、白龙卓舞等传承性保护项目，由于无法走向市场、传承群体不断萎缩等原因，保护传承十分困难，一些项目随着高龄传承人的离世，有失传消亡的可能，亟待政府加强扶持与保护。

（五）文化生态保护与经济社会发展的融合度还不够

热贡文化生态保护实验区经过十多年的建设，已经初步形成了"公司＋艺人＋基地"的发展模式，使热贡文化在与产业和市场的结合中初步实现了传承保护与经济发展互动双赢的目标，但其与旅游业融合发展方面，仍然存在市场拓展乏力、客源较少且季节性比较强等困难。玉树、果洛两地保护区受三江源生态保护制约，阿尼玛卿雪山、年保玉则、三江源等许多旅游景点已停止对外开放，促进"非遗"与旅游产业相融合的空间较小、限制性因素较多，文化生态保护与经济发展互动效应的发挥仍有很长的路要走。

三 进一步加强青海藏区文化生态保护实验区建设的对策建议

（一）进一步完善管理机构、加强管理力量

进一步完善青海藏区文化生态保护实验区管理机构、加强管理力量，需要从多个层面发力：在省级层面，要进一步强化省文化改革发展工作领导小组对全省非遗传承保护工作和文化生态保护实验区建设的领导，研究确定保护区建设的重大项目，协调解决保护区建设中的重大问题，同时将三个文化生态保护实验区建设工作纳入三地政府年度经济社会发展考核目标、生态文明建设考核目标内容，对建设成绩突出的地区和单位给予表彰和奖励；在州级层面，果洛、玉树两州可借鉴黄南州设立文化生态保护实验区管委会的做法，在逐步提升现有协调管理机构行政级别的基础上，积极争取成立专门的协调管理机构，进一步加强对保护区建设工作的组织领导；在县级层面，采取内部调剂、公益性岗位或政府购买服务等方式，充实文化馆（站）的业务人员，安排必要的专职人员从事非物质文化遗产保护工作，逐步建立一支稳定的保护工作队伍。

（二）不断优化、强化建设资金投入

一是要进一步加强管理与监督，用好用优国家非遗专项资金，切实发挥中央财政非遗保护专项资金在保护区建设中的支撑作用。二是要进一步强化省级财政资金投入，逐年大幅提升省级非遗保护专项资金量，逐步改变保护区建设资金基本依赖中央财政专项资金的窘境，用资金投入的强化进一步推动全省及藏区非遗传承保护工作的开展。三是要进一步强化保护区地方政府

的资金投入责任，将保护区建设所需经费纳入本地区公共文化服务体系建设，所需经费列入本级财政预算。四是积极争取对口援建省（市）对保护区传习设施建设、非遗衍生品开发等重点项目予以资金支持，同时鼓励个人、企业和社会组织对保护区建设予以资助或融资，多渠道吸纳社会资金投入。

（三）切实加强非遗保护人才队伍的建设

继续依托"中国非遗传承人群研修研习培训计划"，进一步提高非遗传承人群的文化素养和传承实践能力，着力培养一批通过传承非遗项目增收致富的带头人，切实解决州、县两级代表性传承人的传习补助经费，鼓励技艺精湛、符合条件的中青年传承人申报并进入各级非物质文化遗产代表性项目代表性传承人队伍，形成合理梯队，打造一支稳定的具有较高素质传承人队伍。进一步加强非遗管理人员培训，逐步建立一支人员整体稳定、业务水平较高的管理队伍。依托省内外高校和研究机构，通过开设非遗保护课程、开展非遗课题研究、举办高层学术论坛等形式，聚集和培养一批非遗传承保护理论研究人才队伍，为青海藏区文化生态保护实验区建设服务。

（四）积极推动保护区与省内外高校的全面合作

目前，国内各高校是我国非遗传承保护理论研究与人才培养的重要基地。应鼓励和支持青海藏区文化生态保护实验区在以往合作的基础上，进一步加大与对口支援省市高校、省内高校、省内外职校的合作，在人才培训、规划编制、评估咨询、理论和政策研究等方面开展更富有成效的合作。积极争取对口援建省市优秀文创企业、设计企业和高校在文化生态保护实验区设立工作站，帮助当地传统工艺企业和从业者开发、推广各种传统工艺品和非遗衍生品。

（五）适时开展保护区建设的阶段性工作评估

为进一步推进果洛、玉树两州文化生态保护实验区建设，建议省级业务主管部门在保护区建设的重要时间节点，开展建设工作成效的全面评估检查，及时查缺补漏、总结经验、改进工作，进一步提升青海藏区文化生态保护实验区建设的整体水平。

参考文献

韩涌泉：《热贡文化生态保护区发展调查》，《青海金融》2012 年第 2 期。

索南旺杰：《文化生态保护区建设中的地方范本——以热贡文化生态保护实验区为例》，《青海社会科学》2012 年第 3 期。

吕霞、邓福林：《以设立国家级文化生态保护实验区为契机开启格萨尔文化保护发展的新局面》，《青海日报》2014 年 10 月 10 日第 11 版。

马盛德：《文化生态保护实验区建设要关注的几个问题》，《中南民族大学学报》（人文社会科学版）2018 年第 4 期。

吕霞、鄂崇荣：《加强文化生态保护区建设服务"四个转变"大局》，《党的生活（青海）》2018 年第 1 期。

项兆伦：《在全国非物质文化遗产保护工作座谈会上的讲话》（2018 年 6 月 8 日），中国非物质文化遗产网，http：//www.ihchina.cn/。

B.23
青海藏区实施产业扶贫的成效、问题及建议

才项多杰*

摘　要：　党的十八大以来，精准扶贫成为我国一项重要的基本国策，为
　　　　　确保深度困难地区和困难群众早日脱贫，实现同步全面建成小
　　　　　康，实施精准扶贫、精准脱贫，产业扶贫是治本之策和关键所
　　　　　在。青海藏区六州根据自身的资源禀赋和产业特点，科学分析
　　　　　产业现状、市场空间、环境容量、新型主体带动能力和产业覆
　　　　　盖面，审时度势、因人因村因地制宜，在产业发展方面取得了
　　　　　一定的成效。然而，由于自然环境、生产生活条件、产业基础
　　　　　等方面的原因，目前仍有很多亟待解决的问题。本文通过实地
　　　　　深入调研，对青海藏区实施产业扶贫的成效与不足进行全面概
　　　　　括和总结，并结合实际提出了较为可行的对策建议。

关键词：　青海　藏区　产业扶贫

　　党的十八大以来，精准扶贫政策成为适合我国当前国情和发展新阶段特
征的一项重要扶贫方式，是实现贫困人口全部脱贫的重要举措。2015年党的
十八届五中全会召开以后，年底又发布了《中共中央关于打赢脱贫攻坚战的
决定》，决定从如何打赢脱贫攻坚的使命感和紧迫感、总体目标、指导思想、
基本原则、方略、政策保障等八条三十三项内容，将精准扶贫摆在更加突出
的战略位置，不断丰富和扩大中国特色扶贫开发道路，拓展扶贫开发新局面，

---

　　* 才项多杰，青海省社会科学院藏学研究所副研究员，研究方向为人文历史、文献翻译。

成为一项深得人心、富民强国的划时代性重要决策。① 2018 年是贯彻落实党的十九大精神的开局之年，也是全面建成小康社会的决胜时刻，中央与地方各级党委、政府，以及全国人民齐心协力，将脱贫攻坚这一国家战略作为近年来一切工作的重中之重来全面铺开、推进。然而，我国贫困人口大多数集中在偏远农村，偏远贫困地区和西部沙漠、高原酷寒地区的脱贫问题是当前扶贫工作的重点和难点。光靠以往那种"粗放式扶贫""输血式扶贫"方式很难从根本上消除贫困，更无法抑制广大农村和偏远山区的返贫问题。2016 年习近平总书记在安徽考察时强调："要脱贫也要致富，产业扶贫至关重要。"② 当前脱贫攻坚已进入"啃硬骨头、攻坚拔寨"的冲刺阶段，全力打赢脱贫攻坚战势在必行。因此，不断根治自身发展基因，激活贫困群体内生动力，逐步完善"造血式扶贫"理念的转变，并实施"以市场为向导，以经济效益为中心，以产业发展为杠杆的扶贫开发过程，是促进扶贫地区发展，增加贫困户收入的有效途径，是扶贫开发的战略重点和重要任务"③，通过产业带动和精准的产业扶贫新思维、新方法，实现脱贫攻坚的最终胜利至关重要。

一 青海省产业扶贫现状与实施目标

（一）基本现状

一是青海属我国三大贫困带中的西北沙漠和高原酷寒地区，集西部地区、民族地区、贫困地区于一身，集中连片特殊困难地区国家和脱贫攻坚重点县全覆盖，区域性贫困问题突出，扶贫成本高，脱贫难度大。《青海省十三五脱贫攻坚规划》中，也明确将发展特色产业列入青海脱贫的"八个一批"④；二

---

① 新华网，www.xinhuanet.com，2015 年 12 月 7 日。
② 转引自《产业扶贫，精准决定效果》，《人民日报》2016 年 4 月 26 日。
③ 《产业扶贫再认识》，四川扶贫与移民网，2013 年 6 月 24 日。
④ 打赢脱贫攻坚战的"八个一批"是指生产发展一批、转移就业扶持一批、移民搬迁安置一批、生态补偿脱贫一批、教育扶智帮助一批、医疗救助解困一批、低保政策兜底一批、边贸政策扶助一批。

是青海省出台的《关于集中力量加快推进深度贫困地区脱贫攻坚的意见》中，综合分析自然地理条件、贫困发生率、经济社会发展现状、基础设施和基本公共服务水平等因素的基础上，将玉树市、达日县、泽库县、共和县等15个县纳入深度贫困县，129个深度困难乡镇纳入重点扶持范围。在129个深度困难乡镇中15个深度贫困县占到93个，深度贫困县以外的藏区连片深度困难乡镇有11个，东部干旱山区连片深度困难乡镇有25个；三是青海省生态地位重要而特殊，必须担负起保护三江源、保护"中华水塔"的重大责任。习总书记在考察青海时指出："青海最大的价值在生态、最大的责任在生态、最大的潜力也在生态"①。因此，精准扶贫，开展精准产业扶贫项目，必须采用创造性思维和精准思维，把扶贫攻坚与生态改善结合起来，通过因人因村因地制宜，将三江源核心区和缓冲区，禁开发区与半开发区、开发区区分开来，抓住特色、切中要害，只有这样才能最大限度地降低社会投入，减少人为的破坏和资源浪费，达到事半功倍的效果。

（二）实施目标

产业扶贫，是指政府依托当地特色、优势资源，将产业发展与规划列入政府战略，并与扶贫计划结合起来，通过设立特色产业园区和特色小镇，培养深加工龙头企业和产业集群，拉动产业从育种、生态畜牧业、养殖业、畜草种植和加工、科研、粗加工、深加工、特色园区一体化，突出产业链条的连接建设，提高产业发展水平，最终通过农牧民种植养殖增收，带动产业员工或入股群众就业增加等途径来实现地区脱贫。②青海藏区贫困人口绝对数量不多，但总体上贫困程度较深，脱贫难度依然不小，是较为典型的集中连片深度贫困地区。各州根据自身的优势和短板，制定出适合各州特点的有效方法，取得了一定的成绩。根据青海省实际，提出了到2020年，15个深度贫困县实现全部摘帽，129个深度困难乡镇所属贫困村全部退出，深度贫困

---

① 新华网，2016年8月24日。
② 《青海产业扶贫要有精准新思路》，东北新闻网，2018年1月6日。

地区现行标准下的 24.1 万名建档立卡贫困人口全部实现稳定脱贫；农牧民人均可支配收入增幅高于全省平均水平，基本公共服务领域主要指标接近全省平均水平，基础设施、生产生活条件和生态环境显著改善，自我发展能力进一步增强，区域性整体贫困问题得到有效解决。没有纳入深度贫困县和深度困难乡镇的地区，省上将按照"两不愁、三保障"的底线目标，统筹推进全省脱贫攻坚各项工作，确保到 2020 年与全省、全国同步迈入小康社会。

二 青海藏区实施精准产业扶贫的基本做法及成效

青海省依托藏区产业发展特点和资源禀赋，走访入户，层层召开座谈会，充分征求贫困群众发展产业的意见，科学分析产业现状、市场空间、环境容量、新型主体带动能力和产业覆盖面，找准符合本地的特色产业。各地根据自身实际，创新理念和产业发展模式，建立脱贫攻坚长效机制，从而在短短的几年攻坚拔寨中取得了可喜的成绩。

（一）基本做法

要精准扶贫、精准脱贫，产业扶贫是治本之策和关键所在。青海藏区各级党委政府将产业扶贫当作近几年工作的头等大事来抓，各地在总体做法上虽然大同小异，但在具体的实施运作中却有迥然不同的特点。海南州按照州委提出的"发展生态农牧业、打造三江源后续产业区域性品牌"的思路，将发展农牧区经济、提高农牧民收益作为贫困人口脱贫的重要方式，通过产业特色化、收入多元化、支持精准化，创新思路、狠抓落实，实现就地脱贫，在产业发展项目、扶贫产业园区建设、旅游扶贫产业、光伏扶贫产业建设等方面发展势头强劲，成绩斐然；海北州以"三年集中攻坚、两年巩固提升"的作战计划，凝聚力量狠抓产业扶贫这一核心，通过系统化规划、多产业融合、全链条开发，从而实现产业扶贫数量不断增加，产业扶贫收入占比不断提升，贫困户参与产业扶贫的互利共赢模式不断完善；海西州针对产业结构单一、群众增收渠道不多的现状，以"扶产业就是扶根本"的理念，大力发展特色种养业、农畜产品加工业、现代服务业、生态文化旅游业、民族特色手工艺等扶贫主导产业，将产业扶贫作为脱贫攻坚的重中之重来抓，通过采取区域化、规模化、高效化的方式，全面构建"户有增收项目、村有集体经济、县有扶贫产业园"等三位一体的产业扶贫体系；黄南州深入实施三江源生态保护和建设工程，坚持把培育富民产业作为脱贫攻坚的核心任务，紧紧围绕"三农三牧"，着力扶持3.9万人实施一批有机畜牧业、饲草料加工、牛羊繁育、苗木栽培等到户扶贫产业项目，实现产业扶持覆盖所有建档立卡贫困户。并依托丰富文化资源，大力发展全域旅游产业，扶持8个村发展热贡文化、草原风光、黄河廊道等文化旅游产业，让更多的贫困群众吃上"旅游饭"。至2017年文化旅游产业经营主体达4000多家，吸纳各类从业人员4.16万人，收入达到7.81元；玉树州在"十三五"规划纲要中将"深化改革和对外开放"章节提到重点领域和关键环节，为提高脱贫攻坚整体效益，组织召开全省三江源地区脱贫攻坚观摩推进会，并通过推进易地搬迁、产业扶持、互助资金、"雨露计划"、产业园建设、旅游扶贫、金融助推扶贫产业、社会帮扶等项目，精准扶贫实施了"九大工程"①，呈现"六大特点"②；果洛州于2015年实施精准扶贫、精准脱贫以来，按照习近平总书记"四个扎扎实实"重大要求和习近平新时代中国特色社会主义思想、十九大精神，全面贯彻落实中央和省委省政府决策部署，依托资源优势，累计落实产业扶贫资金1.61亿元，在全州六县实施扶贫产业园、到户产业、光伏产业、飞地产业等一大批产业扶贫项目，使13658户、46440人从中受益。

（二）脱贫成效

海南州自2015年精准识别以来，全州共识别认定贫困村170个，贫困

---

① 识别工程、引领工程、增收工程、安居工程、素质工程、健康工程、社会工程、建档工程、廉政工程。

② 重视程度空前、人员配置空前、工作推力空前、资金自筹空前、督导检查空前、脱贫成效空前。

人口 17337 户 52995 人，五个县均为贫困县，经过几年的脱贫攻坚工作，至 2018 年底剩余未退出贫困村 27 个，贫困人口：一户一人。贫困发生率从 2015 年的 14.7% 下降到 2017 年底的 2.5%，其中同德县率先摘帽，0.78 万建档立卡贫困人口脱贫，29 个贫困村退出；海北全州累计实现 86 个贫困村退出、22775 名贫困人口脱贫，贫困发生率从 2015 年的 10.1% 下降到 2018 年的 2.4%，下降了 7.7 个百分点；海西州至 2018 年格尔木、德令哈、乌兰、都兰、天峻等县（市）相继摘帽，实现全州八个市、县、行委全部脱贫摘帽，整体从全省贫困县中退出；黄南州的同仁、尖扎、泽库三县属于深度贫困地区。2015 年精准识别以来有 105 个贫困村，"两线合一"贫困人口 43427 人，贫困发生率为 20.2%。经攻坚拔寨，2016 年底河南县顺利"摘帽"，16 个贫困村退出。2017 年实现 29 个贫困村退出，1.28 万脱贫人口脱贫，贫困发生率下降 5.4 个百分点。2018 年计划实现 34 个贫困村退出，2.12 万贫困人口脱贫；玉树州六个市县全部列入深度贫困地区，自 2015 年底精准识别以来，全州有 104 个贫困村，贫困人口 35748 户 112423 人，占全州农牧民总人口的 34%，占全省贫困人口的 21.5%。至 2018 年实现 20 个贫困村退出，19890 人如期脱贫，贫困生成率下降到现在的 17.7%；果洛州自 2015 年精准识别以来，核定 74 个深度贫困村，贫困人口 10018 户 33299 人，贫困发生率为 22.5%；2016 年已有 13 个村，2568 户 8120 人退出；2017 年有 15 个村，1966 户 6811 人退出；2018 年底，有 21 个村，5315 户 19697 人成功退出，贫困发生率从 2015 年底的 22.5% 下降到 2018 年底的 7.5%，下降了 15.2 个百分点。21537 名贫困人口成功脱贫。

三　藏区产业扶贫的基本类型及特点

（一）种养业是贫困户脱贫的主渠道

种养业是青海藏区的主要产业，在扶贫产业选择上，藏区各州县也是以种养业为首选。具体表现在，一是紧紧依托藏区天然草场优势资源，大力发展以牦牛、藏羊、枸杞、蔬菜等为主的养殖、种植业。在充分调研和尊重群众意愿的基础上，以每户6400元的到户产业扶贫资金购置牛羊，促使建档立卡贫困户自主发展种养业，实现增收。二是坚持"种草养畜、保护生态、提高母畜比例、加快牲畜周转"的现代生态农牧业发展理念。积极培育以家庭农牧场为雏形的合作经济组织，实现联户经营抱团发展，组建合作社，精选培育家庭农牧场，同时引进扶贫龙头企业，形成"龙头企业＋合作社（基地、集体经济）＋贫困户""龙头企业＋贫困户""合作社（基地、集体经济）＋贫困户"等多元扶贫方式，形成龙头企业（合作社、基地、集体经济）直接参与经营帮扶、用人用工帮扶、订单销售帮扶、创业帮扶、折股分红帮扶、救助帮扶等"六轮驱动"产业扶贫模式。

（二）多元化的旅游扶贫产业选择成为脱贫增收的亮点

青海藏区各州县依托丰厚的文化资源、独特的民族风情、怡人的自然风光，大力推进农旅、牧旅、文化旅游深度融合，以旅游产业带动贫困人口脱贫。主要有：一是扶贫资金投入生态园、旅游景区等旅游产业项目中，生态园及旅游景区以每年10%以上的收益给予贫困户分红，同时聘请建档立卡贫困户作为员工，主要集中于餐饮服务、保安、环卫、销售等岗位，发放正常工资，实现"一人就业，全家脱贫"的目标。二是直接遴选经营意识较强的贫困户，以农家乐或乡村接待室作为依托，开发当地特色餐饮、果品蔬菜和农畜产品，采取联户经营方式开设团餐接待，带动贫困户脱贫。三是通过开发游牧文化体验旅游、乡村自家探险旅游等其他自主旅游项目，兴办其他各式旅游实体经济等形式扶持贫困人口实现就业。

（三）文化产业及民族手工业成为产业扶贫的特色产业

首先，青海藏区各州县丰富而独特的民族文化为特色文化产业的发展奠定了坚实基础，以黄南热贡文化、果洛格萨尔文化、玉树康巴文化等为主的文化品牌逐渐形成文化带动地区发展的效应。黄南州扶持8个村发展热贡文化，让更多群众吃上"文化饭"。果洛以格萨尔说唱演艺团等形式吸纳贫困人口参与一系列文化旅游艺术活动。其次，民族手工业制造历史悠久，围绕汉藏药材等生物资源加工，藏毯、藏族服饰、金银器（饰品）、氆氇、玛尼石刻、羊皮画、藏刀等民族用品及工艺品，以"个人小作坊或企业 + 贫困户"模式，给贫困户提供技能培训，吸收就业或订单销售等方式为主，不断促进民族手工业繁荣发展，带动建档立卡贫困户增收。

（四）光伏扶贫产业拓宽精准脱贫增收新路径

光伏产业是 2015 年按照中央关于光伏扶贫的决策部署，藏区各州县根据光伏发电所需条件，采取直接建立光伏发电站或采取"飞地"模式，扶贫资金入股光伏产业园。比如海南州共和县甘地乡、贵南县茫曲镇、兴海县子科滩镇建设总容量 50 兆瓦光伏电站三座，按五年一轮换形式，每年给三县 2778 户建档立卡贫困户户均补助 4000 元（含税），连续补助 20 年，拓宽了贫困群众增收渠道。又如果洛州班玛县在国家电网的帮扶下于 2016 年投资 9282 万元，在格尔木新建了 10 兆瓦的光伏电站项目，惠及 30 个村，计 1144 户 3047 人受益，2017 年人均分红 1247 元，为"飞地"模式光伏扶贫产业发展提供了有益借鉴。

（五）产业园及实体经济建设助推无经营能力和产业选择难的贫困户增收

青海藏区各州县按照宜农则农、宜牧则牧、宜林则林、宜商则商、宜游则游的工作思路，按照分类实施的原则，对无经营能力和产业项目选择难的建档立卡贫困人口，各州以入股分红的形式投入扶贫产业园项目资金，在各地建成烧毛旅游产业园、藏雪茶扶贫产业园、枸杞加工园、高原牦牛养殖扶贫产业园、扶贫步行街、旅游扶贫产业园等，致力于实现产业链发展模式。如甘德县扶贫产业园集畜产品加工、颗粒饲料加工、土特产品加工于一体的园区，2017 年蕨麻粉加工完成出口创汇 8 万元，为果洛州首次实现出口创汇。海南州同德县扶贫产业园实现吸纳就业 1200 多人，贵南县"5369"高原牦牛养殖省级扶贫产业园，通过形成优质牦牛养殖、饲草料种植、有机肥及畜产品加工为一体，扶持带动6个贫困村346户1399人增收。除产业园外，其他实体经济比如以扶贫资金购置商铺、加油站，果洛州42个贫困村每村入股500万元，在西宁建成果洛扶贫大酒店等形式提高贫困户收入。

四　青海藏区实施产业扶贫存在的问题

（一）产业发展选择难

青海藏区实施产业扶贫，在产业选择方面主要面临以下几个问题：一是青海藏区恶劣的自然条件，基础设施落后，产业结构单一，产业发展项目大多数采取购置牛羊、农机具、商铺以及入股分红等项目，在统筹谋划培育壮大地方主导产业方面考虑欠缺，因户、因人、因地制宜不够；二是扶贫产业项目依靠村集体经济或合作社运作，存在项目规模小、产业链短、管理营销跟不上、成本控制难度大、抵御市场风险能力低的问题，严重制约着扶贫项目的持续发展；三是贫困村主导产业发展层次低，受地域条件、发展环境等影响，能选择的集体经济方式不多，对财政资金的依赖较大，贫困村集体经济发展慢、壮大难；四是按照产业扶贫资金的使用要求，到村到户产业扶持资金投入涉农企业、合作社等，要享受10%的资产收益，且负盈不负亏，多数甚至全部涉农企业、合作社无法满足10%的分红要求，企业合作社不愿吸收扶贫资金，致使产业扶贫资金项目选择比较难；五是按照扶贫资金投资类项目实施要求，实施产业投资收益类项目，投资主体要有实体抵押，多数企业无法满足抵押要求。

（二）产业发展同质化严重

产业选择与发展同质化是目前青海藏区产业扶贫方面普遍存在的问题。首先，受限于条件禀赋，产业发展束缚于传统农牧业的圈子内，各州县都以农牧业发展为首选产业，出现农牧业合作社遍地开花的状态，产业在区域内的同质化竞争较为激烈，农牧业合作社本身投入与产出相比效益低下使得很多合作社举步维艰，无法带动贫困户脱贫；其次，部分贫困地区发展扶贫产业方面，缺乏行业部门指导，既没有认真研判市场需求，又没有依托当地优势资源，盲目跟风，产业同质化现象突出。因同质化严重而面临产品滞销。以海南州贵德县蔬菜种植为例，河西镇本科村、尕让希望村种植大棚蔬菜，投产后农户发现蔬菜市场行情不行，菜卖不出去，致使一些贫苦户搭了棚而不敢种植蔬菜，造成财力资源浪费；最后，以优势特色产业作为产业发展选择的贫困地区，又因此类产业周期长、见效慢、风险大，干部需要承担评估与考核带来的压力，而不愿在发展特色产业上动脑筋、想办法、谋出路、图发展。

（三）产业发展人才匮乏

产业发展方面，一是管理人才严重短缺，无论是村集体经济还是合作社，都需要年富力强、懂经济、有头脑、有闯劲的管理人才进行运营，而事实上这些人基本外出务工或创业，不会留在农牧区村落社区进行发展。此外，集体经济及合作社属于企业，目前其管理层都是村干部为董事或经理，企业性质的集体经济和合作社成为村基层群众性自治组织的下设机构，导致村干部能力的高低决定了集体经济和合作社的盈利与亏损，客观上不利于企业的长足发展。二是专业技术人员缺乏，县乡两级普遍存在缺乏专业技术人员的现象，真正高水平的农技专家人才更少，产前、产中、产后技术指导不力，菜单式的技术服务难以落实。贫困户发展产业缺乏技术，缺乏专业技术人员的技术指导，市场信息不灵，没有相应指导市场风险的信息平台，导致一些养殖大户产品滞销。

（四）产业转型升级乏力

目前青海藏区产业发展依旧处于低端化、规模小、效益低的现状下，以最具特色的高原生态畜牧业而言，以合作社为载体的高原畜牧业，其运行方式为贫困户以牛羊或资金入股，牛还是那些牛，羊还是那些羊，放牧还是和往常一样放牧，牛羊出栏依旧以从前的方式出售，所生产的牛奶、酸奶、曲拉、风干牛羊肉依然因无法通过国家食品、药品安全检查而只能在小范围内销售，无法进入大的正规市场。所谓变化仅仅体现在将散户养殖变为集中养殖，这与生态畜牧业应该具有生态动物养殖业、生态畜产品加工业和废弃物（粪、尿、加工业产生的污水、污血和毛等）的无污染处理存在很大差距。

（五）产业发展后续动力不足

一方面资金持续投入不足，持续发展缺乏后劲。项目村普遍存在集体经济薄弱，积累少，由于群众收入低，有限的财政投资只能发展规模小的项目，筹措和整合扶贫资金难度大，加之市级财力有限，并受各相关部门项目资金投向和扶贫项目资金投向矛盾的影响，难以形成多元化扶贫资金投入体系。另一方面生态环境约束明显，产业发展空间受限。青海藏区，尤其是青南地区处于国家三江源国家公园核心区，98.9%的国土面积被划为禁止开发和限制开发区，产业发展、原始资本积累等都被打断，以果洛州年保玉则风景区为例，刚刚耗资1000万元建成的旅游接待中心因景区撤销而转为他用，因景区撤销而使得旅游产业链出现断裂，产业发展空间受限突出。

（六）产业发展抵御风险能力弱

主要表现在，一是农牧业产业受国家政策、产业调整、季节因素、自然灾害和市场影响较大，抗风险能力较弱，容易出现大的波动。二是特色产业发展需要高投入高产出形成规模，但农民的投入能力与抗风险能力十分有限，一般建档立卡贫困户无法投入大量的资金发展特色产业。三是产业选择上缺乏激励农业产业化龙头企业到贫困村发展产业和帮贫带贫的政策机制，贫困户与扶贫龙头企业、专业合作社之间没有形成完整的风险共担、利益共享的利益联结体，贫困户无法从产业链获取额外收益，企业也因承担风险过高持谨慎和观望态度。

（七）针对产业发展的技能培训未能发挥应有作用

技能培训一直是实现贫困人口实现转移就业，即从农牧业转向第三产业，主要集中于服务业、运输业等行业。针对贫困人口的技能培训主要依托"雨露计划"，各州县组织进行了多场次、多类型的厨艺、服饰加工、酒店管理与服务、驾驶技能、汽修、民族特色手工艺品加工等技能培训，调研中了解到，这类培训受限于"雨露计划"主要为30多天的短期培训，很多技能只能使受训贫困人口掌握皮毛，受训结束以后无法依靠所学的技能实现就业。以玉树安冲藏刀为例，受训人员进入培训班，首先需要学习基础藏饰图案，等到掌握基础图案的初步描绘之后，才能进入实际操作，实际操作中又包括粗略计算二十多种工具的使用及各种冶炼熔化、模具翻铸、敲抠大形、刻花镶嵌、焊接组合、加固、磋磨整形、精雕细刻、抛光等工序，短期培训无法实现技能的完全掌握。同时，对玉树下拉秀乡的访谈中了解到，通过缝纫培训进而实现创业的仅有一位妇女，其在乡镇扶贫开发商场中经营着一家藏族服饰缝纫店，同乡镇接受缝纫培训的妇女有30人左右，其他妇女或可接受订单，做一些简单服饰加工，更多的是仅仅接受了培训，无法通过技能培训实现创业就业。

五 青海藏区实施产业扶贫的对策建议

（一）促进产业差异化、长远化发展，着力解决扶贫产业两难二化问题

青海藏区扶贫产业普遍存在产业选择难、培育难，产业发展同质化、低端化的两难二化问题。第一，在产业选择上，以本地优势资源为依托，尤其是人文资源为主，立足高原、绿色、有机等高原特色，整合品牌资源，强化对已有相关品牌、商标的保护与打造，鼓励农畜产品申报农畜产品地理标识、驰名商标、名牌产品。第二，产业从选择至发展成熟，无论

是生态畜牧业从饲料种植、加工，至牲畜精细化养殖，衍生产业链需要较长的一个时期，建议在考核与评估中充分考虑和尊重产业发展的市场规律，动态调整产业扶贫的考核与评估办法。第三，经过几年来的产业扶贫，藏区各地现存有大量生态种养业的合作社（集体经济），这些合作社（集体经济）一定程度上经受住了市场的考验，建议在进一步助推这些合作社（集体经济）发展中，不仅进行资金投入，更应进行适于其发展的技术、管理、设备等方面的指导与投入，促使其成长为现代化的标准企业。第四，各地在立足于高原草场、生态畜牧业的基础上，更应该发掘自身在文化方面的独特资源，引进相关学者进行文化资源的前期搜集整理，做出明确的文化产业发展规划，利用媒体进行推广，避免目前普遍存在的同质化问题。

（二）建立灵活精准的柔性引才为主和培养本土人才并重的人才发展规划

在人才引进方面，第一，坚持"不求所有、但求所用，不求所在、但求所为"的原则，通过项目合作、联合攻关的方式，采取引进聘请客座教授、开展专题讲学等形式，加大柔性引才力度，努力使外部的人才智力"为我所用"。第二，建立健全人才智力柔性引进机制，鼓励各类人才通过咨询讲学、技术合作、科研活动等形式来藏区创新创业，鼓励用人单位通过岗位聘用、项目聘用等方式灵活引进优秀人才和智力。第三，积极与省内外培训机构建立人才引进长期合作关系，采取远程咨询、智库合作、短期服务等形式，引进不同行业、领域的高端人才。第四，加强现代网络建设，运用信息化手段，在工业、科技、教育、卫生等行业建构全方位、立体化柔性引才引智模式。在本土人才培养方面，对现行的新型农牧民培育计划做到精细化，着力在藏区培育一批新型职业农民、职业工人和职业经理人，推动经营主体专业化、职业化。支持有文化、懂技术、会经营的农村实用人才和农村青年创新创业，对回乡创业的有为青年给予政策帮扶。

（三）增加设备与技术等投入，拓展产业转型升级和经营渠道

第一，在省级层面大力开展推广研究工作，强化和提高畜牧业、种养业科研的整体实力，建立以牲畜良种、品种选育为核心，包括生产艺术研发和食品加工在内的产业化技术研究体系，形成应用基础研究、应用技术研究、科技开发应用相结合的优势学科和创新团队，提升畜牧业、种养业研究水平，在生产上发挥显著作用，推动畜牧业、种养业多元化发展，为产业发展提供强有力的科技支撑。第二，对以合作社形式为载体的畜牧业、种养业，增加对合作社的设备投入与技术指导，促进合作社向现代企业的标准化、规模化、品牌化发展，转变粗放式养殖方式，完善生产链和价值链，走特色、优质、高效路子。第三，拓宽经营渠道，完善电商销售平台。各州县应整合民族手工业、高原生态畜产品等特色资源，与各大电子商务平台达成合作协议，培训技术与营销、售后人员，吸纳贫困人口就业的同时，拓宽增收渠道。

（四）多渠道融资，探索飞地模式，增强产业发展后续发展动力

第一，对于青海藏区的产业扶贫，政府在拓宽投融资方面具有不可推卸的责任，故此建议实行基础设施建设投融资模式，实现政府与社会资本合作（PPP）模式，解决农牧区基础设施建设融资难问题。第二，积极帮助企业、农户融资谋发展，通过灵活精准的激励机制，激活政府、社会、企业、种植户等多种融资渠道，形成政府引导，金融资本、工商资本、民间资本共同参与产业扶贫的多元化投入格局。第三，藏区各州县根据自身实际，探索了各类"飞地产业"，促使资产收益脱贫，以光伏电站、异地兴办酒店等模式的"飞地产业"因只需投入资金而持干股或分红而深受贫困群众欢迎。但此类模式依旧受国家产业扶贫资金投入有限、地方财政拮据所限，在拓宽资产收益方面难度较大，因此建议加大产业脱贫方面的扶持力度。

（五）精准利益联结机制，提升产业抵御市场风险的能力

第一，完善利益联结机制，通过订单生产、土地流转、务工就业、参股

分红、股份合作等多种形式，完善新型经济主体与贫困户的利益联结机制，促进双方形成利益共同体，实现共同发展，努力实现"共赢"。第二，针对农牧业受自然条件所限，抵御风险能力弱的状况，建议一方面引导农牧业经营者投保，推进商业保险；另一方面提高贫困村互助资金扶持标准，建议从目前的50万元提高至100万元。第三，建议提高产业扶持资金标准。目前每人6400元的产业扶持到户资金仅够买1头牛，使产业选择和发展均受限，因此可将到户资金提高至15000元左右。

（六）加快园区建设，促进一二三产业融合发展

第一，高起点高标准规划建设公寓型特色生物产业园，通过"量身定置厂房和设备，企业拎包入住"等方式，聚集生产要素，提高产业集中度。第二，制定优惠扶持政策，引导企业兼顾民族地方特色产业发展、贫困人口转移就业，进一步鼓励企业带动贫困群众致富，发扬企业家精神，倡导企业承担社会责任。第三，产业园重点在产品培育、品牌建设、市场打造上狠下功夫，不断提升企业发展活力，提高产业示范园对扶贫产业额的带动作用。

（七）推行"点菜式"培训，因需制订产业发展培训计划

第一，针对贫困人口进行的培训应坚持以市场为导向，以自身条件和发展需求为出发点，推行"点菜式"培训。以达日县贫困劳动力就业培训指导中心为例，我们调研时正值培训中心进行封闭式38天的短期培训期间，了解到当时受训人员全部来自建档立卡贫困户，年龄从18～60岁不等，受训人经过面试、军训后开始正式培训，培训内容集中于酒店服务与管理，此次培训的契机是达日县精准扶贫商贸旅游产业园中的星级酒店运营，即受训的贫困人员在培训结束后就可以直接上岗就业。第二，建议借助援青契机，各州、县的贫困劳动力培训中心与援助方的培训中心建立合作关系，使得受援方的贫困人口能够走出去，知识的学习是一个方面，更重要的是以此转变观念，增强其自我发展能力，提高其扶贫积极性。

B.24
藏传佛教寺院管理制度
向当代社会管理模式转型研究*

夏吾交巴**

摘　要：　随着我国社会经济的快速发展，藏传佛教寺院内部结构发生着量的变化，这种量变表明了传统的寺院管理模式不能有效治理当下"新结构"催生的诸多问题。为了藏传佛教寺院健康发展并积极与社会主义社会相适应，以依法治国为基本原则，积极配合有关政府管理部门，结合寺院实际情况，注入现代化管理理念，对传统的寺院内部管理制度进行调整、革新，继承有利于社会发展的寺院内部职务，能够更好地促进藏传佛教寺院内部管理的完善，也能推动藏区社会的稳定和发展。

关键词：　寺院　管理制度　社会管理

　　藏传佛教寺院管理制度是包含寺院内部管理制度和政府层面管理制度等内容的具有管理学和宗教学双重性质的学术概念。公元 7 世纪初期，印度佛教通过吐蕃上层人士的信教方式开始传入藏区。当时藏区盛行本教，印度佛

* 本文为国家社科基金青年项目"藏传佛教寺院制度变迁及其当代社会调适研究"（编号：17CZJ010）和中央社会主义学院统一战线高端智库项目"新时代藏传佛教寺院制度与社会主义社会相适应研究"（编号：ZK20180109）阶段性成果。

** 夏吾交巴，青海省委党校民族宗教学教研部副教授，民族学博士，研究方向为宗教学、文化人类学。

教的传播受到了各种挫折，最终以吐蕃政治权力的强行介入，印度佛教得以在藏区顺利开辟了新的"市场"。公元 8 世纪晚期，吐蕃王赤松德赞执政时，首次修建桑耶寺标志着印度佛教开始向本土化的方向发展，逐渐形成了独具一格的藏传佛教。

桑耶寺的修建意味着印度佛教向藏传佛教转型。藏传佛教虽然脱胎于印度佛教，但它在藏区的传播过程中，经文、教义和寺院的本土化之后，与印度佛教逐渐拉开了距离，事实上这就是藏传佛教中国化方向的典型案例。随着藏传佛教与西藏地方政府、中央王朝关系的密切，藏传佛教不断地整顿和改革，与各朝中央政府保持一致，对我国边疆稳定和领土完整做出了巨大的贡献。

历史的长河中，藏传佛教与各朝政权相适应不是瞬间完成的突发事件。由于我国社会经济的快速发展，藏传佛教的自我革新不能在短时间内与社会主义社会相适应。因此，积极引导宗教与社会主义社会相适应的相关政策，对藏传佛教的健康发展指明了方向。藏传佛教内部管理制度具有各自的特点，但作为被管理者必须接受政府的管理。经过政府职能部门的监督和指导，对广大僧尼宣传国家法律法规和相关民族宗教政策，促进了藏传佛教寺院管理制度的完善，也推动了我国"依法治寺"的民族宗教工作。

一　藏传佛教寺院管理的历史演变

公元 7 世纪以前，佛教在印度已经发展了一千多年，以戒律为主要依据和基础，形成了独有的和简单的印度佛教管理模式，这种模式对我国汉传佛教产生了深刻的影响。佛教传入中原后，随着佛教译经的不断增多，很多译经者对佛教教义有了自己的认识和观点。《论隋唐佛教宗派的形成》中写道："佛教自汉代开辟西域，通过中央亚细亚传入我国以后，魏晋时译经不断增多，当时中国僧人对这种经典的理解，由于受社会上广泛流行的玄学不同流派的影响等种种原因，从而形成了不同观点。"① 由于社会历史的发展

---

① 石俊、方立天：《论隋唐佛教宗派的形成》，《哲学研究》1981 年第 8 期，第 68 页。

变化，不同地区不同人物讲解不同佛教经典，形成了不同的解释佛教的观点、教规，以及不同的传承方式。"佛教自两汉之际传入中国，经过长时期与儒、道等中国固有文化的碰撞、融汇和相互吸收，逐渐形成了独具特色的汉传佛教传统。古代的印度，寺院一般没有自己的生产和经营行活动，其生存运作基本依靠官府及信众的施舍捐赠。但佛教传入中国以后，由于宗教传统、民族习惯及社会风俗的变化，寺院经济发生了很大的变化，特别是禅宗丛林制度兴起之后，一改印度托钵乞食的生活方式，形成了'一日不做，一日不食'，农禅并重的新禅风。禅宗寺院外，一般寺院经济也由单纯的外来施舍捐赠，逐渐增加了寺院自身的生产和经营，形成了新的寺院经济模式。"① 由于我国寺院和僧人数量的增长，僧团规模扩大等因素，寺院内部自然形成了寺院组织和僧人管理制度，标志着佛教中国化的深度和广度的进展。

公元 7 世纪，佛教传入吐蕃，但受到本教势力的影响，始终未能在藏区顺利传播。直到公元 8 世纪晚期，桑耶寺的修建，标志着佛教在藏区的传播取得了突破性进展。桑耶寺修建以后，佛教得到吐蕃王朝的扶持，原来的"七觉士"基础上迅速增加为 305 人的僧团。② 随着僧团规模的扩大，形成了独特的寺院管理制度。为了佛教的顺利发展，莲花生等印度大师想出了独特的寺院管理模式。首次把桑耶寺堪布列为吐蕃大臣之首，纳入了政治体系当中，打开了宗教影响政治生态的大门，从而建立吐蕃赞普支持寺院经济及僧人日常生活，堪布管理、规范僧人戒律和寺院正常秩序，上师专门弘扬佛法的"师君三尊"③ 联合政体的寺院管理模式，建立以王室家族为寺主，堪布和经师管理寺院及僧侣制度，藏传佛教开始趋向规范化和制度化。

吐蕃王朝灭亡后，西藏分裂割据势力对藏传佛教教派的产生创造了社会

---

① 纪华传、何方耀：《当代汉传佛教寺院经济现状及其管理探析》，《世界宗教文化》2014 年第 1 期，第 66 页。
② 东嘎·洛桑赤烈：《论西藏政教合一制度》，陈庆英译，民族出版社，1985，第 35 页。
③ "师君三尊"为藏王赤松德赞、莲花生大师、寂护大师。

条件，藏传佛教寺院和僧人数量猛增，恰恰相反藏传佛教开始走向衰落。藏传佛教"后弘期"时期，各大寺院为中心的各教派相继产生，这些寺院管理有自身教派的特征。公元14世纪时期，宗喀巴大师钻研各教派教义，整顿佛法，藏传佛教重新迈入了正途，由此产生了新的寺院管理模式。公元17世纪中期，噶厦政府的建立对格鲁派的发展创造了条件，自此格鲁派成为藏传佛教各教派中的佼佼者，形成了严密的寺院组织，对藏传佛教的推动起到了巨大的作用。

藏传佛教活佛转世制度没有产生之前，各大寺院中比较盛行家族式和师弟传承式的管理模式，这种管理模式相对僧人的戒律而言比较松弛，寺院管理组织不完善。宗喀巴大师整顿佛教让整个藏传佛教寺院内部管理组织趋向同质化，除了极个别"管理岗位"的差异，大体并无区别。藏传佛教自成立到现在，是在不断地适应时代和藏民族地理历史环境中发展演变，在适应中发展，在发展中适应，永无尽期。[①]

活佛转世制度是藏传佛教寺院中特殊的管理制度。从噶玛噶举创立到格鲁派运用和完善活佛转世制度的几百年的历史长河中，活佛转世制度对藏传佛教教义的传承和寺院管理都起到不可忽略的作用。为了巩固和稳定寺院内部组织制度，藏传佛教寺院普遍使用以活佛为核心的宗教精英集团的管理模式。"活佛转世制度是世界历史上独一无二的、仅仅存在于西藏的一种政教制度。"[②] 中华人民共和国成立后，活佛的职位属性发生了变化，既是寺院最高权力代表，也是政府与寺院搭建信任的桥梁，对我国藏传佛教依法治理起到了推动作用。

西藏和平解放后，党中央通过民主改革，藏传佛教与社会主义社会相适应迈出了新的一步，但由于受到"左"的影响，出现了一些失误。中国共产党十一届三中全会中制定《关于我国社会主义时期宗教问题的基本观点和基本政策》，恢复宗教信仰自由政策。"决不允许宗教干预国家行政、干预司法、

---

① 印顺、李大华：《宗教与现代社会》，人民出版社，2014，第173页。
② 〔日〕矢崎正见：《西藏佛教史考》，西藏人民出版社，1990，第12页。

干预学校教育和社会公共教育。"① 我国以政教分离为基本原则，从而将宗教事务管理模式推向自我管理与国家法制监督相结合的社会化管理模式。

近年来，各级政府先后落实有关宗教工作方针政策，藏传佛教寺院管理纳入公共管理统一规划，实施寺院"六大工程"②，提高藏传佛教僧众生活补助等问题，不断加强改进藏传佛教寺院管理制度，培养形成了一支爱国爱教的藏传佛教管理人士队伍。为保障藏传佛教寺院的正常秩序，"导"之有方、"导"之有力、"导"之有效为基本原则，相继出台有关加强藏传佛教寺院管理意见和建议，加速了藏传佛教与社会主义社会相适应的进程。

二　藏传佛教寺院管理制度现状

公元 14 世纪，宗喀巴整顿藏传佛教，格鲁派一直处于藏传佛教各教派中最具有权威和势力的主要教派，使其他教派寺院组织制度和学经制度均受到其教派的影响。现阶段藏传佛教各教派寺院内部管理组织大同小异。

萨迦派是早期已形成系统和完整管理组织的藏传佛教寺院。元王朝和萨迦派的结合，萨迦派寺院的管理进一步提升为完善和规范化的政教结合的管理模式，最终形成了藏族历史上的"政教合一"制度。萨迦寺成为政教合一制度形成初期的政治和宗教文化的中心，这标志着藏传佛教寺院管理向新的发展模式转变。1265 年，八思巴返回萨迦寺，以元中央王朝政治组织结构为依据，寺内设置不同等级的官职和僧职，强化萨迦寺的政教地位。藏区其他萨迦派寺院延续了萨迦主寺的管理模式，设立"索本""森本""杰本"等职位，与主寺建立了情感上的联系。

噶举派寺院与藏传佛教其他教派寺院管理制度基本相似，设有协扎堪布

---

① 《宗教信仰自由政策》，中国共产党新闻网：http：//cpc. people. com. cn/GB/64107/65708/65722/4444798. Html。
② 寺院"六大工程"为寺院基础设施建设工程、寺院文物本体建筑抢救性保护工程、寺院危殿堂维修加固工程、寺院公共服务建设工程、宗教教职人员危房改造工程、宗教教职人员社会保障工程。

（bzhad gra mkan po）、格贵（dge bskos）、翁则（dbu mtshd）、基索（spyi so）、第巴（sde ba）等管理人员，总体管理模式与萨迦派寺院相似，噶举派寺院一般分为讲经院（bzhal gra）和修行院（sgrub gra）两种类型的寺院，讲经院以协扎堪布（zhl gra mkhn po）为主学习佛教教义，密宗修行为以"主本"①（sgrub dpon）为主的实践佛教教义。如果母寺具备讲经院和修行院，那么由基巧堪布（spyi khyb mkhn po）负责寺院的一切事务。

然而，藏传佛教寺院内部系统化、规范化的组织机构和管理制度是固始汗的扶持下五世达赖喇嘛建立噶丹颇章政权后逐步完善起来的管理体系。"赤巴"（khri pa）是管理寺院内外一切事务和宗教活动的负责人。通常情况下，"赤巴"由寺院的主要扎仓（gra tshang）堪布中佛学知识渊博的高僧担任。藏传佛教中出现活佛转世制度后由寺院大活佛长期担任"赤巴"职位的现象也比较频繁。

由于格鲁派三大寺院管理体制的影响，其他格鲁派寺院内部组织由措钦和扎仓等组成，大型寺院设有康村和米村等同地区人一起居住的小型社区。措钦（tshogs chen）是寺院内部一级管理部门，是寺院最高权力中心，以"拉吉会议"（lha spyi tshogs chen）的集体性质负责寺院的一切事务，其中"赤巴"担任最高政教事务长官，同时设立"措钦吉瓦"（tshogs chen spyi ba）、"措钦协熬"（tshogs chen zhl ngo）、"措钦翁则"（tshogs chen dbu mtzad）等职务，协助"赤巴"的日常管理工作。

"扎仓"（gra tshang）是寺院内相对独立和措钦属下的管理组织，由一名"堪布"负责扎仓的一切事务。堪布具有上师和师傅等多种含义，各扎仓的堪布同样是寺院拉吉会议的成员。目前，藏传佛教寺院制度管理既是寺院内部完整的组织体系，又是政府部门的管理对象。通常情况下，以政府职能部门的支持和引导，寺院内部实行民主集中制，本寺院籍僧人的推荐和选举为主，成立了寺院管理委员会管理寺院的日常工作。

---

① 主本为藏语的音译，"主"为"修行"，"本"为"带头之人"，意为僧人修行时的带头之人。

藏传佛教寺院作为继承和弘扬藏族传统文化和教义的主要根据地，无论是各大母寺，还是属寺，设立的赤巴和堪布等职务在寺院内部管理中扮演着重要的角色。寺院及扎仓的赤巴和堪布是僧众的主要经师，赤巴和堪布的佛学造诣对其寺院的僧众们有直接的影响，而格贵和翁则在保障僧侣戒律纯洁性和寺院举行的各种大型宗教活动中尤为重要。

为了寺院管理制度有法可依，积极配合政府有关管理部门，结合寺院实际情况，建立严格的藏传佛教寺院内部管理制度。2005 年国务院颁发《宗教事务条例》，2008 年，以其条例为主要依据，先后颁发《宗教活动场所民主管理委员会暂行办法》《宗教活动场所管理暂行办法》《教职人员管理规定》《寺院新僧入寺管理办法》《教职人员爱国爱教公约》《教职人员请销假制度》《宗教活动场所文物保护制度》《宗教活动场所财务与物资管理制度》《宗教活动场所治安保卫制度》《宗教活动场所消防安全制度》等法律法规，逐渐建立和完善藏传佛教寺院内部管理制度，对藏传佛教寺院社会化管理方面取得了一定的成效。

三 藏传佛教寺院管理制度向现代转型的路径选择

（一）加大僧侣培训力度

藏传佛教寺院既是藏族传统文化最浓厚的主要"阵地"，又是影响普通信教群众的"指挥棒"。因此，管理藏传佛教寺院和僧侣对藏传佛教的健康发展和藏区社会的稳定具有一定的推动作用。经过政府职能部门多年的理论创新和管理经验，最终以我国实际情况相结合，探索出与社会主义社会相适应的管理模式。近几年，为了培养僧侣群众的爱国爱党爱教思想，经国务院批准，1987 年 9 月首次创办位于北京西黄寺的中国藏语系高级佛学院，十世班禅任院长，至 1995 年底，已有 260 多位藏传佛教宗教界人士在该院学习结业，之后在西藏、青海、甘肃、四川、云南等地均创办了藏语系佛学院，通过国家教育和寺院教育相结合的方式，培养了无数个爱国爱教的藏传佛教宗教界人士。以这些宗教界人士为主力对信教群众做一些有利于民族团结和国家稳定的教育和宣传工作，他们与党中央之间建立一种永久的信任关系，同时成为国家与藏传佛教寺院和普通僧众之间的桥梁。在此基础上，政府充分利用党校和基层统战和民宗局为主导的培训机构，认真学习中国特色社会主义的宗教理论和《宗教事务条例》等法律法规，掌握和了解关于我国宗教问题的基本观点和基本政策，从而提高藏传佛教宗教界人士民族宗教政策和法律意识，加强爱国主义思想教育。

通过挖掘和弘扬九世班禅、十世班禅、喜饶嘉措大师等宗教界人士优良的爱国主义传统，积极引导僧侣群众认真学习和领会历代高僧大德所倡导的爱国主义优良传统，结合我国现阶段宗教工作和宗教事务管理法律法规，维护藏传佛教寺院秩序和稳定发展，为维护祖国统一、促进民族团结、建设社会和谐做出应有的贡献。

（二）法制进入寺院

由于藏族传统思想的影响，通常情况下藏传佛教寺院为单位的僧侣群众受到藏族习惯法的特别关照而成为"法外之人"，严重缺乏法律意识，甚至认为佛法大于国法，这些思想直接关系到藏区社会的稳定发展。因此在藏传佛教寺院中广泛开展法制宣传教育是现阶段寺院健康发展和僧侣爱国爱党的有效途径和具有可行性的间接管理制度。法制宣传教育的主要内容是对僧侣群众进行法制教育。法制教育方面，对僧尼进行法制综合知识教育，包括什么是法、法律的基本特征、法律体系的基本内容、社会主义法制的基本原则等内容。要求僧尼学法、懂法、做守法公民，对僧尼进行《宪法》教育，强调国家观念和公民意识，突出公民的基本权利和基本义务，讲清什么是违法、什么是犯罪，强调法律面前人人平等、公民必须承担法律义务。同时集中开展《中华人民共和国治安管理处罚法》《中华人民共和国集会游行示威法》《中华人民共和国民族区域自治法》《宗教事务条例》《藏传佛教活佛转世管理办法》等法律法规的宣传教育。

法制宣传教育是藏传佛教寺院自我教育和自我管理的良好平台。在藏传佛教寺院内开展法制宣传教育的同时，对管理涣散的寺院推行民主管理委员会，进行全面的整顿和调整，并协助建立健全寺庙管理的各项规章制度，使寺庙管理能力得到了较大提高。寺庙法制宣传教育初期，按照"进得去、站得住、有成效"的要求，取得了事态基本平息、社会秩序基本恢复正常的阶段性胜利。随后按照"不反弹、不蔓延、保稳定"的要求，进一步推进法制宣传教育工作。宣讲教育从教规、教义角度，正确阐释有利于民族团结、社会进步、和谐稳定的内容，要求每位佛家弟子用教规、教义来规范自己的言行，作为公民，应当自觉遵守中华人民共和国的《宪法》和法律法规，增强公民意识、国家意识、法律意识。讲清佛教教义的精神是慈悲、和平、中道、利他的，是不走极端、不主张暴力的，有利于民族团结和社会稳定的佛教积极因素。

通过召开僧尼大会、举行佛事活动等方式，大力宣讲党的民族宗教政策、法律法规和佛教教义，深入进行说服教育，在广大僧尼中产生了积极的影响。在寺庙中集中开展法制宣传教育是藏传佛教寺庙管理的一项创新举措，既有利于团结宗教界人士和信教群众维护社会稳定，又有利于推进寺院管理的法制化进程，同时也为建立健全藏传佛教寺庙管理长效机制创造了条件。藏传佛教寺院法制宣传教育，增强僧尼祖国意识、政府意识、公民意识、法律意识，扎实推进寺院民主管理建设，引导僧尼爱国守法、爱教守戒，促进藏传佛教寺院正常秩序的建立。

（三）加强自身建设

宗教与社会主义社会相适应是我国宗教事务工作的永恒话题，对我国各民族地区社会稳定和发展有着深刻的影响。现阶段，我国正处于社会主义初级阶段关键时刻，因此，以团结和调动一切可以团结和调动的积极因素来促进世界和平的宏伟事业，为社会主义社会建设提供服务。藏传佛教宗教界人士作为一股重要的社会力量，在寺院内部与政府管理人员积极配合的共同原则下，成为民族团结和引导寺院健康发展方面具有积极作用的统战对象。

在当前我国社会主义形势下，爱国则是要热爱社会主义国家，要在政治上与党和政府、与人民站在一起。藏传佛教的一切宗教活动必须以"维护法律尊严，维护人民利益，维护民族团结，维护国家统一"为宗旨，服务于社会主义社会和人类命运共同体的建设，才能求得自身事业的健康发展。藏传佛教广大僧尼坚持高举爱国爱教的旗帜，自觉地将自己融入社会大家庭中，与社会主义社会相适应，立志为祖国的繁荣昌盛、佛教的发展振兴贡献力量，才能使藏传佛教寺院焕发出益然生机和青春活力。"宗教是一种历史现象，在社会主义社会中将长期存在，如果宗教与社会主义社会不相适应，就会发生冲突。这种适应，并不是要求宗教信徒放弃有神论的思想和宗教信仰，而是要求他们在政治上热爱祖国，拥护社会主义制度，拥护共产党的领导。"① 通过藏传佛教自身的革新与发展，坚决拥护中国共产党的领导和社会主义制度，坚定不移地走社会主义道路，主动与社会主义社会相适应。

佛教要与社会主义社会相适应，当务之急是切实加强佛教自身建设，与时俱进地与社会相适应，努力为我国改革发展稳定的大局服务。早在中国佛教协会第六届全国代表大会上，时任会长赵朴初居士就已明确指出："根据目前形势和我国佛教的实际情况，着眼佛教事业建设与发展的未来，各级佛教协会和全国佛教界都必须把注意力和工作重点转移到加强自身建设，提高四众弟子素质上来。"② 这一正确论断对我们佛教界当今乃至今后的工作都有重要的指导意义。佛教要实现与社会主义社会相适应，就必须强化佛教界的自身建设，佛教要在21世纪确保持续健康的发展，就必须努力将自身建设落到实处，这是佛教与社会主义社会相适应的根本前提。

四　藏传佛教寺院管理制度向现代转型的启示

藏传佛教寺院内部管理制度受到长时间的来自社会各个层面的政治和经

①　江泽民：《在全国统战工作会议上的讲话》，《历次全国统战工作会议概况和文献（1988～1998）》，华文出版社，1998，第163页。

②　学诚：《新时期、新使命、新担当——在中国佛教协会第九次全国代表会议闭幕会议上的讲话》，腾讯佛学：http://rufodao.qq.com/a/20150421/048428.htm，2015年4月21日。

济发展的挑战，寺院内部依据宗教戒律和教义，对传统的寺院管理进行微妙的调整和进一步世俗化，寺院管理制度从传统到创新和从无到有，逐渐形成了系统化的藏传佛教寺院内部管理体制。由于藏传佛教寺院制度是政教合一的影响下形成的神权统治管理模式，其管理组织具有较严格的等级制。

民主改革以后，藏传佛教寺院管理制度趋向新的管理体制，政教合一制度影响下的寺院制度发展成为民主管理制度。这种管理模式的升级是我国对藏传佛教寺院进行彻底改革的成果，也是与社会主义社会相适应的发展趋势。藏传佛教一直与我国社会主义社会相适应，但我国社会发展速度过快等因素，寺院与社会主义社会相适应过程中仍然存在诸多问题。因此，藏传佛教在弘扬和保持积极因素的同时，要对传统管理模式进行深入的反思，以便对它进行全面的整改。

（一）藏传佛教寺院内部管理要遵循政教分离的根本原则

藏传佛教寺院内部管理体制完备，功能齐全，且在当今社会，处于社会管理范围之内，干涉藏族世俗社会事务的藏传佛教寺院内部管理体制已不符合我国依法治国的发展理念，也违背了现代宗教发展的一般规律。依法治国是我国治理国家的基本原则，藏传佛教寺院作为宗教活动场所和社会单位，已经纳入依法管理的国家法律体系。为进一步维护藏区社会的和谐稳定，中央加强和创新寺院管理方式和模式，加大对藏传佛教的管理力度。藏传佛教寺院作为宗教活动的派生物，传承信仰和钻研教义是其主要的社会功能，也是它的主要价值。削弱藏传佛教寺院对藏区社会的"领导"权和特权，脱离与藏区社会政治、经济、文化等方面的关联，是藏传佛教健康发展的内在要求，也是藏区社会良性发展的基本保障。

（二）探索建立藏传佛教寺院管理长效机制

由于藏传佛教寺院内部管理体制成熟于"政教合一"制度时期，因此寺院内部管理体制具有一定的时代特征，内部运作过程中也体现出阶级性，特别是藏传佛教寺院传统管理体制中公共资源的垄断比较突出。民主改革后，在有关政府部门的支持下，对藏传佛教寺院内部进行全面整改，寺院的所有宗教事务都由全体僧尼民主讨论决定，打破了以个人意志来管理寺院事务的传统模式，这是藏传佛教走向现代化的必然结果，也是与藏区社会发展自然规律相接轨的有力证据。

在现代管理学视角下，制度是管理的基础，也是管理有序的保障。任何组织结构和人员行为规范的工作程序等管理内容都必须在制度和规定的层面上协调诸方面事宜。藏传佛教寺院内部管理体制中注入现代化管理理念，对传统的寺院内部管理制度进行调整和革新，继承有利于社会发展的寺院内部职务，与现代管理理论有机结合，促进藏传佛教寺院内部管理的发展，仍需在有关政府部门的引导下进一步系统化、制度化、规范化，使寺院的发展与稳定产生一定的影响。因此，加强和创新藏传佛教寺院内部管理制度对探索符合我国实际情况与建立健全藏传佛教寺院内部管理体系具有重要意义。

结　论

藏传佛教在诸多高僧大德的共同努力下，钻研佛教教义，取得了自我革新的局面，但由于我国社会经济的快速发展，藏传佛教的自我革新不能在短时间内与社会主义社会相适应。于是为了保障藏传佛教寺院的正常秩序，"导"之有方、"导"之有力、"导"之有效为基本原则，各级政府先后落实有关宗教工作方针政策，相继出台有关加强藏传佛教寺院管理意见和建议，不断加强改进藏传佛教寺院管理制度，培养形成了一支爱国爱教的藏传佛教管理人士队伍，加速了藏传佛教与社会主义社会相适应的进程。

藏传佛教寺院作为继承和弘扬藏族传统文化和教义的主要根据地，无论是各大母寺，还是属寺，设立的赤巴和堪布等职务在寺院内部管理中扮演着重要的角色。寺院及扎仓的赤巴和堪布是僧众的主要经师，赤巴和堪布的佛学造诣对其寺院的僧众们有直接的影响，而格贵和翁则在保障僧侣戒律纯洁性和寺院举行的各种大型宗教活动中尤为重要。

藏传佛教寺院内部管理制度长时间受到来自社会各个层面政治和经济快

速发展的挑战，寺院内部依据宗教戒律和教义，对传统的寺院管理进行微妙的调整和进一步世俗化，寺院管理制度从传统到创新从无到有，逐渐形成了系统化的藏传佛教寺院内部管理体制。随着我国社会经济的发展，藏传佛教寺院管理制度趋向民主管理为主的新型管理体制，其管理模式中注入现代化管理理念，对传统的寺院内部管理制度进行调整和革新，继承有利于社会发展的寺院内部职务，与现代管理理论有机结合，在有关政府部门的引导下进一步系统化、制度化、规范化，既能促进藏传佛教寺院内部管理的完善，也能推动藏区社会的稳定和发展。

Abstract

Analysis and prediction of social and economical situation of Qinghai (2019) is a comprehensive, original and prospective research report which focus on economy, society, policy, culture, ecology and other important theories and practical issues in Qinghai province. The report delivers comprehensive analysis and scientific prediction for local economic and social development tendency in a complete and authentic way. This book is written by specialists and scholars who have been engaged in studying socio-economic development of Qinghai province for years. It aims to provide a high quality think-tank service and rational reference for the scientific decisions and polices made by the provincial committee and governmental organizations, meanwhile it also provides consulting reference for the party and government departments, scientific research institution, colleges and universities, enterprise and public institutions and the public.

This book consists of five chapters including general reports, economic reports, social reports, special reports and regional reports (Tibetan areas). The general reports is based on the overall operations of economic and social situations in Qinghai province and society. It analyzed the opportunities and challenges brought by international macroscopic development, affords few feasible proposals, and predict the economical and social development tendency of Qinghai in 2019.

The economic reports emphasize the research on the major industries, fields and practical issues which could influence the economic development of Qinghai province. It contains the taxation, finance, industry, cultural fusion, open economy, fusion of husbandry and tourism and other relevant hot issues.

The social reports mainly focus on the social development and significant realistic problems in Qinghai province, more specifically, the emphasis is the education, employment, management of temple, talents, new social class and so on.

The special reports are established in the special superiority of Qinghai province. It mainly explores issues about the targeted poverty alleviation, construction of the Belt and Road Initiative, construction of the "Sanjiangyuan" national park, foreign trade, development of Lanzhou-Xining metropolitan agglomerations.

The regional reports (Tibetan areas) take the economical and social development of the Tibetan Autonomous prefecture as research emphasis. It presents the investigation and summary of the construction of cultural ecology protective zone, "Five Identity", poverty alleviation of industry, management of temple and other aspects, which would provide practical experiences and typical cases for other minority nationality areas.

Contents

I   General Report

Abstract: Since 2018, in the face of the global economic recovery continues to be weaken, and the increasing pressure of economic downturn. Qinghai province insisted on moving forward while maintaining stability, promoting "One Priority and Two High Quality" strategy thoroughly, and proceeding the works like improving revolution, adjusting structure, enhancing livelihood, avoiding risk and so on. In the first three quarters, the economic operation was quite smooth, the economic structure was continuously upgraded, and the benefits of quality was persistently improved. In 2019, with the releasing of numerous policy bonuses, there will be more significant opportunities for economic development of Qinghai. Meanwhile, it could also accumulate strength for high quality development and keep the economic operation stable.

Keywords: Qinghai; Economic Situation; Green Industry

Abstract: The year 2018 is the third year of the "13th Five Year " plan in Qinghai, which is a key year of connecting the past and future. With the correct leading of the government, all nationalities in Qinghai executed the various polices given by the Party Central Committee and the " One Priority and Two High Quality" strategy, which got a remarkable result in all kinds of social undertakings. Poverty alleviation, ecological civilization construction, risk avoiding, rural revitalization, talents revitalization and construction of party all made a great progress. However, other aspects like fusion development of city and countryside as well as governance level still need to be improved. In 2019, Qinghai will promote the "Five in One" strategy, "Four comprehensive" strategy and " One Priority and Two High Quality" strategy, which could fasten the system revolution, impel the coordinating development in various areas and enhance the effect of social undertakings in Qinghai.

Keywords: Qinghai; Social Development; Poverty Alleviation; Social Governance

Ⅱ   Economic Reports

Abstract: The 19th Communist Party of China National Congress pointed that "We will accelerate the establishment of a modern fiscal system and establish a clear, coordinate and balanced financial relationship between central and local. And we also need to deepen the reform of tax system and improve the local tax system. " After the total transition from business tax to value-added tax, the local financial resources relatively kept steady. However, with the development and modernization of the country's governance system and governance capacity, and promotion of classifying responsibilities between central and local, the construction of local tax system still needs to be completed as soon as possible. In this article, we analyzed local taxes collection data during recent years and compared the proportion between local tax and local financial revenue. To further elucidate the developmental situation of local tax, and the impact of local financial revenue. We also analyzed the difficulties and problems in the development of local tax, and the situations of local tax system construction. The purpose of this article is thinking and providing ideas and suggestions for completing the construction of local tax system.

Keywords: Local Tax; System of Tax Distribution; Right of Property and Responsibility of Expenditure

B. 4　Thinking of the Strategy of Rural Revitalization Supported by Finance in Qinghai

Lin Jianhua, Han Yongquan and Liu Shuping / 053

Abstract: In order to build a moderately prosperous society and a modern socialist country, and accomplish the "Three Rural" works in the new era, the party decided to carry out the rural revitalization strategy at the 19th National Congress of the Communist Party of China. The agriculture and husbandry foundation in Qinghai is weak, the range of poverty is wide, as well as the poverty alleviation task is difficult. Therefore, the rural revitalization strategy is a practical method to promote the "Four Solid" in Qinghai. However, there are still few problems such as financial support, acceleration of innovating financial product and service mode, and resources transition from city to countryside need to be think and explore.

Keywords: Rural Revitalization; Ecological Civilization; Financial Services

B. 5   Analysis of Business Taxation Situation and Tendency Under the
         Consumption Upgrading Background

Yang Lingfang, Bai Guoping, Zhang Hongjuan and Han Chi / 065

Abstract: In recent years, under the increasing of diverse and characteristic consumption background, the consumer demand was constantly expanded, and the development and contribution of commercial economy was continuously improved. Analysis of inner relationship between consumption, commerce and revenue was carried out through the current situation and characteristic of commercial tax in Qinghai. Few relative proposals about disperse tax fund, new business area, new commercial activities were provided from economy, policy and collection and management aspects. In addition, prediction of commercial tax in 2019 was given by combining the economy developmental situation and the background of consumption upgrade.

Keywords: Consumption Upgrade; Commerce; Tax

B. 6   Research About the Developmental Situation and Improved
         Countermeasures of Industrial Technology Creativity in Qinghai

Liu Xiaoping / 076

Abstract: As one of the five principles of development, innovation is a power of leading development. At present, Qinghai needs to accelerate the proceeding of innovation-driven strategy, and promote the upgrade of economy. The key is improving the developmental capability of industrial technology. On the basis of former exploration of industrial development situation, the analysis of influence factor, situation and problems, and proposals were further carried out for improving innovation abilities of industrial technology in Qinghai.

Keywords: Industry; Innovation Ability of Technology; Research and Development of Technology

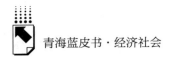

B. 7   Thinking and Suggestions About Building the New Development

Pattern of Open Economy in New Era

Zhang Jihong , Sun Qingzhong , Mu Lin and Li Xiang / 089

Abstract: With the enhancement of reform and opening-up policy, the developmental quality of economic society in Qinghai was lifted synchronously with our country. The living standard and happiness index were improved as well. At the new era, along with the transition of principle contradiction in society, a series of problems such as: cooperation mechanism deficiency, unreasonable foreign trade structure, inadequate advantages of enterprise competitiveness, unsmooth trade facilitation, and imperfect market business environment were emerged rapidly. In order to keep pace with the national pattern and strategy, Qinghai is supposed to analyze the current situation, catch the chances and eventually take the advantages of our special industry, service platform, and product competitiveness. A new pattern of open economy is waiting for Qinghai.

Keywords: New Time; Qinghai Province; Open Economy

B. 8   Situations and Policy Proposals of Poverty Alleviation

Industry in 2018   *Shao Chunyi , Shao Linshan* / 106

Abstract: In 2018, along with Qinghai Tibetan area was incorporated into "Three District and Three State" deep poverty area range, Qinghai carried out the three-year plan for the poverty alleviation, and innovated the industrial development model, which contributed to the style transition of poverty alleviation and fast development of industry in poverty area. It is a big leap for poverty alleviation work. In this report, a summary of methods and characteristics about poverty alleviation through industrialization including nine reproducible and propagable patterns was proposed here. What is more, we further analyzed the prominent problems and provided six proposals.

Keywords: Qinghai Province; Industry; Poverty Alleviation

B. 9   Research About the Fusion Development of Husbandry
        and Tourist Industry in Qinghai   *Gan Xiaoying* / 118

Abstract: Combination of casual husbandry and tourism is the new commercial activity and the new pattern for development of husbandry. The fusion development is becoming the major pathway and new power for adjustment of husbandry structure and tourist development. Besides, it also provides a channel for improving incomes for farmers and herdsmen. At present, there are many researches about the fusion development including theory research and empirical research. In theory research, the motivation, mechanism and accomplished pathway are discussed all the time. In empirical research, representative district is selected for analyzing the coupling or synergistic development of the local husbandry and tourism. Notably, the correlation analysis about fusion development of husbandry and tourism in Qinghai is still blank. Therefore, this study is attempting to find some regularities and provide few constant proposals for it through state-space model.

Keywords: Husbandry; Tourism; Fusion Development

Ⅲ   Social Reports

B. 10   Analysis and Outlook of Educational Development
        Situation in Qinghai   *Wang Na* / 129

Abstract: Since the 18th National Congress of Chinese Communist Party, educational quality, appropriation and project issues in Qinghai are continuously increasing. With accurate poverty alleviation and improved reform in education, the developmental situation is becoming better and better in Qinghai. However, there are still quite a few difficulties like resource allocation, construction of teacher team, improvement of educational quality and so on. 2019 is such a crucial year for building moderately prosperous society, and educational modernization. In order to achieve the balanced development of compulsory education on a national scale, more power of educational poverty alleviation will be carried out. Meanwhile, quality of teachers and education, reform of teacher team, governance and executive ability of education, and evaluation system need to be promoted to a higher level. In addition, new breakthroughs are supposed to be made in aspects such as preschool education, vocational education, national education and comprehensive reform of education.

Keywords: Qinghai; Development of Education; Reform of Education

B. 11   Solving the Unbalanced and Insufficient Problems of Employment Development in Qinghai Guide With Spirit of Xi Jinping's Speech   *Research group* / 145

Abstract: In order to precisely grasp the Xi Jinping's requirement of employment in the new era, and resolve the conflict between people's growing need for a better life, and the imbalance and inadequate development tendency in employment, we are supposed to carry out the people-centered guideline in every aspects at this study.

Keywords: Qinghai; Employment; Mass Entrepreneurship

B. 12   Status Analysis and Policy Proposal About The Construction of Comprehensive Cultural Service Station at the Primary Level

Research group / 159

Abstract: Promoting the construction of comprehensive cultural service center at the grass-roots level is an important content for the construction of common culture service systems in farming and pastoral areas, implement of rural revitalization, enhancement of ideology, as well as cultural poverty alleviation. In this study, the new problems and new difficulties happened in policy execution were analyzed, meanwhile, few proposals were further provided under the new situation and new status background.

Keywords: Grass-roots; Culture; Service Center

B. 13　Research on Encouraging and Guiding the Flow of Talented People to Remote Areas

Chen Wei, Zhang Shengyin and Zhang Yun / 176

Abstract: The 19th national congress of the communist party of China pointed out that the talented people are encouraged to go to outlying and poverty-stricken areas, ethnic minority areas, old revolutionary base areas, and grass-roots areas. This is a big step and guideline for totally deepening reform and opening-up for the strategy of strengthening the country through talents. It could not only adapt into the requirement of the new era, new development and new mission, but also accomplish the value of talents, which is meaningful for resolving the imbalanced and inadequate development problems. Qinghai attracted a number of talented people who devoted themselves to build and develop a large and beautiful Qinghai using the strategy of strengthening the province through talents. It put a powerful driving force for continuously construction of Qinghai.

Keywords: Qinghai; Talented People; Grass-Roots

B. 14　Do a Good Job in New Social Stratum United Front Work in the New Era

Li Weiqing / 194

Abstract: The new class is the object of united front work in new era. They are a group of people who play an active and effective role in promoting the building of socialism with Chinese characteristics. A big part of them are professional elites in all kinds of industries. They are not only an influential part of achieving the Chinese dream of realizing great national rejuvenation, but also an important force to promote the "One Priority and Two High Quality" strategy. In present study, analysis of their survival situation in Xining was carried out on the basis of former investigation. The developmental tendency and new challenges in united front work were explored. Meanwhile, suggestions about working ideas and how to take good use of advantages of new class were given here.

Keywords: New Class People; United Front Work; Xining

B. 15 Policy Proposals of the Characteristic Small Town "Chaka" Construction in Qinghai

La Maocuo, Zhu Xuehai, Wen Bingxing and SuoNanNuri / 210

Abstract: Facing the booming development of tourism in Chaka town, government innovated the thinking of works, completed the fundamental facility layout. Adjustment and upgrade of economic structure of ecological animal husbandry was carried out through purchasing the social service model. Social insurance and public service was promoted to enhance the developmental capability of towns. It is a typical epitome of construction of all special towns in Qinghai.

Keywords: Qinghai; Special Towns; Chaka

IV Special Reports

B. 16 Xi Jinping's Important Discourse "Argeted Poverty Alleviation" is the Fundamental Principles to Win the Anti-poverty Campaign

Sun Faping, Wei Zhen / 219

Abstract: Since the 18th National Congress of Chinese Communist Party, the chief Xi Jinping pays high attention to poverty alleviation work which was considered as an important aspect of ruling state and dealing with politics. He proposed a series of new concepts, new views and new methods about accurate poverty alleviation, which shows a striking era characteristic and responsibility. After analyzing and summarizing of the operation status of these important theories in Qinghai, conclusions and proposals related to problems happened at present poverty alleviation work were further discussed by us.

Keywords: Poverty Alleviation; Accurate Poverty Alleviation; Qinghai

Abstract: In 2018, governments focused on promoting "Four Transitions" and "One Priority and Two High Quality" strategy in Qinghai. And the construction of "One Belt One Road" made a positive progress. Meanwhile, a lot of conflicts such as: single mode of foreign trade, areas exited in infrastructure construction, and weak policy support are still shows up. In 2019, in face of the new situation, faster adjustment of foreign trade structure, more cooperation and investment abroad, and breakthroughs of infrastructure and other " short board" constraints still need to be resolved. Only with a more positive attitude and movement, can the construction of "One Belt One Road" make a better progress.

Keywords: Qinghai; The Belt and Road; Progress of Construction

Abstract: Construction of franchise system is an important content of national park system. Protection of natural resource and cultural resource in "San Jiangyuan" national park, and acceleration of permission of franchise work is meaningful for constructing ecological civilization, exploring construction experience, and improving economic and social development. In this study, we not only analyzed the experience from others, but also provided few proposals and safeguard measures for developing franchise in "San Jiangyuan" national park.

Keywords: "San Jiangyuan"; National Park; Franchise

B. 19　Research About Pushing the Development of Foreign Trade in Qinghai Under "the Belt and Road" Background

Yang Jun / 261

Abstract: Since the western development plan, the pace of opening to the outside world had been accelerating, and the total value of imports and exports maintained a rapid growth rate. However, since 2016, because of the influence of international economic situation and unsubstantial development of export-oriented economy, the value of imports and exports in Qinghai fell sharply. In our study, analysis of export structure, international market, port system, e-commerce, and foreign trade service were carried out. In addition, the main restrictive factors and proposals of foreign trade in Qinghai were provided as well.

Keywords: The Belt and Road; Qinghai; Foreign Trade

B. 20　Research About the City Competitiveness and Developmental Path of Xining in "Lanxi" City Agglomerations

Liu Chang / 273

Abstract: Analysis of city competitiveness of Xining is meaningful not only for urbanization development strategy in "Lan Xi" city agglomeration, but also for enhancement of urbanization and development of economy. In this study, we analyzed the data of city competitiveness and ranking of Xining in China urban competitiveness report, and also investigated the strengths and weaknesses. Finally, the suitable pathway for development of Xining was analyzed here.

Keywords: Lan Xi City Agglomeration; Xining City; Competitiveness

Abstract: The "Qi lian" mountains, known as "Chinese Ural", "Eastern Switzerland", and "World Park", located in northwestern China, it is a ecological shelter with mineral resources, flora and fauna resources, water resources, and tourism resources. The special geological landform, natural environment, and cultural landscape bred a regional, historical and national ecological culture in there. Therefore, investigation of problems and governance situations was carried out in our research, then countermeasures were further provided guide with the important indications from the chief Xi Jinping.

Keywords: Qi Lian Mountains; Ecological Protection; National Park

V　Regional Reports (Tibetan Area)

Abstract: It is so important for promoting the protection of intangible cultural heritage and regional cultural development to build an experimental area for cultural and ecological protection. In our study, analysis of present situation, existed problems, and countermeasures of it was proposed. It is a preliminary investigation and research of experimental area for cultural and ecological protection of "Regong culture", "Gesar culture", and "Tibetan culture".

Keywords: Qinghai; Tibetan Area; Experimental Area for Cultural and Ecological Protection

B. 23   Ffective Problems and Suggestions of Implementing the Industrial Poverty Alleviation in Qinghai Tibetan Area

Cai Xiang Duojie / 314

Abstract: Since the 18th National Congress of the Communist Party of China, accurate poverty alleviation becomes one of the basic state policies. In order to ensure the difficult areas and the poor people get rid of poverty as soon as possible. Building a moderately prosperous society in all respects with accurate poverty alleviation and poverty decline through industry are the key elements of it. After scientific analysis of industrial situation, market space, environmental capacity, new driving force of the main body and industry coverage, six states of Tibetan area had get a number of achievements using their own advantages. However, because of the natural environment, living condition and industrial foundation, there are still quite a few questions need to be fixed. In our research, summaries and conclusions about the effect of industry for poverty alleviation were carried out through in-depth investigation. Eventually, some reasonable proposals were proposed with practical situation.

Keywords: Qinghai; Tibetan Area; Industry for Poverty Alleviation

B. 24　Search About the Transition From Temple Management System
　　　to Modern Social Management Pattern in Tibetan
　　　Buddhist Temple　　　　　　　　　　　　*Xia Wu Jiaoba* / 329

Abstract: With the high speed development of economy, there are quantitative changes of inner structure in Tibetan buddhist temple. These changes showed that traditional management could not control the "New Structure" effectively. For leading the Tibetan buddhist temple to a healthy developmental situation under the socialist society, the adjustment and reform of traditional management system were carried out. Moreover, it still needs to cooperate with relative government and combine the practical situation of temple on the basic of ruling the country by law. These could not only complete the inner management in temple, but also promote the stabilization and development in Tibetan society.

Keywords: Temple; Management System; Social Management

权威报告·一手数据·特色资源

皮书数据库
ANNUAL REPORT(YEARBOOK)
DATABASE

当代中国经济与社会发展高端智库平台

所获荣誉

- 2016年，入选"'十三五'国家重点电子出版物出版规划骨干工程"
- 2015年，荣获"搜索中国正能量 点赞2015""创新中国科技创新奖"
- 2013年，荣获"中国出版政府奖·网络出版物奖"提名奖
- 连续多年荣获中国数字出版博览会"数字出版·优秀品牌"奖

成为会员

　　通过网址www.pishu.com.cn访问皮书数据库网站或下载皮书数据库APP，进行手机号码验证或邮箱验证即可成为皮书数据库会员。

会员福利

- 已注册用户购书后可免费获赠100元皮书数据库充值卡。刮开充值卡涂层获取充值密码，登录并进入"会员中心"—"在线充值"—"充值卡充值"，充值成功即可购买和查看数据库内容。
- 会员福利最终解释权归社会科学文献出版社所有。

社会科学文献出版社　皮书系列
SOCIAL SCIENCES ACADEMIC PRESS (CHINA)
卡号：116433946619
密码：

数据库服务热线：400-008-6695
数据库服务QQ：2475522410
数据库服务邮箱：database@ssap.cn
图书销售热线：010-59367070/7028
图书服务QQ：1265056568
图书服务邮箱：duzhe@ssap.cn

S 基本子库
UB DATABASE

中国社会发展数据库（下设 12 个子库）

全面整合国内外中国社会发展研究成果，汇聚独家统计数据、深度分析报告，涉及社会、人口、政治、教育、法律等 12 个领域，为了解中国社会发展动态、跟踪社会核心热点、分析社会发展趋势提供一站式资源搜索和数据分析与挖掘服务。

中国经济发展数据库（下设 12 个子库）

基于"皮书系列"中涉及中国经济发展的研究资料构建，内容涵盖宏观经济、农业经济、工业经济、产业经济等 12 个重点经济领域，为实时掌控经济运行态势、把握经济发展规律、洞察经济形势、进行经济决策提供参考和依据。

中国行业发展数据库（下设 17 个子库）

以中国国民经济行业分类为依据，覆盖金融业、旅游、医疗卫生、交通运输、能源矿产等 100 多个行业，跟踪分析国民经济相关行业市场运行状况和政策导向，汇集行业发展前沿资讯，为投资、从业及各种经济决策提供理论基础和实践指导。

中国区域发展数据库（下设 6 个子库）

对中国特定区域内的经济、社会、文化等领域现状与发展情况进行深度分析和预测，研究层级至县及县以下行政区，涉及地区、区域经济体、城市、农村等不同维度。为地方经济社会宏观态势研究、发展经验研究、案例分析提供数据服务。

中国文化传媒数据库（下设 18 个子库）

汇聚文化传媒领域专家观点、热点资讯，梳理国内外中国文化发展相关学术研究成果、一手统计数据，涵盖文化产业、新闻传播、电影娱乐、文学艺术、群众文化等 18 个重点研究领域。为文化传媒研究提供相关数据、研究报告和综合分析服务。

世界经济与国际关系数据库（下设 6 个子库）

立足"皮书系列"世界经济、国际关系相关学术资源，整合世界经济、国际政治、世界文化与科技、全球性问题、国际组织与国际法、区域研究 6 大领域研究成果，为世界经济与国际关系研究提供全方位数据分析，为决策和形势研判提供参考。

法律声明

"皮书系列"（含蓝皮书、绿皮书、黄皮书）之品牌由社会科学文献出版社最早使用并持续至今，现已被中国图书市场所熟知。"皮书系列"的相关商标已在中华人民共和国国家工商行政管理总局商标局注册，如 LOGO（▨）、皮书、Pishu、经济蓝皮书、社会蓝皮书等。"皮书系列"图书的注册商标专用权及封面设计、版式设计的著作权均为社会科学文献出版社所有。未经社会科学文献出版社书面授权许可，任何使用与"皮书系列"图书注册商标、封面设计、版式设计相同或者近似的文字、图形或其组合的行为均系侵权行为。

经作者授权，本书的专有出版权及信息网络传播权等为社会科学文献出版社享有。未经社会科学文献出版社书面授权许可，任何就本书内容的复制、发行或以数字形式进行网络传播的行为均系侵权行为。

社会科学文献出版社将通过法律途径追究上述侵权行为的法律责任，维护自身合法权益。

欢迎社会各界人士对侵犯社会科学文献出版社上述权利的侵权行为进行举报。电话：010-59367121，电子邮箱：fawubu@ssap.cn。

社会科学文献出版社